本书由陕西国际商贸学院学术基金资助出版

医药知识产权
保护与运营

谢　伟◎主编
王月茹　马毓昭◎副主编

知识产权出版社
全国百佳图书出版单位
—北京—

图书在版编目（CIP）数据

医药知识产权保护与运营/谢伟主编. —北京：知识产权出版社，2021.10
ISBN 978 - 7 - 5130 - 7722 - 4

Ⅰ.①医… Ⅱ.①谢… Ⅲ.①医药学—知识产权—研究—中国 Ⅳ.①D923.404

中国版本图书馆 CIP 数据核字（2021）第 188352 号

内容提要

本书旨在通过介绍医药产业概况、专利、商业秘密、商标、著作权、价值评估、运营及域外中医药保护等专题医药知识产权保护与运营方面的相关内容，并结合相关经典案例的剖析点评，以期使读者能够从中获得一些有益的启示，进而提高所处医药产业链条的知识产权保护与运营的综合能力。

读者对象：医药行业和企业、高校管理人员、技术人员，知识产权从业者。

责任编辑：张利萍　　　　　　　　　　　　　　　**责任校对**：王　岩

封面设计：回归线（北京）文化传媒有限公司　　**责任印制**：刘译文

医药知识产权保护与运营

谢　伟　主　编

王月茹　马毓昭　副主编

出版发行：知识产权出版社 有限责任公司	网　　址：http://www.ipph.cn
社　　址：北京市海淀区气象路 50 号院	邮　　编：100081
责编电话：010 - 82000860 转 8387	责编邮箱：65109211@qq.com
发行电话：010 - 82000860 转 8101/8102	发行传真：010 - 82000893/82005070/82000270
印　　刷：天津嘉恒印务有限公司	经　　销：各大网上书店、新华书店及相关专业书店
开　　本：720mm×1000mm　1/16	印　　张：17.5
版　　次：2021 年 10 月第 1 版	印　　次：2021 年 10 月第 1 次印刷
字　　数：300 千字	定　　价：89.00 元

ISBN 978 - 7 - 5130 - 7722 -4

编 委 会

前　言

2020 年 11 月 30 日，中共中央政治局就加强知识产权保护工作举行第二十五次集体学习，习近平总书记主持学习时强调，要牢固树立"保护知识产权就是保护创新"的新发展理念。事实上，这一理念在医药产业中更为深刻，诸如，瑞德西韦是一种仅在试验研究阶段的药物，但引发了国内专利"抢注"大战。医药行业具有高技术、高投入、高产出、高风险、周期长等特点。有数据显示，研发一种新药往往要花费 8 亿~10 亿美元，且新上市的药品能够营利的不足 40%，而从药物的筛选到上市通常需要长达十几年的时间。同时，世界制药领域有一个共识，即新药＋知识产权＝巨额利润。毋庸置疑，"产品未动，保护先行"确已是医药产业创新发展的全球性共识。

通俗来讲，知识产权指的是人们就其智力创造成果所依法享有的专有权。依据世界知识产权组织（WIPO）有关文献将知识产权分为"创造性成果"与"识别性标记权利"两大类，其中前一类包括 7 项，即发明专利权、集成电路布图设计权、植物新品种权、技术秘密、工业品外观设计权、版权（著作权）和软件权；后一类包括 4 项，即商标权、商号权、地理标志权、其他与制止不正当竞争有关的识别性标记。由于科学技术的发展，将不断有新的领域受到知识产权的保护，例如经营方法和生命科学的发明在专利法修订的基础上也可能获得专利。其中，专利是国际奉行的经贸活动中最为重要的武器，专利价值则是商品溢价的核心因素。在市场竞争中，医药产品与其专利价值互为表里，其中，医药产品为表，专利价值则是里。亦即无专利价值为内在保护的医药产品，其创新技术的付出无法补给，不仅使后续的再创新乏力，当下的质量与安全也难以得到客观保障。

当前医药知识产权工作的主要任务：一是立足产业实际，着眼于知识产权信息利用、知识产权的保护和运营及动态管理策略，促使知识产权更好地为开拓创新和提升竞争力提供服务；二是加强宏观管理，进一步梳理新技术、新工艺，进而促进产业的可持续发展；三是加强医药知识产权知识的宣传和普及，增进各层级人员的知识产权意识、竞争意识和进取精神。与上述主要任务相对应的知识产权类别主要涉及专利、商标、著作权、商业秘密等。

毋庸置疑，专利是平衡私权和公权的抓手。对于药品所代表的生命健康产业，无论是美国所致力的专利强保护体制，还是被称为"世界药品工厂"的印度专利弱保护模式，其终极的目标均在于通过提高药品可及性而最终实现公众的健康福祉。为竭力实现这一福祉，同时为了促使医药知识产权工作更具实操性，本书作者充分结合医药实证经验编写了《医药知识产权保护与运营》一书，以飨读者。

编　者

目　录

第1章 医药产业知识产权保护概况

1.1 医药行业发展特点概述

医药行业是中国国民经济的重要组成部分，是传统产业和现代产业相结合，第一、第二、第三产业为一体的产业。其主要门类包括化学原料药及制剂、中药材、中药饮片、中成药、抗生素、生物制品、生化药品、放射性药品、医疗器械、卫生材料、制药机械、药用包装材料及医药商业。

中国制药业近年来发展迅猛，已超过日本成为全球第二大药品市场，同时其还是受严格监管的行业，对于中国医药企业而言，不仅国内环境正在向国际标准靠拢，而且其自身也正在逐渐参与国际制药的竞争。目前，中国已经涌现出了如江苏恒瑞、正大天晴、四川科伦、江苏豪森、贝达药业等诸多研发实力较强的医药企业。制药行业企业越是重视新药开发，知识产权管理就显得越发重要。由于药品研发、生产、销售整个生命周期与知识产权管理紧密结合，使医药行业的知识产权管理与其他行业相比呈现诸多显著的特点，而且深刻影响医药企业知识产权获取、保护、管理、实施、运营以及风险控制等管理环节的实操。以下结合行业特点进行综述。

1.1.1 行业监管严格

药品是特殊商品，其研发、生产、流通等不同环节均受到法律法规的严格限制和约束。因此，在医药行业内存在药政法规和知识产权法律交叉结合的现象，甚至在某些特殊时期药政法规的执行还优先于知识产权法律，导致了知识产权法律在很长时期在医药行业领域内执行得并不理想，这就形成了本行业的知识产权管理的独特性。

（1）药品信息公开

根据国家监管要求，药品研究中或上市后相关信息须依法公开，所有上市的药物都必须公开其主要成分、辅料、适应证等信息，并记载在药品说明书上。例如：在美国，药品厂家还需要将药品最直接相关的专利信息记载在美国药监局的网站上，称为橘皮书（Orange Book），任何人都可以通过橘皮书记载的药品信息，很容易地对比已上市药物与特定专利之间的关系。因此，药品信息的公开也导致了医药企业知识产权管理的一个显著特点：清晰的侵权识别的路径。2020 年 9 月 11 日，国家药监局和国家知识产权局联合发布了《药品专利纠纷早期解决机制实施办法（征求意见稿）》，该意见稿的公开发布，成了新时代中国药品专利保护向发达国家靠近的注解。而且，在研药品也要依法适当公开信息。无论是中国还是美国，如果药品要开展临床试验，都必须在相应的网站（http：//www. chinadrugtrials. org. cn/中国临床试验登记网；https：//clinicaltrials. gov/美国临床试验登记网）上登记该药品的相关信息，包括拟定的适应证人群、药品信息以及试验方案等。通过以上信息，我们可以比较容易地获取药品信息。

一般的技术领域，如果要获取他人产品的准确信息，往往需要通过反向工程等手段进行破解，而且破解难度较大。与其他技术领域不同，药品一般受国家药监部门监管，信息披露程度较高，使专利侵权行为容易被识别，一定程度上提高了医药专利保护的力度，促进了医药专利价值的提升，充分体现了"公开换保护"的专利特点。

（2）药品市场准入门槛高

药品作为一种特殊的商品，即使顺利通过临床前以及 Ⅰ～Ⅲ 期临床研究，被批准上市，想要在市场上获得有竞争力的销售渠道还需要符合政府预设的各种条件，药品生产经营企业需要获得国家药品监督管理局颁发的药品生产许可证、药品经营许可证、GMP 证书、GSP 证书、药品注册批件等相关许可资质后，方可进行生产经营活动。除上市许可外，目前对医药企业影响最大的药品市场准入机制包括医保谈判、定价机制、招投标体系等。在国内，药品的定价非常复杂，一般国家发改委拥有药品的定价权，但事实上企业还必须在各省的招投标平台上与省招投标办或各医院进行招投标的议价。各省政策的共同点是对于药品实行分层管理，相同层次的药品竞争非常惨烈。而各省都出台了相应的政策，支持拥有专利的药品单独分层或避开竞争最激烈的层级。例如，拥有化合物专利的药品在全国大部分地区都可以单独分层；拥有制备工艺专利的药品在重庆、辽宁、山东和云南，拥有组合物专利的药品在吉林和云南，都可以通过加分避开竞争最激烈的层级。包括在国家医保谈判等层面，专利也是非常有利的谈判工具，因为专利限制了其他厂家生产相同的药品，而新上市的药品都是国家药监局根据临床需求所批准的，对患病人群利益巨大。因此，在医保谈判中，国家为了更广泛的公众利益，会有条件地允许专利新药进入国家医保范围。

1.1.2　创新药物的研发周期长、投入高、成功率低

创新药物的研发周期非常漫长，需要经过临床前研究、临床研究和注册等各个阶段的行政审批。据统计，国际上每研制一种化学新药需要投入 10 年以上的时间，投资 8 亿～10 亿美元。塔夫茨大学药物发展研究中心（Tufts Centre for the Study of Drug Development）在 2016 年的《卫生经济学杂志》上发表的文章研究分析了 10 家生物制药公司的 106 种创新药的研发成本，根据其数据综合预计，每种创新药物最终获 FDA 批准的平均费用约为 13.95 亿美元，如考虑 10.5% 的折现率因素，则预计批准的总平均成本或高达 25.58 亿美元。如此漫长的研发周期以及超高投入，在任何一个阶段达不到要求，新药研发就可能宣告失败，新药研发的成功率也很低。因此，研发阶段如何运用知识产权保护手段是医药企业知识产权管理的一大难题。

1.1.3　药品核心专利数量少，且单件专利价值极高

在创新药物中能够真正发挥产品保护价值的专利屈指可数。以化学药举例，最核心的化合物专利通常只有两项：通式化合物专利与具体化合物专利，也被称为基础专利。在布局有基础专利的同时，一般还会有数项到数十项晶型、制剂、工艺等相关专利。与其他电子、通信等领域的工业产品动辄几百上千项相关专利相比，数量可谓稀少。在医药领域，中药、化学药、植物药、生物药等不同类型产品的专利可简单分为化合物专利、含活性成分的药物组合物

专利、中药组合物专利、中药提取物专利、序列结构专利、制备工艺专利、质量检测方法专利、剂型专利、医药用途专利、制药设备的改进专利等大类别，其中业内普遍认为前 5 种为核心专利。鉴于药品核心专利数量少，且单件专利价值极高的特点，如果专利布局不当，对企业后续产品上市运营都存在重大风险。因此，产品生命周期中如何进行高质量的专利布局也是医药企业知识产权管理中面临的一大难题。

1.1.4　专利悬崖是创新药必须面对的严峻挑战

医药研发投入高、周期长、成功率低，药品核心专利数量少，直接导致医药专利的价值极高。在上述几个因素的综合作用下，医药专利还存在着明显的"翘尾效应"，即越到专利期末期，其专利可以产生的价值越大。其他行业的专利往往在前期拥有技术价值，而越到后期，由于新技术的不断涌现，价值越来越低。而在医药领域，一种新药从研发到上市要经过 10 多年的时间，之后再经过市场培育期，一般在专利期的最后 5 ~ 10 年才达到该款药物的销售巅峰。例如：1996 年前后，诺华自主研发的慢性髓细胞白血病靶向治疗药物"格列卫"，该药在 2001 年上市，作为费城染色体阳性的慢性粒细胞白血病一线用药，格列卫的有效率高达 95%。格列卫上市后销售额逐年攀升，3 年即突破 10 亿美元，此后继续保持增长，并在 2011 年达到巅峰约 300 亿元人民币。维持了 4 年近 300 亿元人民币的销售巅峰期后，2015 年，格列卫的专利保护全面到期。2016 年开始，格列卫的销售额连续大幅下滑，全球销售额由 2015 年的 290 亿元人民币下降至 220 亿元人民币，同比下滑约 24.1%。受此影响，诺华全年净收入同比下滑 2%。2017 年，格列卫的销售额进一步下滑至 131 亿元人民币，同比下滑约 40.4%。

诺华格列卫的销售呈现出典型的"翘尾效应"，峰值在 2011 年出现，并基本保持到专利失效，而后，2016 年随着专利保护到期，出现了明显的断崖式下降，一旦专利失效或到期，在仿制药涌入市场的压力下，药物价格会发生断崖式下滑，这也被称为专利悬崖，如图 1 - 1 所示。如何应对创新药专利悬崖是医药企业知识产权管理的又一大难题。

图1-1　诺华格列卫上市销售情况

1.2　医药领域知识产权保护形式

1.2.1　专利保护

专利是医药领域非常重要的知识产权保护形式，百度百科中解释："专利"一词来源于拉丁语 Litterae Patentes，意为公开的信件或公共文献。在现代，专利一般是由政府机关或者代表若干国家的区域性组织根据申请而颁发的一种文件，这种文件记载了发明创造的内容，并且在一定时期内产生独占权利的这样一种法律状态，即获得专利权的发明创造在一般情况下他人只有经专利权人许可才能实施。在中国，专利分为发明、实用新型和外观设计3种类型。

在市场经济环境下，专利权在工业产权中是非常重要的。因为只要得到一项技术的专利权，就能够排他性地防止他人再对该项技术进行专利申请；同时也能够更有利于自身行使专利的所有权。一旦他人未经专利权人许可，利用专利权所保护的技术进行商业性制造、使用、许诺销售、销售或进口，就会对专利权人的专利权造成侵害。为了维护其市场份额，专利权人则有权要求侵权人停止侵害并赔偿相应的损失，或者直接通过诉讼的方式解决。也正是由于专利的排他性使用，使其在申请环节也较为复杂，且耗时长、成本高。3种专利类型中以发明专利保护期限最长，大多数国家规定为20年，20年以后成为公知技术，任何人均可使用。这主要是为了防止专利权人长期利用专利对某种技术形成垄断，进而导致恶意竞争的局面。设置专利保护期限可以更好地平衡专利权人与公众之间的利益。由此可见，专利从本质上来看就是一种商业经济发展过程中催生的"私权"，并且是法律意义上赋予的"私权"，专利权人可以通过这种"私权"排他性地占有一定市场份额。随着时代发展，其他申请人为了不被这种"私权"所限制，会对技术做出改进或创新，从而也有机会获取这种"私权"。因此，从某种意义上来说专利对促进人类社会的技术进步起着巨大的作用。

1.2.2　商标保护

商标本身就是一种标记符号，是生产经营者或服务提供者使用在商品或者服务上的，具有显著的特征，便于识别该商品或服务的标记符号。一个注册商标可用于一个或多个商品或服务上。基于商标检索、审查、管理工作的需要，把某些具有共同属性的商品或服务组合到一起，编为一个类。国际上通用的做法是将所有商品及服务共划分为45个类别，形成了商标分类表——"商标注册用商品和服务分类"。医药企业注册商标一般多申请在第5类——医药卫生产品上。

商标作为企业的无形资产，为企业带来巨大商业利益的同时也树立了企业在消费者心目中的威望，在企业的发展竞争中起到了不可估量的作用。所以说医药企业商标的保护，是一个不容忽视的问题。中国第一部《中华人民共和国商标法》（以下简称《商标法》）于1982年在全国人大常委会通过，实施于1983年，标志着商标权受到了法律的保护，1985年实施的《中华人民共和国药品管理法》（以下简称《药品管理法》）中规定，药品必须使用注册商标，只有中药材和中药饮片除外；未经核准注册的，禁止在市场上销售。1993年《商标法》的第一次修改规定，人用药品必须使用注册商标，这也就是说人用药品的商标注册是一种强制性的规定。而2001年全国人大常委会第二次修改《药品管理法》时却并未就药品是否必须使用注册商标做出明确规定，且之后历次修改的《药品管理法》也均未就药品是否必须使用注册商标做出明确规定，这意味着从法律层面上取消了药品强制注册商标的规定。但是，《药品说明书和标签管理规定》第 27 条规定："药品说明书和标签中禁止使用未经注册的商标。"因此,按照部门规定,药品(包括人用药品)应该使用注册商标。在未取得注册商标的情况下,应该不使用任何商标。

虽然法律取消了对医药商标的强制性注册规定,但这并不意味着放弃了对医药商标的保护,因为商标和商标权对于医药企业来说是提升市场竞争力的重要工具以及树立医药国际形象的重要标志。比如耳熟能详的北京的"同仁堂",广州的"陈李济",重庆的"桐君阁",长沙的"九芝堂"等,这些中医药的品牌在国际和国内市场上都具有极高的知名度,由此无形中也为企业带来巨大的利益,已经成为企业走向国际市场必不可少的武器。

1.2.3　著作权保护

著作权是医药企业需要关注的重要知识产权类型,但著作权往往也是很多医药企业容易忽略的知识产权保护方式。医药著作权,是指权利人对医药有关的文学、艺术和科学创作作品依法享有的人身权和财产权。

根据《中华人民共和国著作权法》(以下简称《著作权法》)自动保护原则的有关规定,作品在完成的时候就会自动获得《著作权法》的相关保护。可见,依照《著作权法》,医药相关作品只要是符合《著作权法》规定的保护的客体,一旦完成便会自动产生并生效。医药领域的科技工作者所创作的作品(医疗和科研活动中),比如专著、文章、口述作品、工程设计、产品说明书、计算机软件、数据库等都可以自动获取相应的著作权。例如,中国已经整理编辑了六百多种古籍;中国中医科学院信息情报研究所开发的中医药数据库;国家知识产权局开发的中药专利数据库等都可以取得《著作权法》的保护。

此外,企业在经营过程中也可以产生著作权可以保护的作品。比如药品包装盒、宣传材料、商业展板等美术作品,可以通过著作权登记的方式获得更好的保护。这类著作权保护形式可以弥补药品专利保护期届满以及无法取得商标专用权的缺陷,同时企业在设计产品外包装时有些图形或标识为自创,但由于缺乏商标法所规定的显著性,难以在形成初期获得商标注册保护,也可以先进行著作权的登记保护,以明确在先权利,在日后使用中达到商标法要求后再申请商标保护。

1.2.4   商业秘密保护

由于制药业产品信息公开的特殊性，以及制药技术中存在很多技术诀窍等，商业秘密管理也在医药企业的经营中扮演着极为重要的角色，而且对于企业管理的要求非常高。商业秘密保护难度大，涉及管理制度与程序、部门架构、权限范围、经营策略等方面。以商业秘密的一类表现形式——技术诀窍为例，通常在医药企业进行技术合作或技术购买时技术诀窍都是非常重要的组成部分，但技术诀窍一般不适合形成专利，因为其本身可能只是工艺人员经验的总结，创造性不高，但是又非常重要，需要很多的时间和精力去探索、总结，这些技术诀窍一旦申请专利公开，不仅有助于竞争对手快速追赶、技术进步，而且权利人维权成本非常高。因此，医药企业的技术诀窍通常都采用商业秘密保护的方式进行管理。最为常见的是在生物医药企业，其生产工艺均存在不足为外人道的技术诀窍，由于人类还未能完全理解生物药物采用微生物发酵生产的基本原理，在美国制药业还发生过其他行业可能匪夷所思的奇闻轶事：一家全球前三的大型生物医药企业在旧厂停产转移到新厂后，再也生产不出合格的药物，并由此向美国药监局申请将老药物的标准进行修改，以便现在生产的药物可以符合法规要求。可见技术诀窍对医药企业的重要性。

此外，在医药企业运营过程中有一些商业秘密也非常重要，包括企业经营中所取得的销售渠道、销售计划和布局、客户资源、产品定价标准、竞争对手情况，及应对策略、产品生产的成本控制方法、企业管理中的窍门、企业的用人计划和发展战略等。这些商业秘密直接影响企业在市场中的竞争地位，也同样值得医药企业对其重视并加以保护。

1.2.5   数据独占性保护

数据保护也称为数据独占性保护，指在一定时间期限内，未经数据持有人同意，国家药品管理部门不允许仿制药厂使用原创药厂取得的、用以证明药品安全性、稳定性与有效性而向政府机关提交的未披露试验数据，在这段时间内药品管理部门也不能依赖原创药厂的试验数据批准相关仿制药的上市申请。

数据独占性保护与专利保护有一些天然的联系，需做一区别说明：数据独占权与专利权是两种不同的知识产权形式。两者的主要区别体现在存续关系上：数据独占权由药品批准上市之日起算；专利权由专利申请之日起算。加之两者权利期限长短也不同，使两者呈现平行并存的现象，二者可能完全重叠、部分重叠或前后接续。若专利权到期，数据独占等于是延长了专利权的独占权。但无论药品有没有申请专利，都不影响药品获批上市后享有的数据独占权。此外，申请及维持专利需要付出相应的费用，而数据独占是在药品获批后自动取得的，无须另外支付费用。

药品数据独占保护制度经过近 30 多年的发展，到目前已基本被世界各国所接受，它可以对传统的药品专利保护制度起到加强或延伸或补充的作用，丰富了药品知识产权保护制度的内涵和手段，使药品的知识产权保护方式更加有效和完整。企业在进行新药研发时，特别是在进行药品申报注册及生产销售时应重视和加强对药品数据独占保护的研究和利用，从而全面完整地保护好科研成果。

1.3　医药领域知识产权保护机制

中国多元化的纠纷解决机制一般包括协商调解、行政裁决、仲裁和诉讼等。具体到对知识产权侵权行为的救济途径，包括：协商调解，即通过平等、自愿地协商，双方当事人就侵权赔偿达成和解协议，或直接达成许可、特许经营的合作关系，有利于彻底解决纠纷，节约司法资源和当事人双方的时间和金钱成本；行政裁决，是指权利人向当地行政主管部门进行行政投诉，行政主管部门对侵权方依法做出行政处罚；仲裁，是指当事人之间根据订立的仲裁协议，自愿将其争议提交由非司法机构的仲裁员组成的仲裁庭进行裁决，并受该裁决约束的一种争议解决方式；诉讼，指纠纷当事人通过向具有管辖权的法院起诉另一方当事人以解决民事纠纷的争议解决方式；刑事控告，指由遭受犯罪行为直接侵害的被害人提出，要求追究被控告人刑事责任的一种救济手段；知识产权海关保护，是指海关对与进出口货物有关并受中华人民共和国法律、行政法规保护的商标专用权、著作权、专利权实施的保护。针对不同的侵权行为，权利人可以根据自身需求和各种救济途径的特点选择最佳途径。对于医药领域知识产权保护机制，中国也进行了系列探索并取得了相应的实效。

1.3.1　最高人民法院设立医药产业知识产权司法保护调研基地

为加大中国医药产业知识产权司法保护力度，加强对涉及医药产业知识产权案件审判的业务指导及调研工作，最高人民法院于2012年在江苏省泰州市中级人民法院、连云港市中级人民法院设立医药产业知识产权司法保护调研基地。最高人民法院通过这两个调研基地及时把握医药产业知识产权保护的最新动向和发展趋势，深入开展医药产业的知识产权保护需求及相关法律问题的专项调研工作，不断提高医药产业知识产权纠纷案件的审判质量，提高医药产业知识产权保护司法政策的决策水平，不断满足医药产业知识产权司法保护的新需求。

1.3.2　基层法院调解与审判并用保护医药产业

基层法院强力保障药企知识产权，让企业对新药的开发、研制更有底气，更有安全感。以泰州医药高新法院为例，由于泰州境内有扬子江药业集团、苏中药业、济川药业、江山制药等一批有影响的医药企业，中国医药城是国家级医药高新区，集聚了阿斯利康、赛洛菲等9家全球知名跨国制药企业和美时医疗、泰凌医药等900余家国内外医药企业，为维护医药企业正常经营秩序和合法权益，泰州法院严厉打击医药企业知识产权侵权行为，调解与裁判方式并用，将妥善化解医药企业的纠纷作为其工作的重中之重。此外，法院还经常向企业发送征求意见函，向企业征求对法院工作的意见和建议，对审理中发现的问题及时提出司法建议，以实际行动向医药产业界传递法院增强医药产业知识产权司法保护的决心和信心，向社会公众传播了知识产权司法保护的正能量。

1.3.3　专设服务医药企业的巡回法庭

2017年，樟树市人民法院出台《关于服务和保障"中国药都"振兴工程的实施意见》，专门设立了服务医药产业的巡回法庭，专门审理涉医药产业纠纷民商事案件，包括买卖合同纠纷、借款合同纠纷、承包合同纠纷以及侵权责任纠纷等，并加大巡回审判力度，涉及中药材种植纠纷的案件，深入当地开庭审理，对涉药案件申请财产保全48小时内做出执行裁定并及时实施。同时，该院加强涉药案件立审执力度，开通涉药案件诉讼"绿色通道"，对涉药案件优先立案，在举证方式上给予必要的指导和帮助，并尽量简化审理程序，做到减少诉讼环节，快立案、快审理、快执行，保障药农与药企的合法权益。

1.3.4　医药领域专利行政执法专项行动常规化开展

为净化市场环境，保护药企和消费者的合法权益，近年来各省市知识产权部门、公安部门、知识产权维权援助中心、市场监管部门、综合执法部门等纷纷开展医药领域专利行政执法专项行动，重点检查医药连锁公司及医药连锁店，检查假冒专利药品及专利标识不规范药品，同时在检查过程中，相关执法人员还向医药销售管理人员发放知识产权保护宣传册，讲解医药专利相关法律法规，并督促药店尽快建立专利产品索证制度，从源头上杜绝假冒专利药品进入市场。

1.3.5　医药领域知识产权刑法保护

《中华人民共和国刑法》（以下简称《刑法》）作为一种最严厉的知识产权保护措施和最终制裁手段，通过对侵权行为的严厉制裁使人望而生畏，从而起到其他保护措施无法替代的作用。中国早在 1997 年修订《刑法》时就以刑事基本法的形式将侵犯知识产权犯罪作为一个独立的犯罪类别，在"破坏社会主义市场经济秩序罪"一章中对假冒注册商标罪，销售假冒注册商标的商品罪，非法制造、销售非法制造的注册商标标识罪，假冒专利罪，侵犯著作权罪，销售侵权复制品罪和侵犯商业秘密罪 7 个罪名做了专门规定。实践中，刑事司法更关注医药领域知识产权保护和用药安全的重合领域，如生产、销售假药犯罪，可能既涉及知识产权保护也涉及人民群众身体健康权益保护。鉴于医药领域知识产权需要更高水平、更加精准、更有力度的刑事司法保护，检察机关在办理医药领域知识产权案件中正在促进弥补法律漏洞，统一医药司法鉴定标准和具有专门知识的人辅助办案流程，加强区域司法协作，建立健全刑事、民事和行政融合的专业化办案机制。

中国知识产权保护制度在改革开放的大潮中起步和发展。30 多年来，中国逐渐形成了符合中国国情的行政和司法双轨制保护体制和模式，在世界范围内形成了知识产权保护的"中国智慧"和"中国经验"。近年来，中国知识产权行政保护更加快捷、高效、有力，成效显著。各部门和各地方联合开展打击侵权假冒专项工作，"护航""雷霆""溯源""净化"等专项行动取得了显著成果。在医药企业知识产权保护意识与知识产权管理能力不断提升和国家行政执法和司法审判共同推动下，中国知识产权保护状况和营商环境持续改善，涵盖审查授权、行政执法、司法保护、仲裁调解、行业自律等各个环节的医药产业知识产权保护体系正在成型。

1.4　本章小结

医药企业的知识产权主要涉及专利、商标、著作权、商业秘密等类型，特别对于医药技术信息的知识产权保护而言，专利和商业秘密的保护价值最为关键，其中专利是显性的私权保护，而商业秘密则是隐性的权利保护，并且二者是保护有限期与理论上保护无限期的典型代表。实践中，对产品来说，知识产权的保护宜采用组合拳的方式，即各种类型的知识产权综合运用，根据产品生命周期的各个阶段来选择保护类型。比如，产品的研发早期，在技术方案尚未成熟之前，对数据的保护要充分重视；对关键的研发过程及成果要先采取商业秘密的方式保护；等产品研究累积到一定成果后经过充分的检索分析以及评估，宜采用专利保护的方式进行，并且要充分重视专利的战略性布局；在产品研发的后期，商标和著作权的保护就要提上日程，要提前设计商标图样并申请，同时重视设计图样的著作权登记保护，以保留在先权利。

第 2 章　医药专利保护

2.1　医药专利概论

2015 年 10 月 5 日，瑞典卡罗林斯卡学院（Karolinska Institute）宣布，来自中国中医科学研究院的首席研究员屠呦呦凭借着发现抗疟疾特效药青蒿素，与另外两名外国科学家分享了该年度的诺贝尔生理学奖。屠呦呦成为首位获得诺贝尔科学类奖项的中国科学家，更是瞬间点燃了东方巨龙手中已经传承数千年的中医药火炬，同时雄壮地奏响了中国医药科研人在世界舞台上的序曲。然当举国上下欢呼雀跃之际，却难掩中国青蒿素在国际市场的尴尬境地。

统计数据显示：每年青蒿素及其衍生物的销售额多达 15 亿美元，但中国的市场占有量不到 1%。为何青蒿素这一中国版的原创药如此惨淡经营？究其原因在于医药企业的专利意识淡薄，不经意间将该项科研成果公布于众，使之成为全世界尽可享用的免费午餐，从而彻底丧失原本因坐拥专利权即可尽享市场垄断的良机。加之世界医药巨头在科研创新、市场开拓等综合药物产业化方面技高一筹，终究使得中国味的青蒿素在医药经济的浪潮里囊中羞涩，这不得不令国人扼腕、深思。然更可悲的是，此类事件绝非偶然，而是曾经很普遍。如日本在中国六神丸的基础上开发出"救心丸"，年销售额达上亿美元；韩国在中国牛黄清心丸的基础上开发出"牛黄清心液"，年产值也高达上亿美元；还有中药秘方"金龙胶囊"被剽窃事件更是引起了人们对中国中医药产业发展的极大忧虑。

医药产业一直被视为一个特殊的高技术领域，或许因其与"健康""高利润""高风险""高投入"等字眼紧密关联。有数据表明，发达国家医药行业的销售利润率高达 30%，企业获利颇丰，例如 GSK 公司开发的雷尼替丁上市 15 年，销售额高达 200 亿美元；阿斯利康公司开发的奥美拉唑的年销售收入超过 30 亿美元。但是，高回报的背后是高投入和高风险。经过先导化合物的发现、临床前研究及临床研究这一复杂而漫长的过程，平均 10000 多个化合物中才能最终筛选出一个创新药物，而这一过程需要投入 8 亿 ~ 10 亿美元，花费 10 ~ 15 年的时间。由于化合物化学结构的确定性以及公开性，上市后的新药很容易被竞争对手仿制，从而失去市场份额。如果医药企业花费大量人力、物力、时间成本的创新成果被其他企业无偿使用，那么科技创新的热情势必会受到巨大的打击，整个医药行业将可能陷入停滞不前的状态，这将严重影响公众的医疗卫生水平和生活质量。

专利作为目前技术创新成果最主要的知识产权保护方式，也同样是一种最严格的法律保护形式，其保护的力度往往要大于技术秘密、著作权、商标等。申请专利已不单单是鼓励发明创新的手段，获得专利权并运用专利权，更多是鼓励技术垄断和赢得市场竞争的合法工具。

2.1.1 中国医药专利制度

1978 年 7 月，中央做出了"中国应建立专利制度"的决策。根据这一决策，原国家科委开始筹建中国专利制度，从 1979 年 3 月开始制定专利法。《中华人民共和国专利法》（以下简称《专利法》）于 1984 年 3 月 12 日由人大常委会通过，自 1985 年 4 月 1 日起实施，开始对包括药品及生物领域（方法）等发明创造给予专利保护。但是，基于当时的国情，"药品和化学方法获得的物质"及"食品、饮料和调味品"被排除在可以授予专利权的客体之外。随着中国改革开放程度的不断深入和《中美关于保护知识产权的谅解备忘录》的签订，人大常委会于 1992 年 9 月 4 日通过了《关于修改〈中华人民共和国专利法〉的决定》，于 1993 年 1 月 1 日开放了"药品和化学方法获得的物质"及"食品、饮料和调味品"的产品专利保护，增加了产品专利的进口权，把方法专利的效力扩大到了依照该方法直接得到的产品，并延长了专利保护期限。目前，中国现行专利法律制度由法律、行政法规和部门规章构成，法律为《专利法》，行政法规包括《中华人民共和国专利法实施细则》《专利代理条例》《国防专利条例》；部门规章包括《专利审查指南》《专利代理管理办法》《专利优先审查管理办法》《关于规范专利申请行为的若干规定》《专利实施强制许可办法》等。

2018 年，国务院办公厅发布了《关于改革完善仿制药供应保障及使用政策的意见》（以下简称《意见》），《意见》提出要"完善药品知识产权保护"，同年 4 月，国务院常务会议决定"对创新化学药设置最高 6 年的数据保护期，保护期内不批准同品种上市，对在中国与境外同步申请上市的创新药给予最长 5 年的专利保护期限补偿"，这标志着中国药品专利制度取得了实质性进展，彰显了国家对医药知识产权的强力保护和对药物创新的强力支持。

2.1.2　专利保护的特点

医药专利与其他专利一样，它是无形财产权的一种，与有形财产相比，具有独占性、时间性以及地域性等基本特征。

（1）独占性

按照专利法实施细则的规定，同样的发明创造只能被授予一项专利，因此专利权具有独占性。换言之，专利保护的创新药品是唯一的。专利独占性可体现在对市场利益的垄断，包括对创新药品的生产、销售、使用和进口的垄断，其巨大的经济利益是不言而喻的。

（2）时间性

所谓专利权的时间性，即指专利权具有一定的时间限制，也就是法律规定的保护期限。各国的专利法对于专利权的有效保护期均有各自的规定，而且计算保护期限的起始时间也不尽相同。按照中国现行《专利法》，发明专利权的期限为 20 年，实用新型专利权的期限为 10 年，外观设计专利权的期限为 15 年，均从专利申请日起计算。

（3）地域性

所谓地域性，就是对专利权的空间限制。它是指一个国家或一个地区所授予和保护的专利权仅在该国或地区的范围内有效，对其他国家和地区不发生法律效力，其专利权是不被确认与保护的。特别是药品专利，各国保护范围和强度有所不同。以药品专利保护期限延长这一制度来说，美国、欧洲和日本等国家（地区）可申请延长，但印度则无相应制度。此外，同一个技术主题的专利申请，在某些国家能获得授权，并不意味着在其他国家也能获得授权，即专利申请的授权也有地域性。

此外，医药领域因其行业特殊性，也有一些独有的特征。

（1）专利保护期延长

在其他行业，一旦专利保护到期后，往往缺少其他有效的市场保护手段，而在医药行业，除专利保护以外，企业还可以利用相关制度依靠行政保护政策阻止其他企业上市仿制药品。例如，美国的新药专利保护期延长和儿童适应证保护期延长。新药专利保护期延长指的是拥有全新结构的新药在美国首次上市可以享受不超过 5 年的专利保护延长期；儿童适应证保护期延长指的是某种药物如果符合儿童用药的要求，其专利保护或行政保护可以相应地适当延长。中国也针对药品专利保护期的延长做出了相应规定，如 2020 年修订的《专利法》第 42 条第 3 款，为补偿新药上市审评审批占用的时间，对在中国获得上市许可的新药相关发明专利，国务院专利行政部门应专利权人的请求给予专利权期限补偿，补偿期限不超过 5 年，新药批准上市后总有效专利权期限不超过 14 年。

（2）属于实验学科，专利申请文件重视实验数据

由于医药领域属于实验学科，仅仅靠一般设计构思提出的技术方案不能解决技术问题，必须通过实验证明才能完成。因此医药专利申请的说明书中往往需要很多实验设计和实施例。发明专利中实施例有着特殊的作用：以事实和数据为依据说明发明取得显著进步的技术效果，以支持《专利法》第 22 条第 3 款规定的创造性，同时满足《专利法》第 26 条第 4 款以支持权利要求的保护范围规定。如果在撰写过程中缺乏这些数据支撑，即使专利申请获得授权，也容易被宣告无效，即稳定性差。

（3）专利保护应当与药品标准相统一

对于医药行业来说，不仅需要创新投入，其产品或生产工艺还必须获得市场准入。即对其安全性、有效性以及质量可控性有严格要求，并建立相应的药品质量标准，因此专利保护应当与药品标准相统一才有实际意义。

（4）注重发明技术效果，强调证明手段

专利在实质审查中，若技术方案与现有技术有一定差别，但差别较小，则需要有科学研究的手段证明专利申请所述的有益效果，从而为符合《专利法》第 22 条第 3 款有关创造性的规定奠定基础。一般情况下，需要用实验数据定量地证实发明效果，同时记载测定实验数据的方法和条件，且需要强调实验数据的可比性。

（5）专利数量少，单个专利价值高

如第 1 章第 1 部分所述，医药行业相对于诸如电子领域等其他行业，通常一项创新药物只有 1~2 件基础专利。因此，医药产业的专利价值无可估量，特别对于基础专利之经济市值更是不菲，充分诠释了"专利权是医药产业核心竞争力"的不争事实。

2.1.3 医药专利保护客体

医药专利保护类型与其他领域相同，包括发明、实用新型和外观设计专利 3 种。其中发明专利是保护产品、方法或对其改进所提出的新的技术方案，医药领域对之又可细分为产品、方法和用途等类型；实用新型专利保护的是产品的性状、构造或其改进所提出的新的技术方案；外观设计专利是保护产品的形状、图案或者其结合以及色彩与形状、图案的结合所做出的富有美感并适于工业应用的新设计。将以上保护类型结合医药产业的行业特点，通常对该领域的专利保护对象做如下梳理，具体见表 2-1。

表 2-1 中国医药专利保护的对象

专利类型		医药专利保护的对象	保护力度
发明	产品专利	新化合物、复方制剂、药物组合物、新剂型、微生物及其代谢物、制药设备及药物分析仪器、医疗器械等	☆☆☆☆☆
	方法专利	制备工艺、检测方法等	☆☆☆
	用途专利	适应证等	☆☆☆☆☆
实用新型		与功能相关的药物形状、结构的改变，医疗器械的新构造等，如某种新型缓释制剂、某种单剂量给药器以及包装容器的形状、结构、开关技巧等	☆☆
外观设计		药品的新造型或其与图案色彩的搭配和组合；新的盛放容器（如药瓶、药袋、药品瓶盖）；富有美感和特色的说明书、容器等；包装盒等	☆（☆☆☆☆☆）

需要注意的是，用途专利的保护力度一般情况下较小，难以成为核心专利，但如果化合物或是组合物为已知公开成分，且制备工艺也为常规公知常识，唯有药物的治疗用途创新且疗效显著，该用途专利的保护力度有可能上升为五颗星程度，成为核心专利，如"伟哥"（万艾可）的用途专利。外观设计专利在市场竞争中往往起着标识性作用，在产品销售得到消费者高度认可后，

即使核心专利到期，但外观专利保护仍然可以上升到五颗星程度，能排除其他相似产品的雷同从而指引消费者的选择。

2.2　医药专利授权条件

一项发明创造要获得专利权，必须具备新颖性、创造性和实用性。这是一项发明创造能否获得专利权基本的实质性条件。中国现行《专利法》规定，一项专利权须由申请人提出申请，通过国家知识产权局对保护客体、专利三性、公开充分、清楚与否等进行审查并批准后而获得权利。由于医药行业的特点，90%以上的医药专利是发明专利，且药品关系民生健康之大计，因此专利审查、授权标准较为严格，审批周期较长，通常为3年左右。以下对医药领域的相关特别审查要求进行介绍。

2.2.1　不授予医药专利权的范围

为平衡专利制度所带来的利益冲突，保证公众和社会的利益，各国都可以在《TRIPS 协议》（《与贸易有关的知识产权协议》，Agreement on Trade-Related Aspects of Intellectual Property Rights 的简称）允许的范围内，通过国内立法将某些对象排除在可以授予专利权的客体之外。中国现行《专利法》中也有两个与此相关的条款，主要排除了以下几项不授予医药发明专利权的对象：

（1）违反国家法律、社会公德或妨碍公共利益的医药发明

根据《专利法》第5条的规定，对于涉及医药的发明，如果其商业开发有悖于社会公德或妨害公共利益，就不能被授予专利权。例如，某申请人若申请一种中药组合物及其制备方法的发明专利，其中含有用人工流产后的新鲜婴儿作为原料的处理步骤，国家知识产权局在进行实质审查时会因该专利申请违反了上述规定而被驳回。

（2）疾病的诊断和治疗方法及外科手术方法

疾病的诊断和治疗方法，是指以有生命的人体或者动物体为直接实施对象，进行识别、确定或消除病因或病灶的过程。

出于人道主义的考虑和社会伦理的原因，医生在诊断和治疗过程中应当有选择各种方法和条件的自由。另外，这类方法直接以有生命的人体或动物体为实施对象，无法在产业上利用，不属于专利法意义上的发明创造。因此，疾病的诊断和治疗方法不能被授予专利权。例如血压测量法、诊脉法、足诊法、X光诊断法、超声诊断法、胃肠造影诊断法、内窥镜诊断法、同位素示踪影像诊断法化疗、针灸、麻醉、推拿、按摩、刮痧、气功胚胎移植、外科手术方法等在中国都得不到专利保护，相关规定详见《专利审查指南》中疾病的诊断和治疗方法部分。

但是，用于实施疾病诊断和治疗方法的仪器或装置，以及在疾病诊断和治疗方法中使用的物质或材料，属于可被授予专利权的客体。

（3）医生处方和根据医生处方在药房配药的过程

医生处方是指医生根据具体病人的病情所开的药方，其中同一类病人的处方可能各不相同，同一病人不同阶段的处方也可能有所差异；根据医生处方在药房配药的过程是指根据有处方权的执业医生所开具的处方在具有国家颁发的销售经营许可证的药房或药店小批量配制药物的过程。纯粹的医生处方和仅仅根据医生处方在药房配药的过程，均没有工业实用性，不能被授予专利权。

2.2.2　专利的"三性"

专利的"三性"是指，授予专利权的发明和实用新型，应当具备新颖性、创造性和实用性。新颖性是指该药品发明或者实用新型不属于现有技术；也没有任何单位或者个人就同样的药品发明或者实用新型在申请日以前向国务院专利行政部门提出过申请，并记载在申请日以后公布的专利申请文件或公告文件的专利文件中。创造性是指同申请日以前的技术相比，该药品发明专利申请须具有突出的实质性特点和显著的进步；而实用新型专利申请须具有实质性特点和进步，从中可以看出，理论上发明专利对创造性的要求比实用新型专利要高。实用性是指该药品发明能够制造或者使用，并且能够产生积极效果。简单的判断就是该药品能够规模化、重复被制造或者使用，并且能够产生积极效果。

通过专利法对"三性"的概念可以看出，在医药领域，原研药之所以容易获得专利权，是因为付出了创造性劳动，而仿制药则不具有专利法意义上的新颖性，因此是不能得到专利保护的。但改变剂型的药物可以获得剂型和制备工艺的保护。这种要求显然远远高于其他行政法规。然而，在实用性方面，药品专利只要求该药品或者制备工艺能够在生产上应用，也即具有产业化前景即可，而且这种产业化应用主要就其从技术上对疾病的治疗效果而言，而不对其毒性及安全性进行严格的审查。一般来讲，为了抢占专利申请日，由动物试验证明了药品的治疗效果后即可申请专利，而不必等到临床试验完成以后。在这方面，药品专利的要求低于医药行政法规。但是随着近年来中国不断提升专利审查质量，未来专利申请文件数据支撑方面要求会更加严格。

2.3　专利申请的文件

专利权区别于商业秘密和著作权，不是自完成发明创造完成后即能自动产生。一项发明创造要想获得专利权，一般需要经过申请的准备阶段、申请阶段、审查阶段、批准阶段四个阶段。而且授权后还有可能发生撤销、无效和终止等确权程序。

不同专利类型，所需提交的专利申请文件有所不同，见表 2 - 2。

表 2 - 2　各专利类型需准备的专利申请文件

专利类型	必备文件	适用时准备文件	其他文件
发明	发明专利请求书、摘要、说明书、权利要求书	摘要附图、说明书附图、遗传资源来源披露登记表	专利代理委托书，费用减缓请求书，优先权证明，优先权转让证明，实质审查请求书，提前公开声明，涉及保密、生物材料、不丧失新颖性的公开等证明文件，复审或无效宣告请求书及相关文件
实用新型	实用新型专利请求书、摘要、说明书、权利要求书、说明书附图	摘要附图	
外观设计	外观设计专利请求书、图片或者照片（要求保护色彩的，应当提交彩色图片或者照片）以及对该外观设计的简要说明	—	

2.4　专利的审查、审批和无效程序

2.4.1　专利申请审批程序

医药产品专利权的国内申请和审批程序没有特殊规定，因此以下将着重介

绍中国医药专利申请审批流程。

　　依据中国《专利法》之规定，发明专利申请的审批程序包括受理、初审、公布、实审以及授权 5 个阶段，其中医药领域的专利申请主要由国家知识产权局专利局（简称国知局）医药生物发明审查部和化学发明审查部负责审查，同时国知局为了解决海量案件的审查进度，在全国部分省和城市设立审查协作中心（简称审协），部分专利申请会分流到审协进行业务审查。实用新型或者外观设计专利申请实行的是初审制，无实质审查程序，因此其存在权利稳定性较差的先天性不足。具体相关内容如图 2 – 1 所示。

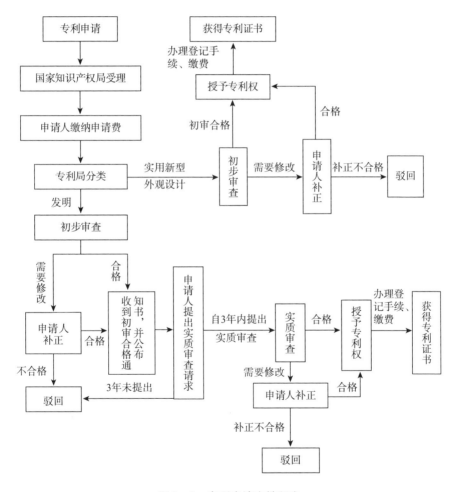

图 2 – 1　专利申请审批程序

若涉及申请国外专利,专利申请人可以选择按照《保护工业产权巴黎公约》(以下简称《巴黎公约》)、PCT(专利合作条约)或者单一国提交的规定申请。三种申请方式中,前两种俗称为"国际专利申请",后一种则为普通方式的国外专利申请。

申请人若按照《巴黎公约》在中国提出申请后12个月内可向目标国家逐一提交专利申请,特点是单独申请、单独检索、单独审查、单独授权,如图2-2所示;申请人按照PCT(专利合作条约)在中国提出申请后12个月内统一提交一份PCT申请,便视同在所有成员方提交申请,特点是统一申请、统一检索、单独审查、单独授权,PCT国际专利申请的具体申请时间顺序如图2-3所示。

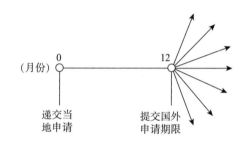

图2-2　巴黎公约国际专利申请途径时间表

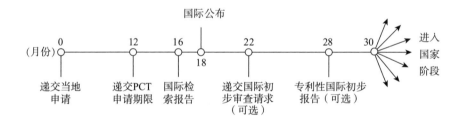

图2-3　PCT国际专利申请途径时间表

以下就2种不同的国际专利申请途径加以区别对比,见表2-3。

表2-3　PCT国际申请与巴黎公约的对比

不同之处	PCT国际申请	巴黎公约
专利保护内容	发明、实用新型专利	发明、实用新型、外观设计专利
专利保护方式	专利合作多国缔约	专利申请优先权
申请效力范围	宽,所有PCT成员方	单一或者少数几个国家

不同之处	PCT 国际申请	巴黎公约
申请办理国家阶段提交绝限	长，首次提交专利申请之后的 30 个月内办理即可	短，首次提交专利申请日之后，外观设计为 6 个月内，发明或实用新型为 12 个月内
申请方式	一表多国，方便省力	一表一国，分别申请
缴费方式	只需向受理局缴纳国际阶段费用，国家阶段再分别缴纳	向所有要求获得专利保护国家的专利局缴纳专利申请费用
申请风险	小，评估时间长，可以对人、物和财力进行合适配置	较大，评估时间短，一旦判断失误或未得到授权，成本损失较大
申请文件要求	申请材料可用母语	申请材料需用指定语言
审查方式	提供国际检索报告和书面意见参考，评估后决定是否进入国家	国家正常程序
授权所需时间	时间长，可控性强	时间相对短
授权难易程度	国际阶段通过后，国家阶段较易	严格，国家正常程序
费用及优惠	额外付费，一般有政府补助；某些国家对 PCT 国家阶段申请的费用比普通申请要低	正常费用，一般有政府补助

单一国提交专利申请的做法一般适用于企业的目标市场明确，需要快速做出保护决定，可以通过委托该国的专业代理机构来直接提交申请，以减少国际专利申请方式所产生的国际阶段的费用，实现高效低费的目的。

2.4.2　专利申请中优先权制度

在医药领域中进行专利申请时，中国医药企业应用专利申请优先权规则较少，而且专利优先权的实际经济及法律价值往往被忽视，因此以下就专利申请中优先权制度及应用进行介绍。

1. 优先权制度简介

优先权原则最早源自 1883 年签订的《巴黎公约》。当时，绝大多数国家的专利法都采用先申请原则，为了在多个国家内获得保护，就要同时在本国和其他国家提出专利申请，而这很难办到。为了给申请人提供便利，使申请人在向第一国提出申请后，能有足够的时间准备向其他国家提出申请所需的文件，巴黎公约规定了优先权原则。

专利优先权，是指申请人根据《专利法》第29条之规定向专利局要求以其在先提出的专利申请为基础享有优先权。申请人就相同主题的发明或者实用新型在外国第一次提出专利申请之日起12个月内，或者就相同主题的外观设计在外国第一次提出专利申请之日起6个月内，又在中国提出申请的，依照该国同中国签订的协议或者共同参加的国际条约，或者依照相互承认优先权的原则，可以享有优先权。这种优先权称为外国优先权。

申请人就相同主题的发明或者实用新型在中国第一次提出专利申请之日起12个月内，又以该发明专利申请为基础向专利局提出发明专利申请或者实用新型专利申请的，或者又以该实用新型专利申请为基础向专利局提出实用新型专利申请或者发明专利申请的，可以享有优先权。这种优先权称为本国优先权。

《专利审查指南》中规定，相同主题的发明或者实用新型，是指技术领域、所解决的技术问题、技术方案和预期的技术效果相同的发明或者实用新型。这里所谓的相同，并不意味在文字记载或者叙述方式上完全一致，其包括直接的、毫无疑义确定的内容。此外，在后申请权利要求中限定的技术方案，只要记载在首次申请（包括权利要求书、说明书、说明书附图）中即可，并不要求必须包含在首次申请的权利要求中。

2. 医药领域专利优先权制度应用

医药产业是知识与技术密集型的特殊行业，其发展日益依赖于新药研发，而新药研发投入对专利保护的依赖性又是各产业之最。药品研发周期长、风险大、成本高，而且医药领域专利数量少，单个专利价值极高，越到专利期末期，其专利可以产生的价值往往越大。同时，医药领域的专利涉及的技术难度和案卷均非常复杂，这一特点在国外基础药物化合物专利申请中表现得极为明显。我们看到，国外申请人对于构建专利网、加强和延长专利保护的策略运用娴熟而灵活，反观国内申请的技术含量、撰写技巧、保护范围，尤其是对专利法的一些制度使用方面还存在较大差距。因此，我们建议医药企业在进行专利布局时应当充分利用优先权制度，通过专利制度规则为来之不易的新药提供尽可能完善的专利保护。运用专利优先权规则的目的较多，以下列举几种应用。

（1）谨慎决定、完善发明、修改申请

分析近30年中国医药领域专利布局可知，鲜有国内医药企业在专利申请中使用优先权制度。医药领域市场竞争日趋激烈，尤其在生物药上基于新靶点药物的开发，往往会有众多企业跟进，因此尽早申请专利抢占先机显得尤为重要。为了尽早申请专利，申请人往往在研发初步阶段就提交专利申请，这样可能出现在专利申请文件撰写上考虑不周，发明不够完善，或遗漏证明资料等情况，而通过要求优先权在在后申请中可以弥补这一不足。由于优先权能够赋予12 个月的犹豫和修改期，研究者可以充分利用这个时间来完善发明、补充数据、查漏补缺，甚至可以通过 12 个月的研究来决定后面的申请是否提出，或是对后面的申请进行权利要求书和说明书的修改，以提高该专利申请和维持的质量。

（2）抢占申请时间

不同申请人就相同主题提交专利申请，只授权给最先申请的人，因此要尽可能地抢先提出申请。优先权的 12 个月给予申请人充分完善该技术方案的时间，这对医药领域这一需要实验数据来支持其专利性的技术领域尤为重要。现实中，如果按部就班地研究到最后再申请专利，该主题可能早已被他人抢先申请而使自己失去了获得授权的机会。因此，申请人如能利用本国优先权制度提出不含效果试验的在先申请，并保证在 12 个月内提交公开充分的在后申请，则可最大限度地抢占申请先机。

（3）构建专利保护网、合理布局

利用优先权制度，可以以核心专利为中心，围绕技术脉络不断横向、纵向申请外围专利，从法律角度、技术角度构建多层次的专利族，增强企业专利链条，进行合理周密布局，构建牢固有效的专利保护网。例如"在多个国家或者地区进行的专利申请"可以基于优先权制度构建不同的同族专利；而"在同一国家多次进行的专利申请"，则可以基于分案申请、优先权制度等再次构建不同的同族专利。

（4）延长专利保护期限

《专利法》第 42 条规定，发明专利权的期限为 20 年，实用新型专利权的期限为 10 年，均自申请日起计算。《专利法实施细则》第 11 条规定，除《专利法》第 28 条和第 42 条规定的情形外，《专利法》所称申请日，有优先权的指优先权日。这就意味着《专利法》第 42 条中规定的专利权期限起算日为实际申请日，而不是优先权日。利用这一规定，申请人可以在首次申请后，优先权期限即将届满之前，提交一份在后申请，这样既能保证优先权期间其他公开不能构成现有技术破坏在后申请的新颖性、创造性，又能延长保护期限，使保护期向后推后 1 年。这对于已经提交专利申请，但是产品还未上市的申请人来说非常重要。试想：申请人可以在首次申请期限届满之前，通过要求本国优先权，重新提出一个与首次申请内容一致的新申请，实际上将专利保护期延长将近 1 年。这对于药品专利尤其重要，因为药品在上市前的开发周期长达 10 年或更久，药品上市后其专利有效期限已不多，延长保护期有利于维持市场独占性。

（5）节约费用

在实际研发过程中，可能会根据研发结果，在不同阶段申请多件具有单一性的专利，那么，这时可以利用优先权制度，将这些申请合并为一件新的专利申请，节约费用，而在后申请中视审查结果和企业自身的考量来进行适当的分案，可充分保护发明方案。

2.4.3　分案申请制度及其运用

1. 分案申请制度简介

分案申请制度是指：当一件专利申请包括两项以上发明、实用新型或者外观设计的，申请人可以在法定期限内，向国务院专利行政部门提出分案申请。简单来说就是：在一件专利申请未结案之前，申请人可以基于该专利申请提出一件或多件分案申请。

目前，实际操作中分案申请可以分为被动分案和主动分案两种。被动分案是指：当国家知识产权局认为一件专利申请不符合单一性规定的，审查员将发出"审查意见通知书"通知申请人，并要求其在指定期限内对其申请进行修改；同时，申请人为了保护从原申请中删除的技术方案而被动提出分案申请。

主动分案是指：在国家知识产权局发出授权书之日起 2 个月期限（即办理登记手续的期限）届满之前，申请人主动向国家知识产权局提出分案请求。这些分案申请中，原申请的权利要求书中可能并不存在单一性的问题，而是由申请人主动提出。

2. 医药领域分案申请制度运用

有研究者分析了中国近 10 年的分案申请数据，发现申请人主动提交的分案申请中，真正涉及单一性的仅占很小部分，申请人大多考虑根据母案保护范围，再衍生出其他相关权利要求进行保护。1985—2016 年，国内申请人的发明申请分案率基本在 1% 以下，而数据显示，自 2006 年以来国外申请人的发明申请分案率从 5% 左右上升到 7.69%。由此可见，国外申请人已经熟练利用了专利申请分案制度，而国内申请人有待提高。在生物医药领域中，当某专利具有较大市场前景，但因缺乏可专利性不能被授权时，可通过提分案申请的方式继续使分案申请公开，或者通过分案再分案的这种不断分案的方式拖延专利审查及授权时间，从而继续给竞争对手造成一定的专利障碍，使其不敢轻易实施。以下列举几种实操中医药领域的专利分案申请应用方式。

（1）保护未写入权利要求书中的技术方案

申请人采用主动分案申请的最主要的原因是：原申请的说明书中公开了若干项技术发明，但是在原申请的权利要求书中仅要求保护了其中的某项技术，在这种情况下可以依据原始公开在说明书中的技术撰写新的权利要求书并提出分案申请。目前很多由日本进入中国的发明专利申请就是这种情况。由于发明专利的审查时间比较长，申请人可以在专利审查的过程中通过市场的认可程度，确定实际需要保护的技术方案，从而避免盲目申请。

（2）尽快获得专利授权

例如：在一件包括 10 项权利要求的专利申请中，进行发明实质审查的审查员在"一通"中认为权利要求 1 没有新颖性和创造性，而其他从属权利要求具有专利性。申请人为了尽快获得专利授权，可以在答复"一通"时放弃权利要求 1，而保留审查员未拒绝的权利要求 2~5，从而尽快获得专利授权。而对于放弃的权利要求 1，申请人可以另外提出分案申请，在分案申请中与审查员争辩其具有专利性的详细理由。这样，申请人一方面可以尽快获得权利，以保护其产品，另一方面可以争取尽可能大的保护范围。根据《专利审查指南》规定，对于不同的发明创造的定义权利要求书具有不完全相同的保护范围。显然，原申请与分案申请的权利要求的技术特征不完全相同，保护范围不同，因此满足不相同的发明创造的条件，符合分案申请的要求并可以在授权后两件专利同时存在。

（3）间接延长审批时间

当某件专利申请的内容具有较大的市场前景，但是由于缺乏新颖性、创造性或其他问题不能被授予专利权时，可通过提出分案申请使竞争对手不敢轻易实施。申请人可以不断地提出分案申请，间接延长审批时间，使公众难以判断该申请的法律状态。

申请人可以在一件专利申请未结案前提出一件或多件分案申请，具体又分为主动分案和被动分案。实践中遇到审查意见通知书提出了"本申请不具备单一性，不符合《专利法》第31条第1款之规定"时，申请人在答复时为了保护从原申请中删除的技术方案可以进行分案，又称之为被动分案，但要求所分案申请的内容不得超出母案申请记载的范围。通常申请人会选择在实审过程中或授权办登前将母案进行分案，一方面，借助第一次审查意见通知书了解该件专利申请的走向，预期其授权前景后再分案是可行的；另一方面，希望依托原母案授权范围，再衍生出其他相关权利要求进行保护。

需要提醒的是，分案申请对专利申请虽然具有诸多用处，但是目前审查员对分案申请是否超范围持有相当严格的审查基准。新的权利要求书不能是说明书概括出的技术方案，例如新撰写的权利要求书中每个技术特征在说明书中都能够得到支持，但是如果其整体技术方案并没有在说明书的一个实施例中公开，或者其整体技术方案中没有包含该实施例中所有相关的特征，也会被认定为分案申请超范围。所以，为了尽量避免这种申请超范围的情形，申请人可以在撰写专利申请文件的阶段将所有的发明都写入权利要求书中。即使它们明显不具有单一性，只要在原申请权利要求中出现过的技术方案，一般情况下不会有分案超范围的问题。另外，即使不想将其写入原申请的权利要求书，如果有日后分案的打算，也要在撰写专利申请文件的时候至少在具体实施方式中公开所有发明的技术方案。

总之，医药领域专利布局主要考量技术主题、技术方案、时间、地域、申请时机、公开时机、优先权、分案申请等因素，关键在于控制好节奏。对于专利文件中权利要求的布局、技术方案的延伸、专利维权的可行性、专利稳定性等，均需要契合研发进程及市场情况予以动态评估。对于不易被反向工程或企业认定为技术秘密的内容，或者在撰写专利时予以隐藏，或者暂时不申请专利。

2.4.4　专利复审程序

根据《专利法》的规定，国家知识产权局对于受理的专利需要进行初步审查或实质审查，对不符合规定的申请，国家知识产权局应当通知申请人，要求其在指定期限内陈述意见，或者对专利申请进行补正或修改。在充分考虑申请人陈述的意见和做出的修改后，再决定是授予专利权，还是做出驳回专利申请的决定。专利法及其实施细则规定这些程序的目的是为申请人依法获得专利权创造更有利的条件，使国家知识产权局做出的决定更加合法、适当。但是，即使经过这些程序，国家知识产权局做出驳回专利申请的决定仍然可能存在不符合专利法规定的情况，因此设立专利复审委员会（现为国家知识产权局专利局复审和无效审理部，以下简称复审和无效审理部），再给专利申请人以申诉的机会。换言之，专利复审程序是专利申请被驳回时，给予申请人提供一条类似于行政复议的救济途径。

专利复审的一般流程：

专利申请被驳回→提出专利申请复审请求（3 个月内）→形式审查→专利复审前置审查→复审和无效审理部合议组审查→复审决定（维持驳回或撤销驳回）→针对复审决定不服的司法救济程序。

2.4.5　专利无效宣告程序

虽然《专利法》在授予专利权时，通过初步审查、实质审查、复审等多个程序，仍然有授权不当的可能。为了纠正国家知识产权局对不符合《专利法》规定条件的发明创造授予专利权的错误决定，维护专利权授予的公正性，中国设置了专利无效宣告制度。专利法以及实施细则规定，自国务院专利行政部门公告授予专利权之日起，任何单位或者个人认为该专利权的授予不符合本法有关规定的，可以请求复审和无效审理部宣告该专利权无效。

医药领域专利复审、无效案件主要由复审和无效审理部以下各处负责审理：

医药生物申诉一处：负责中药、西药领域的发明或者实用新型专利申请的复审案件以及宣告发明或者实用新型专利权无效请求案件的审理工作。

医药生物申诉二处：负责生物、食品领域的发明或者实用新型专利申请的复审案件以及宣告发明或者实用新型专利权无效请求案件的审理工作。

化学申诉一处：负责药物化学领域的发明或者实用新型专利申请的复审案件以及宣告发明或者实用新型专利权无效请求案件的审理工作。

化学申诉二处：负责应用化学领域的发明或者实用新型专利申请的复审案件以及宣告发明或者实用新型专利权无效请求案件的审理工作。

2.4.6　专利优先审查

中国最早在 2012 年 8 月 1 日实施了《发明专利申请优先审查管理办法》，其目的是促进产业结构优化升级，推进国家知识产权战略实施，加快建设创新型国家。随着近年来国务院各部门不断深化"放管服"改革，纷纷采取措施减轻当事人负担。《国务院办公厅关于印发进一步简化流程提高效率优化营商环境工作方案的通知》也要求进一步优化营商环境，压缩审批时间，激发市场活力。在此背景下，原《发明专利申请优先审查管理办法》与党中央、国务院的最新决策部署和工作要求仍然存在差距，应尽快进行调整和完善。因此，2017 年 6 月 27 日，经国家知识产权局局务会审议通过了新的《专利优先审查管理办法》，并于 2017 年 8 月 1 日起施行。专利优先审查对医药企业的重大立项、投融资方面的风险监控有着积极作用，能够尽早一步给企业的决策提供参考，降低企业在重大决策方面的失误。

1. 适用类型和范围

（1）适用类型

根据新《专利优先审查管理办法》规定，优先审查适用于下列申请或者案件：

实质审查阶段的发明专利申请；

实用新型和外观设计专利申请；

发明、实用新型和外观设计专利申请的复审；

发明、实用新型和外观设计专利的无效宣告。

（2）适用范围

新《专利优先审查管理办法》规定，其中专利申请、专利复审案件的优先审查具体适用于以下 6 种情形：

涉及节能环保、新一代信息技术、生物、高端装备制造、新能源、新材料、新能源汽车和智能制造等国家重点发展产业；

涉及各省级和设区的市级人民政府重点鼓励的产业；

涉及互联网、大数据、云计算等领域且技术或者产品更新速度快；

专利申请人或者复审请求人已经做好实施准备或者已经开始实施，或者有证据证明他人正在实施其发明创造；

就相同主题首次在中国提出专利申请又向其他国家或地区提出申请的该中国首次申请；

其他对国家利益或者公共利益具有重大意义需要优先审查。

新《专利优先审查管理办法》规定，其中可以请求优先审查专利权无效宣告案件体适用于以下 2 种情形：

针对专利权无效宣告案件涉及的专利发生侵权纠纷，当事人已请求地方知识产权局处理、向人民法院起诉或者请求仲裁调解组织仲裁调解；

专利权无效宣告案件涉及的专利对国家利益或者公共利益具有重大意义。

2. 办理手续

（1）可以请求优先审查的主体

专利申请人可以对专利申请、专利复审案件提出优先审查请求，当申请人为多个时，应当经全体申请人或者全体复审请求人同意。

无效宣告请求人或者专利权人可以对专利权无效宣告案件提出优先审查请求，当专利权人为多个时，应当经全体专利权人同意。

此外，为了加快专利侵权纠纷的解决，处理、审理涉案专利侵权纠纷的地方知识产权局、人民法院或者仲裁调解组织可以对专利权无效宣告案件提出优先审查请求。

（2）对优先审查的数量要求

在保证审查质量和总体审查周期不受影响的前提下，国家知识产权局将在现有审查能力范围内提供尽量多的专利申请、专利复审、专利权无效宣告案件优先审查资源。对专利申请、专利复审、专利权无效宣告案件进行优先审查的数量，由国家知识产权局根据不同专业技术领域的审查能力、上一年度专利授权数量以及本年度待审案件数量等情况确定。

（3）请求优先审查的申请或者案件应当采用的申请方式

新《专利优先审查管理办法》第 7 条规定，对于请求优先审查的专利申请以及专利复审案件，应当采用电子申请方式。对于专利权无效宣告案件则没有申请方式的限制，考虑到纸质文件会涉及较长的数据采集和代码化周期，建议专利权无效宣告案件当事人采用电子请求方式以加快案件审查流程。

（4）提出优先审查请求的时机

对于发明专利申请人请求优先审查的，应当在提出实质审查请求并缴纳相应费用后具备开始实质审查的条件时提出。

对于实用新型、外观设计专利申请人请求优先审查的，应当在申请人完成专利申请费缴纳后提出。

对于专利复审和专利权无效宣告案件，在缴纳专利复审或专利权无效宣告请求费后至案件结案前，都可以提出优先审查请求。

各类专利业务优先审查情形提出时机见表2-4。

表2-4   各类专利业务优先审查情形提出时机

优先审查情形	提出时机
发明专利申请	在提出实质审查请求并缴纳相应费用后，具备开始实质审查的条件时
实用新型/外观设计申请	完成专利申请费缴纳后
专利复审/无效宣告	缴纳专利复审或专利权无效宣告请求费后至案件结案前

（5）提出优先审查请求需要提交的材料

申请人提出专利申请优先审查请求的，应当提交优先审查请求书、现有技术或者现有设计信息材料和相关证明文件；有同日申请的，还需要在请求书中提供相对应的同日申请的申请号。除"就相同主题首次在中国提出专利申请又向其他国家或者地区提出申请的该中国首次申请"的情形外，优先审查请求书应当由国务院相关部门或者省级知识产权局签署推荐意见。"国务院相关部门"是指国家科技、经济、产业主管部门，以及国家知识产权战略部际协调成员单位。

当事人提出专利复审、专利权无效宣告案件优先审查请求的，应当提交优先审查请求书和相关证明文件，优先审查请求书应当由国务院相关部门或者省级知识产权局签署推荐意见，但以下两种情形除外：专利复审案件涉及的专利申请在实质审查或者初步审查程序中已经进行了优先审查；处理、审理涉案专利侵权纠纷的地方知识产权局、人民法院、仲裁调解组织对专利权无效宣告案件请求优先审查，需要提交"复审无效程序优先审查请求书"和相关证明文件，并说明理由。

目前，无论是对于专利申请、专利复审案件还是对于专利权无效宣告案件提出优先审查请求，优先审查请求书以及相关证明文件都需要提交纸质原件。

另外，医药企业在进行国际专利申请中，为了尽快获得各国专利申请的授权，还有一种国际上较为通用的专利加快审查的途径——专利审查高速路（The Patent Prosecution Highway，PPH），这是目前在国际上以双边协议或多边协议形式存在的一种加快协议国之间专利审查的程序性机制。具体来说，申请人在首次申请受理局（Office of First Filing，OFF）提交的专利申请中所包含的至少一项或多项权力要求被确定为可授权时，可以向后续申请受理局（Office of Second Filing，OSF）对后续申请提出加快审查请求。从基本流程上区分，PPH 可以分成常规 PPH（亦称普通 PPH）和 PCT-PPH 两种。前者是以某国家或地区专利局为 OFF，其申请的可授权意见为依据，向 OSF 提出的加快审查请求。而后者是指 PCT 申请的申请人，从特定的国际检索单位或国际初步审查单位收到肯定的书面意见或国际初步审查报告，指出其 PCT 申请中至少有一项权利要求具有可专利性，申请人可以请求有关国家或地区阶段的申请加快审查。专利审查高速路（PPH）程序流程如图 2 - 4 所示。

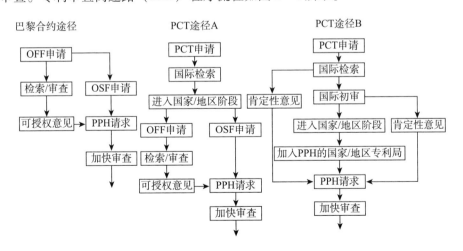

图 2 - 4　专利审查高速路（PPH）程序流程

2.5 专利权的保护

2.5.1 专利权保护的期限

医药行业的特殊性决定该领域的主要申请为发明专利。按照中国专利法的规定，发明专利权的期限为 20 年，自申请日起计算。实际上，在自申请日起的 20 年中，又可分为 3 个阶段，如图 2 - 5 所示，其保护力是逐步加强的。

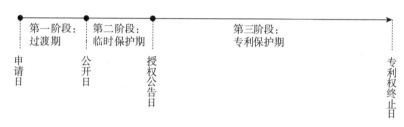

图 2 - 5 发明专利保护期限内各阶段

中国专利申请实行早期公开、延期审查制，在一种新药的发明创造申请专利后且尚未向社会公开之前，其他人还无法知晓该发明的内容，因而不可能侵犯该新药的发明专利权，如果有相同的药品发明在此期间被公开制造，专利申请人则不能要求对方赔偿损失，原因是专利权尚未产生，而对方既不能再申请专利，也不能破坏该专利申请的新颖性，因此该阶段可以视为双方互不干涉的过渡期。

当专利申请公开后而尚未授予专利权之前，由于公众已经可以知晓该发明的内容，如果在此期间有人实施其发明，申请人则可以要求对方支付适当的费用，这段时间可称为临时保护期。

当专利权被授予后，任何单位或个人未经专利权人许可，都不得实施其专利，即不得为生产经营目的的制造、使用、许诺销售、销售、进口其专利产品，或者使用其专利方法以及使用、许诺销售、销售、进口依照该专利方法直接获得的产品，在此期间如果有人未经许可而实施其专利，专利权人或利害关系人既可向人民法院起诉，也可请求专利管理机构对侵权人进行处理，要求其停止侵权行为并赔偿损失。

由于实用新型与外观设计的专利申请不需要实质审查，只经初步审查合格后，即可授权，因此其专利权的保护期限、力度及形式均与之差别较大。但近年来中国提出专利质量提升工程，实用新型、外观设计专利审查标准有所提高。

2.5.2　专利权人的权利与义务

专利申请被授权后，申请人可以同时获得该专利的独占权、许可权、转让权等权利。专利权人可以通过自行实施，或是许可他人使用，又或是直接转让专利权，从而产生经济价值，这部分内容在本书第 6 章中详细介绍。

当然，权利与义务是对等的，在享受专利带来的高收益的同时，专利权人也应承担一定义务，即按照规定缴纳费用。在专利申请阶段应按照法定要求承担申请费、公布印刷费、实质审查费等，在授权阶段需要缴纳办理专利登记费（2018 年 8 月 1 日起国家知识产权局停征专利登记费）、专利证书印花税以及每年按期缴纳专利年费等费用。

2.5.3　专利侵权的判定及解决途径

1. 专利侵权判定的要件

专利侵权是指未经专利权人许可，以生产经营为目的，实施了依法受保护的有效专利的违法行为。认定侵权要件包括两方面：形式要件和实质要件。

其中，形式要件主要有：

实施行为所涉及的是一项有效的中国专利；

实施行为必须是未经专利权人许可或者授权的；

实施行为必须是以生产经营为目的。

对于行为人是否具有主观故意并不是形式要件。但是，可以作为衡量其情节轻重的依据。

构成专利侵权的实质要件，一般指的是行为人的实施行为属于专利权的保护范围，则行为人就可能构成专利侵权。主要有以下几种表现形式：

行为人所涉及的技术特征与专利的技术特征全部相同，则构成侵权；

行为人所涉及的技术特征多于专利的技术特征，也构成侵权；

行为人所涉及的技术特征与专利的技术特征有相同的，有相异的，但是相异的技术特征与专利的技术特征是等效的，仍构成侵权；否则，不构成侵权。这里的技术特征等效，是指所属技术领域的普通技术人员能够推断出某两种技术特征彼此替换后，所产生的效果相同。

　　2. 专利侵权的解决途径

　　为了保护发明人和专利权人的合法权益，维护法律的严肃性，对于专利侵权纠纷必须根据《中华人民共和国民法典》（以下简称《民法典》）和《专利法》的有关原则和规定正确处理和解决。对于专利犯罪案件应根据《专利法》及《刑法》的有关规定追究其刑事责任。针对不同性质的专利纠纷，有不同的解决方式，双方当事人可以自愿选择。专利侵权的解决方式主要有五种：

　　（1）协商解决

　　协商解决是指发生侵权案件以后，双方当事人直接进行磋商，以达成解决争议办法的处理方式。自行协商解决应当是当事人首选的方法，其有以下优点：①当事人自行协商，可减小矛盾激化的概率，最小成本地化解争议；②可适当减少当事人为解决纠纷所投入的人力和财力；③协商解决可能是最有效率的解决问题的途径。

　　（2）调解

　　无论是当事人与行政机关之间的纠纷，还是当事人之间的各种纠纷，都可以在双方自愿的基础上，由第三方从中调停，促使双方当事人和解。专利权作为一种有保护期限的私权，对于当事人来说，时间就是金钱。而且，专利维权一直存在成本高、赔偿低、时间长、效果差等困境。调解相比于司法途径解决具有高效、便捷的优势，越来越受到企业或个人的认可。依据第三者（即调停人）的身份不同，调解可分为民间调解、行政调解、仲裁调解和司法调解。

　　（3）仲裁

　　仲裁是指在当事人双方自愿的基础上由仲裁机构以第三者的身份，依法对争议做出具有法律约束力的裁决。在专利纠纷中采取仲裁解决方式一般仅限于专利合同纠纷。

　　（4）行政处理

　　国务院有关主管部门或者地方人民政府设立的管理专利工作的部门对本系统内的专利权属纠纷、临时保护期使用费支付的纠纷、对职务发明创造发明人或设计人奖励的纠纷，可以做出行政处理决定。

对于将非专利产品冒充专利产品或将非专利方法冒充专利方法的，管理专利工作的部门可以责令改正并予公告，可以处以 5 万元以下罚款；对于假冒他人专利的，管理专利工作的部门可以责令改正并予公告，没收违法所得，可以并处违法所得 3 倍以下的罚款，没有违法所得的，可以处 5 万元以下的罚款。

请求管理专利工作的部门处理专利纠纷的时效为 2 年，自专利权人或者利害关系人得知或者应当得知之日起计算。对管理专利工作的部门的处理决定不服可以向法院提起诉讼。

（5）诉讼

依照民事诉讼法、行政诉讼法和刑事诉讼法，专利纠纷可以通过司法途径解决。该方法适用于专利民事纠纷案件、专利行政纠纷案件和专利刑事案件等。

1）专利民事纠纷案件。

专利权属纠纷、侵权纠纷和合同纠纷属于专利民事纠纷，由这些纠纷引起的诉讼由各省、自治区、直辖市人民政府所在地的中级人民法院和各经济特区的中级人民法院为第一审法院，各省、自治区、直辖市高级人民法院为第二审法院。

2）专利行政纠纷案件。

因对国家知识产权局专利局或者复审和无效审理部的决定或裁决不服引起诉讼的案件均由北京市知识产权法院作为第一审法院，北京市高级人民法院为第二审法院。这类案件属于专利行政纠纷，被告为国家知识产权局专利局或复审和无效审理部。对于复审和无效审理部作出的复审决定或国家知识产权局专利局作出的裁决不服的，必须在收到通知之日起，3 个月之内向人民法院起诉，逾期不起诉的，法院不予受理。

3）专利刑事案件。

对于专利刑事案件，中国《专利法》和《刑法》规定，专利违法和专利侵权情节严重的，构成犯罪的，应当承担刑事责任。主要有：假冒他人专利构成犯罪的；向国外申请专利、泄露国家机密，构成犯罪的；从事专利管理工作的国家机关工作人员以及其他有关国家机关工作人员玩忽职守、滥用职权、徇私舞弊，构成犯罪的。上述侵权解决途径各有优劣势，企业应当根据自身实际情况选择最有利的解决途径。

2.6 专利文献及专利文献检索

2.6.1 专利文献

专利文献是包含已经申请或已授权专利公开资料的总称，广义包括专利申请书、专利说明书、专利公报、供检索用的工具书以及与专利有关的一切资料；狭义仅指各国（地区）专利局出版的专利说明书或发明说明书。

有数据表明，世界上 90% 以上的新技术、新发明记载在专利文献中，在应用技术研究中，经常查阅专利文献，可以缩短 60% 的研究时间，节省 40% 的研究费用。在研究开发工作的各个环节中注意运用专利文献，不仅能提高研究开发的起点，而且能节约 40% 的研发经费和 60% 的研发时间。纵观世界上的知名企业，其在新技术、新产品的开发全过程中，都毫无例外地使专利文献记载的信息为之所用。在研究开发工作中，先进行专利文献检索，就可以做到知己知彼，在最新最高的起点上确立科研课题，避免重复研究开发和有限科技资源的浪费。例如，欧洲专利局的一项研究结果表明：在十几个欧洲专利条约成员方中，在某应用技术的研究开发中，由于较好地利用了专利文献，从而避免了大量的重复研究，每年可节约大量研究经费，且大大地优化了各方科研资源，使众力合理推进技术创新的步伐。

2.6.2 常用专利文献检索数据库简介

为扩大知识产权基础信息资源共享范围，满足广大社会公众获得国内外专利基础数据的需求，国家知识产权局建设了多个免费官方专利文献检索数据库，同时也有许多企业或研究机构开发出一些比较实用且免费或付费的专利文献检索数据库，以下列举常用数据库以供参考，见表 2-5。

表 2－5　常用专利文献检索数据库

区域	数据库名称	网址	主要特点	收费情况
国内	国家知识产权局专利公布公告系统	http：//epub. cnipa. gov. cn	可用于专利文本的查询和下载以及事务性公告等信息	免费
	国家知识产权局专利查询系统	http：//cpquery. sipo. gov. cn	主要可准确查询法律状态、审查信息、缴费信息及发文信息	免费
	中国知识产权网	http：//search. cnipr. com	常用专利信息均可查询，囊括主要国家专利信息，还可进行专利分析	免费/部分权限收费
	专利之星	http：//www. patentstar. cn	需要注册，优势在于可进行专利对比，囊括主要国家专利信息	
	国家知识产权局专利信息公众服务系统	http：//www. pss-system. gov. cn	可进行多国专利检索，并进行初步检索分析，注册用户可使用药物检索模块	免费/部分权限收费
	SooPAT	http：//www. soopat. com	注册后功能较多，不仅可进行专利检索并下载专利文本，还可生成专利检索报告	免费/部分权限收费
	广东省专利信息服务平台	http：//search. guangdongip. gov. cn/page/search/advSearch	可进行专利检索，下载专利文本，并进行专利分析	免费
	智慧芽专利数据库	https：//analytics. zhihuiya. com/	基本覆盖全球专利数据，信息全面，检索易操作，化学检索功能强大，可快速、多维度分析	付费
	incoPat 合享智慧专利数据库	https：//www. incopat. com/newLogin	数据全面可靠，更新及时，支持中文检索全球专利，数据分析功能较强大	付费
	汤森路透 Cortellis	https：//www. cortellis. com/intelligence/login. do？session = nosso&isLogout = true	全球药品综述信息库，药品信息全面，相关专利一目了然，适合于产品调研	付费

续表

区域	数据库名称	网址	主要特点	收费情况
国外	欧洲专利局	http：//worldwide. espacenet. com/advancedSearch？ locale = cn_CN	收录国家和地区最多的免费数据库，可用于查询国外专利	免费
	美国专利商标局	http：//www. uspto. gov/patents/process/search/index. jsp	专利信息丰富，可用于检索法律状态、审查信息、缴费信息等	免费
	日本知识产权数字图书馆	https：//www. j-platpat. inpit. go. jp/web/all/top/BTmTopEnglishPage	日本官方专利查询系统	免费
	韩国 KIPRIS 系统	http：//engpat. kipris. or. kr/engpat/searchLogina. do？ next = MainSearch	韩国官方专利查询系统	免费
	Patentscope	https：//patentscope. wipo. int/search/zh/search. jsf	世界知识产权组织的检索系统，查询 PCT 申请最好的数据库	免费

2.7　医药专利挖掘操作实务

医药产业的境况与整个社会全领域的发展步伐息息相关，那么，医药产业究竟如何走高效、蓬勃发展之路？无论理论如何精湛、完备，最终决胜仅在于实践。搅动医药产业这池春水，无数的鲜活故事演绎着这样一个游戏规则："专利药""秘方药"是各路神仙历经大浪淘沙之苦，终得无字真经的制胜法宝。医药领域中这样的事例比比皆是，如云南白药是走"秘方药"发展的典范，脑心通胶囊为"专利药"成功的楷模。鉴于此，如下内容将重点从如何挖掘医药专利为基石，借以引出一条寻常的实现合法保护技术创新成果私权化之路。

2.7.1　专利挖掘

通常来说，所谓专利挖掘，是以获得保护范围、保护时限、攻防皆有度的专利权为目的，对仅有理论设想，抑或正在进行，或已完成的技术方案进行剖析、拆分和筛选，进而对分析所得的各技术创新点进行可专利化对接的过程。可见，专利挖掘是一种需要"工匠精神"的创造性劳动，是技术成果与专利权保护之间连接的脐带，其与当前"创新驱动发展、促进科技成果转化"等深改国策不谋而合，更是敦促此项改革落地有声的方法论之一。

2.7.2　医药专利挖掘操作实例

医药属于探索性技术领域，其具有浓郁的"化学反应""实验科学"属性，亦即不可预测性，这一特点与机械、电子等领域区别鲜明，对于该领域技术信息的专利挖掘异常重要。因此，医药专利挖掘工作应始终秉持以"解决技术问题""突出显著有益效果"为抓手，据此做以梳理、总结。

（1）专利挖掘途径

1）从任务着手：A. 找出完成任务的构成因素→B. 分析各构成因素的技术要素→C. 找出各技术要素的创新点→D. 根据创新点总结技术方案。

2）从创新点出发：A. 找出该创新点的关联因素→B. 找出各关联因素的其他创新点→C. 根据其他创新点总结技术方案。

需要注意的是，专利挖掘与技术创新前的技术背景调查以及技术创新过程中现有技术的监控跟进密切相关，可能直接影响专利挖掘与布局的效果。

（2）专利挖掘演练

方法一：从技术任务着手。

该项目的任务是经天然产物提取，开发出一种治疗心脑血管疾病的药物，从该项目任务出发，可以按照如下步骤进行专利挖掘：

步骤 A：找出待完成任务的构成因素。完成任务的构成因素包括活性成分取得、剂型选择、功效保障等。

步骤 B：分析各构成因素的技术要素，见表 2 - 6。

表 2 - 6　构成要素对应技术要素

步骤 A：构成要素	步骤 B：技术要素
活性成分取得	活性成分、原料来源、提取工艺等
剂型选择	剂型、辅料、制剂工艺、生产设备等
功效保障	筛选方法、检测方法、原料加工等

步骤 C：找出各技术要素的创新点。

活性成分取得方面，可以考虑活性成分上是否采用了新化合物或新活性部位；原料选择上是否使用了新的原料或复合原料；提取工艺上是否采用了新的提取溶剂、提取步骤或提取条件等。

剂型选择方面，可以考虑剂型确认上是否确定了新的剂型；辅料选择上是否选择了新材料作为赋形剂等辅料，制造方法上是否采用了新的制剂设备步骤和条件，制造设备上是否采用了新制造设备等。

功效保障方面，可以考虑活性成分筛选上是否建立了新的筛选模型或新筛选方法，检测方法上是否找到了活性成分或辅料的新的检测法，活性成分或辅料的新的检测仪器，储存方法上是否找到了新的储藏方式等。

步骤 D：根据创新点总结技术方案（略）。

以上挖掘过程的流程如图 2-6 所示。

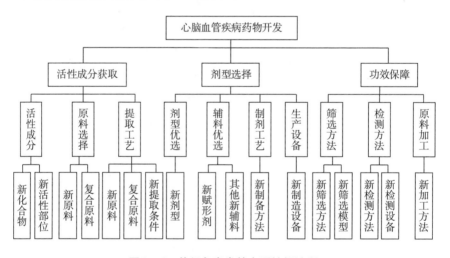

图 2-6　从任务出发的专利挖掘流程

方法二：从技术创新点出发。

下面从开发治疗心脑血管疾病的新化合物这一创新点出发为例，说明依据该方法进行专利挖掘的过程，具体步骤如下：

步骤 A：找出该创新点的关联因素。新化合物的关联因素包括关联物质、关联方法、关联用途等。

步骤 B：找出各关联因素的其他创新点。关联物质方面，可以考虑有没有有效的类似物或衍生物、结构修饰物、中间产物、复合配方等；关联方法方面，可以考虑有没有其他提取方法、合成方法、发酵方法等；关联用途方面，可以考虑有没有其他医疗用途，比如治疗其他免疫系统疾病、细菌性疾病、病毒性疾病等。

寻找关联因素的创新点要遵循一定的线索。比如，寻找上述新用途可以从疾病的症状和疾病的治疗机理入手。因类风湿疾病都有疼痛和关节肿胀症状，故可以考虑该活性成分或其复合配方是否对其他有疼痛症状的疾病和肿胀症状的疾病有效；因类风湿疾病通常和免疫系统的异常有关，故可以考虑活性成分或其复合配方是否对其他免疫系统异常疾病有治疗或缓解作用。

步骤 C：根据创新点总结技术方案（略）。

以上挖掘过程的流程如图 2 - 7 所示。

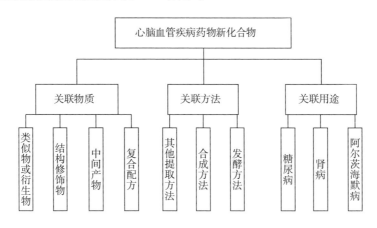

图 2 - 7　从创新点出发的专利挖掘流程

上述方法寻找到技术方案的创新点之后，接下来重要的就是如何确定发明创造的保护范围以及如何撰写申请文件。

一个准确的保护范围定位是成功的一半，需要与最接近的对比文献进行横向比较，以明确自身的技术处于行业技术链条中哪个位置。通常来说，在专利的三性中，需要优先考虑实用性问题，这个问题解决后再考虑新颖性和创造性问题。新颖性的判断相对比较容易，一般依照全球范围内的单独对比原则，并且为绝对原则。即在全球范围内且在技术方案申请日前的公开文献资料中单一进行比较，只要有相同或近似相同的技术出现，则为影响了新颖性。在专利的三性判断中，最为困难的是创造性的问题，创造性需要综合判断，经常会有多个文件进行组合分析判断，且存在一定的主观性。目前专利法中用于创造性判断的方法主要有：①确定最接近的现有技术；②确定发明的区别特征和发明实际解决的技术问题；③判断要求保护的发明对本领域的技术人员来说是否显而易见。为了充分说明发明技术方案的创造性问题，明智的做法是在撰写专利申请前要充分检索分析，并对自身的发明创造有精确的技术定位，同时在说明书中要提供充足的数据和实施例，尽量考虑到权利要求书保护范围如果进行变动，说明书中均能找到相应的数据进行支撑，这样不但能够尽可能获得授权，并且能够使授权权利相对稳定。

需要注意的是，上述专利挖掘的方法只是提供技术创新以及专利挖掘的思路。由于医药行业的特殊性，一旦企业涉足新药研发，新药专利布局策略远比专利挖掘重要，企业应当根据药品研发的策略与进度，做好专利布局的顶层设计，尽可能地提高专利申请质量，扎好企业自己的"专利篱笆"，最终为企业争取更长的药品上市独占期。

2.8 本章小结

专利是医药企业最重要的知识产权类型，其中发明专利占了医药专利的绝大多数，一般来说核心专利均为发明类型，并且技术范围多为化合物、组合物、提取物、序列结构等，但有时从市场的角度来看，某些医药用途专利和外观设计专利也会成为该产品的重要专利，成为市场垄断的主要工具之一。因此在产品专利布局方面要全方位考虑，既要有体现技术含量的关键专利，还得布局对产品的使用起着阻碍作用的外围专利。医药产品的专利量虽少，但如果在每个技术链条中都布局有专利，如产品有效成分组成、制备工艺、剂型、质量检测、适应证、药品包装外观设计等均有专利布局，将会起到非常好的保护作用。

研发项目开展之前需要重视专利文献的检索分析和所处技术链条的价值评估，专利有时往往成为项目谈判的重要筹码。并且在项目合作时要重视专利方面的约定，包括对专利的权属规定、专利的实施方式、专利未来的收益分配等的约定。

项目研发过程中要重视专利的挖掘和现有技术的监控，有计划地提出自身的专利申请。在申请撰写过程中要重视试验数据的提供，要对保护范围的制定进退有度，并且要充分利用专利申请的优先权制度来争取时间，在尽早提出专利申请的同时，能够有时间来继续完善发明、修改申请文本。

专利管理需要专职人员，不但要专业高效地获取专利权利，更要有效地维护权利。在专利申请和授权后均要重视权利的维持，充分利用专利的复审和无效制度来维护自己的权益。

第3章 医药商标保护

3.1 商标的内涵和外延

商标是商品的生产者、经营者在其生产、制造、加工、拣选或者经销的商品上使用或者服务的提供者在其提供的服务上采用的，用于区别商品或服务来源的具有显著特征的标志。它包括文字、图形、字母、数字、三维标志、颜色组合和声音等，以及上述要素的组合，是现代经济的产物。根据《中华人民共和国商标法》（以下简称《商标法》）第8条之规定，任何能够将自然人、法人或者其他组织的商品与他人的商品区别开的标志，均可以作为商标申请注册。商标的本质就是一种区别商品或服务来源的标志。总体而言，按照不同的分类依据，商标可以划分为以下几个种类，见表3-1。

表3-1 商标的分类

分类依据	商标的种类
商标的结构	文字商标、记号商标、图形商标和组合商标
商标的功能和用途	商品商标和服务商标
商标的使用目的	联合商标、防御商标、证明商标和集体商标
商标的管理	注册商标和未注册商标
商标的使用状况	使用商标和未使用商标
商标的寓意	有含义商标和无含义商标
市场信誉程度	普通商标和驰名商标
商标的载体	平面商标、立体商标、声音商标和气味商标等

另外，通过商标注册方式对药品实施保护，在10年保护期届满时，商标

权人及时续展即可再获得 10 年保护期限。因续展次数不受限，在及时且顺利续展情况下，理论上商标权人可长期享有商标的专用权。任何人未经注册人同意，不得在相同或类似的商品上使用该商标或与该商标近似的商标，否则将构成商标侵权，要追究法律责任。

在实际工作中，为理解医药企业商标的内涵和外延，有必要厘清商标与品牌、商标与药品通用名、商品名的关系以及理解药品驰名商标的作用和意义。

3.1.1　商标和品牌的关系

商标是商品的生产者、经营者或服务提供者为标记其商品或服务，以区别来源的具有显著性的商业标记。根据这个定义，商标的主要功能在于区分商品或服务的来源。

品牌是特定主体创作并且由其独享的社会资源，是市场对特定主体及其产品或服务的认知总和。品牌的概念存在于相关人群的头脑中，品牌主体与客体的相互联系、相互作用反映了品牌的形成、发展、消亡的过程。商标和品牌，两者既有联系又有区别。

1. 商标为品牌的一种载体

一般来说，特定主体的其他因素，例如企业 LOGO、商号、企业名称、特殊符号等都可能成为品牌的标记，但品牌并不完全就是标记。商标通常是品牌中的标志及名称部分，也就是说，品牌中的标志或者名称通常可以作为商标使用。但品牌不仅仅是起到区分作用的符号或者名称，更是一种综合的象征，需要赋予载体以形象、个性及生命。品牌设计与商标的设计与注册申请有共通之处，但要真正成为品牌还需要着手品牌定位、品牌传播、品牌管理等方面的完善。如此，才会促使消费者对品牌产生由形式到内容、由感性到理性、由浅及深的认识，从而培养出忠实消费群体。

2. 商标是法律概念，品牌属于市场概念

商标申请人通过注册商标来获得商标专用权，并通过商标争议处理、许可、转让等程序，保护商标权利人的合法权益。从这一点上说，商标是受法律保护的品牌，具有专门的权利。品牌转化成注册商标需要通过商标注册程序并支付一定的费用，若企业不愿意注册，其品牌就可能得不到法律保护。另一方面，在医药、烟草等行业，相关法规要求，生产、经营者须使用注册商标，因此要体现出品牌价值且在产品包装上体现出品牌，须先将品牌注册为商标。注册商标既是产品或服务来源的标识，同时也反过来促使产品生产者、服务提供者保证商品或服务质量，维护商标信誉。

从市场角度，品牌积累市场利益，是企业与消费者的无形契约，是消费者选择商品的凭据。品牌能给消费者带来"额外价值"，也就是品牌特有的附加值，也给企业带来超额利润。好的品牌不仅是一枚著名的商标，更重要的是它拥有忠实的消费者。

商标由企业持有，品牌则归属于消费者；商标须与指定使用的商品匹配，而品牌可突破特定商品的界限。注册商标由企业向商标局提出注册申请，并在授权后获得法律保护，而品牌是经过品牌设计、品牌定位、品牌管理等完善经营后，被消费者给予的一种市场概念，并自觉与此市场概念产生关联。当消费者不再认同、重视品牌时，品牌也就一文不值了。

3. 商标保护是实施品牌战略的重要组成部分

正如戴维森《品牌的冰山》一文中所述，品牌可以被视为一座冰山。品牌有形的 15% 显露在外，指的即是商标，水下的 85% 部分指企业的价值观、企业文化等方面。商标既是品牌可依据法律实际操作的部分，更是品牌不可或缺的重要组成部分。

一方面，企业应增强商标保护意识。商标是品牌的有形部分，具备相对完善的法律保障制度和保护措施，品牌中的无形部分往往只存在于消费者或者品牌相关参与方的认知中。因此，品牌保护的重要抓手就是通过商标实施保护，而注册商标保护即是重要的商标保护内容。

现代企业商标保护意识已明显提高，但随着企业发展壮大，商标工作应伴随产品开发、市场拓展具备时效性和前瞻性。以"伟哥"商标案为例，1998年辉瑞公司研制生产的治疗 ED 特效药"Viagra"刚刚问世，"伟哥"这一名称也被国内媒体作为"Viagra"的中文翻译名称而被广泛使用。当年 5 月，广州威尔曼药业公司抢先在中国注册了这一商标，使得辉瑞的"Viagra"在进入中国市场时只能注册为"万艾可"。随后，辉瑞将威尔曼以及授权生产厂家和销售商告上了法庭，请求法院认定"伟哥"为未在中国注册的驰名商标。2009 年，最高人民法院裁定称，辉瑞曾明确声明"万艾可"为其正式商品名，并承认其在中国内地未使用过"伟哥"商标，媒体将"Viagra"称为"伟哥"，不能确定反映辉瑞当时有将"伟哥"作为商标的真实意思，辉瑞公司在中国内地不享有"伟哥"商标权。众所周知，ED 特效药市场前景广泛，假如辉瑞公司能敏锐捕捉到媒体信息，将中文媒体在产品传播中极具创意的"伟哥"两个字尽早注册而不是将"威而刚""万艾可"等中国大陆地区消费者较为陌生的名称注册为商标的话，既避免了长年累诉，也避免了一定范围内的市场流失。此案对医药企业影响颇大，医药企业应该从该案获得启示，考虑旗下产品，特别是拳头产品是不是存在被简称或者被市场约定俗成的情况。如存在，应及时将该称呼或者标志尽早注册为商标，着力建立该称呼与产品及其产品持有人固有联系，利用法律手段，最大限度避免企业品牌淡化、市场流失，维护企业合法权益。

另一方面，企业也应完善商标管理制度。商标作为企业的无形资产，是企业参与国内、国外市场竞争的重要商战利器，也是企业形象和信誉的象征。商标管理工作是企业知识产权管理的重要组成部分，需要从机构设置、管理职责、资源配备、商标战略与布局、管理的审核和改进等多方面考虑。在机构设置上应该考虑：是否有专人负责商标授权、确权、维权事务，是否具备应对商标侵权案件的能力，是否具有合理有效的商标运营机制等。在资源配置上应该考虑：是否具备进行商标业务的固定场所，是否具有一定的资金设备投入。注册商标时需要考虑：是否进行多样化注册，也就是防御注册；是否进行跨域注册；是否进行多品注册。简而言之，企业的经营者及员工要熟悉入世后的商标保护规则，主动利用商标规则，及时保护商标成果，打击侵权行为，维护企业的合法商标权益。

此外，企业要主动利用商标法律法规创立驰名商标。驰名商标（well-known trademark）是一个国际通用的法律概念。中国《驰名商标认定和保护规定》第 2 条规定，驰名商标是指在中国为相关公众广为知晓并享有较高声誉的商标。虽然在 2014 年《商标法》修改以后，驰名商标已经回归其本意，且不得用于宣传。亦即，驰名商标并非荣誉而是一个法律概念，是商品或服务获得跨类保护的重要工具，被赋予了比较广泛的排他性，是商标主管部门或者人民法院在处理商标案件中根据需要认定的事实。但是我们也应该认识到国内企业的品牌通常建立在被认定为驰名商标的基础上，这时的品牌才有一定社会基础，才有法律程序的保护。驰名商标的认定与特殊保护密切相关，认定是实施保护的前提。因此国内企业要根据自身情况，适时申请驰名商标认定。

因此，品牌与商标之间既有联系也有区别。品牌不等于商标，其内涵丰富程度高于商标。只有在品牌被核准为注册商标并依法正确使用时，才能受到法律的保护、避免品牌形象损害、企业无形资产的流失，而创立驰名商标则是品牌战略的有效途径。

3.1.2　药品商标与药品通用名、商品名的关系

1. 药品商标和注册商标

世界知识产权组织（WIPO）对商标的定义为：商标是用来区别某一工业或商业企业或这种企业集团的商品的标志。根据商标注册与否，可将商标分为注册商标与未注册商标。在中国，注册商标是指由国家知识产权局商标局依照法定程序核准注册的商标。商标一旦获准注册，注册人即享有该商标的专用权，任何人未经注册人同意，不得在相同或类似的商品上使用该商标或与该商标近似的商标，否则将构成商标侵权，要追究法律责任。

商标注册按照不同的商品和服务分类（基于尼斯分类），共分为45大类（商品34类、服务11类），每大类中还划分出若干小类。一个注册商标只能在批准的类别范围内使用和受到法律保护，若要跨类别使用，则需要针对该类别另行提出申请，另行注册。

针对医药企业而言，主要涉及的产品为药品。药品在商标注册分类中被分在第5类，具体为：0501小组（药品，消毒剂，中药药材，药酒）；0502小组（医用营养品，人用膳食补充剂，婴儿食品）；0503小组（净化制剂）；0504小组（兽药，动物用膳食补充剂）；0505小组（杀虫剂，除莠剂，农药）；0506小组（卫生用品，绷敷材料，医用保健袋）。每一小组下有若干商品，商标注册人需在注册商标时根据实际选择对应的商品。此外，与医药相关的类别还有第10、第30、第35及第42类。其中第10类涉及医疗器械，不含化学药物的治疗用品，例如退热贴也归于此类；第30类涉及保健食品；第35类涉及药品的推广和零售；第42类涉及药物的研究和开发。

那么，商品上是否一定要使用注册商标呢？在中国，商标注册一般采用自愿原则，只是对某些特殊商品要求必须使用注册商标。根据现行《商标法》第6条规定："法律、行政法规规定必须使用注册商标的商品，必须申请商标

注册，未经核准注册的，不得在市场销售。"法律层面并没有对药物上是否必须使用注册商标做出规定。但根据国家食品药品监督管理局《药品说明书和标签管理规定（局令第 24 号）》第 27 条，药品说明书和标签中禁止使用未经注册的商标以及其他未经国家食品药品监督管理局批准的药品名称。可见，药品是特殊的商品，它使用的商标必须是注册商标。在注册商标的标识上，需要特别说明的是®圆圈里的 R 是英文 register（注册）的开头字母，这一标记在世界范围内通用。中国《商标法》规定：使用注册商标可标明"注册商标"字样或者注册标记。标明的目的是告知公众该商标已经注册，受法律保护，警示他人不要误用造成侵权；当然商标权利人也可不加以标注，并不会影响注册商标的保护力度。商标的注册标记包括注和®，使用时应当标注在商标的右下角或右上角。注册标记具有简洁的特点，因此最适合于文字商标。目前国内的注册商标大多采用标记。而 TM 是英文 trademark 的缩写，其实翻译过来就是"商标"。使用 TM 意在表明其所标示的文字或图形是作为商标使用的，而不是商品的名称。TM 标记并非对商标起到保护作用，它与®不同。用®代表"注册商标"，表明该商标已在国家商标局进行注册申请并已经商标局审查通过，获得注册商标证，用 TM 则是商标符号的意思，即标注 TM 的文字或图形是商标，但不一定已经注册，未经注册的不受法律保护。

2. 药品名称

药品名称主要分为通用名和商品名。通用名是指列入国家药品标准的药品名称，是国家规定的统一名称，同种药品的通用名一定是相同的。依据《商标法》，已经作为药品通用名的，该名称不得作为药品商标使用。商品名则是指经国家药品监督管理部门批准的特定企业使用的该药品专用的商品名称，是药品作为商品属性的名称，不同企业生产的同种药品，其商品名是完全不同的。商品名的最初由来是因为一些化学药品的通用名称往往很长、很难懂，读起来又很饶舌，为了便于医生开方与患者使用，才引入了"商品名"的概念。也就是说，上市药品未必有商品名，但一定有通用名称。

提到药品的商品名，人们常会与药品的商标（或注册商标）相混淆。许多人认识中的"商品名"往往只是该药品的商标（包括注册商标与 TM 商标）。但实际上真正有资格使用商品名的药品并不多，即化药和生物制品注册分类中的"新药"。现行《药品注册管理办法》规定：药品商品名称仅适用于

新化学药品、新生物制品。另外，根据 SFDA（现在改名为 NMPA）于 2006 年
3 月发布的《关于进一步规范药品名称管理的通知》：除新的化学结构、新的
活性成分的药物，以及持有化合物专利的药品外，其他品种一律不得使用商品
名称。可见，目前国家对药品商品名的控制越来越严格。其实，商品名本身也
是一种特殊的文字类商标。企业给产品所起的商品名获得国家药监局批准，本
身是一种行政许可。但企业如果不对自己使用的商品名进行商标注册，就很容
易被别人抢注，造成不必要的损失。因此企业要使用一个商品名，首先考虑将
其向国家商标局提出，凭借商标局下发的《商标注册申请受理通知书》，即可
向国家药监局提出"使用商品名"的注册补充申请。

虽然商品名往往也是注册商标，但一般都不会作为商标使用（不必标注
®或 TM），尽量体现其"名称"的属性，在包装上另行使用其他的注册商标。
这主要是因为对于药品而言，由于商品名的特殊性，使用商品名的产品更容易
为相关消费者及医药工作者所熟知。这并不是说商标使用会影响商品名的作
用，相反，在药品上使用商标可以起到双重保护的作用。即用商品名可以得到
行政保护，而用商标名可以得到法律保护。同时对于医药企业来说，系列产品
或治疗领域相同产品可以采用同一个商标名，甚至一个企业所有产品均可以用
同一个商标名，容易形成"规模化效应"，有利于品牌的形成，对企业的宣传
也起到促进作用。

3. 国家药监局 24 号令关于注册商标、商品名的要求

2006 年 3 月，SFDA（现改为 NMPA）公布了《药品说明书和标签管理规
定》（简称 24 号令），对药品的商品名及商标的使用做出了详细规定。

首先，24 号令明确规定了®与 TM 的使用。

《药品说明书和标签管理规定》第 4 章第 27 条规定：药品说明书和标签中
禁止使用未经注册的商标以及其他未经国家食品药品监督管理局批准的药品名
称。简单地说，就是药品商标只能使用注册商标标记（®），而不得用 TM，
或者完全不用商标。

其次，24 号令严格限制了药品商品名、注册商标的使用。

《药品说明书和标签管理规定》规定"药品说明书和标签中标注的药品名
称必须符合国家食品药品监督管理局公布的药品通用名称和商品名称的命名原
则，并与药品批准证明文件的相应内容一致"，经国家药品监督管理局批准后

方可在包装、标签上使用。商品名不得与通用名连写，应分行，商品名经商标注册后，仍须符合商品名管理的原则。通用名与商品名用字的比例不得小于1:2（指面积）。通用名字体大小应一致，不加括号。未经国家药品监督管理局批准作为商品名使用的注册商标，可印刷在包装标签的左上角或右上角，其字体不得大于通用名的用字。

在 24 号令中，"药品名称和注册商标的使用"单独列为一章，其中第 26 条、第 27 条详细规定了药品的商品名称、注册商标与通用名称之间的使用关系。第 26 条规定："药品商品名称不得与通用名称同行书写，其字体和颜色不得比通用名称更突出和显著，其字体以单字面积计不得大于通用名称所用字体的二分之一。"第 27 条规定："药品说明书和标签中禁止使用未经注册的商标以及其他未经国家食品药品监督管理局批准的药品名称。药品标签使用注册商标的，应当印刷在药品标签的边角，含文字的，其字体以单字面积计不得大于通用名称所用字体的四分之一。"虽然 24 号令中对商品名和商标名的使用做了规定，但企业实际操作中会有些变通。特别对于一些 OTC 药物，鉴于 OTC 药物通常生产厂家较多而不具有商品名的情况，有些企业为了加大商标名的宣传以突显名字的唯一性，在药品包装盒上会突出使用商标或者多个商标，并且把商标名选用与通用名称或商品名不同的颜色或加粗，以引起消费者的注意。如芬必得、唯达宁、达克宁等知名商标。

3.1.3　驰名商标

1. 普通商标和驰名商标

商标不仅是用于区别产品与服务来源的标识，更加承载了企业的商誉、形象，以及消费者对该企业及其商品服务的信任与忠诚度，是企业极为重要及宝贵的无形资产。驰名商标作为企业商标领域的最高荣誉和最强的法律保护武器，是目前为止唯一有法可依、有法能依的一项殊荣，其保护范围相对普通商标更大，保护力度更强，还有竞争力强、知名度高、信誉度好、影响范围广等特点，是国际通用的一个商标法律保护约定，素来享有"品牌界的奥斯卡"之美誉。因此"驰名商标"对于商标所有人来说不仅是一项知识产权，更是企业无形资产、品牌战略、知识产权战略的重要组成部分，是众多优秀企业努力的目标。

由于"驰名商标"对于企业来说具有特殊意义，中国目前大多数的优秀企业均追求过"驰名商标"的认定，医药同行也不例外。例如：修正药业在第 5 类上拥有"修正""斯达舒"两个驰名商标；扬子江药业的"护佑"（旗下 15 系统方面用药，主要为化药和中药保护品种药物，为主产品商标）；天士力、以岭、同仁堂、东阿、敖东、绿叶均为"驰名商标"，由此可见竞争对手之间的较量基本将各自的主商标和重点产品商标认定为"驰名商标"作为有力的保护武器。

具体来说，"驰名商标"对于企业来说其价值主要体现在以下几个方面：

1）它是品牌保护的利器。在核定商品及类似商品上具有排他性权利以对抗恶意抢注；防止他人以商标名称注册商号，搭品牌顺风车；阻止他人以商标进行域名注册，窃取合法权益等作用。

2）它是企业品牌战略的重要成员。商标和品牌之间有着密切的联系，商标作为品牌的核心，具有不可替代的位置，没有商标，谈不上品牌，从这个意义上讲，对任何企业而言，如何打造"驰名商标"成为其品牌战略的一个非常重要的必要条件；对优势企业而言，其重要性还体现在对优势产品生命周期的延续，对驰名商标的塑造和保护是企业打造品牌的重要战略步骤，舍此别无他途。

3）它是企业核心竞争力的重要体现。能使企业长期保证竞争优势、获取稳定超额利润、明显优于竞争对手且不易被其模仿、能够不断提高对消费者的凝聚力。企业在产品商品化的过程中，商标起到标识来源、保证品质和指代信誉的核心作用，该作用无法被替代，"驰名商标"就是企业核心竞争力的显示器，是企业的技术能力、管理能力、营销能力的综合体现。

4）它是企业重要的无形资产。"中国驰名商标"是中国商标领域的最高荣誉。获得"中国驰名商标"认定后，可以进一步提升企业的品牌形象，使企业的无形资产大大增值。此外，驰名商标的认定，事实上也是一种商标市场价值的法律评估，必将带来商标价值的大幅提高，从而也将大大增加公司的无形资产，提升公司的整体形象，增加企业上市的砝码。

5）它能为企业争取更多优惠待遇。"驰名商标"作为政府标杆性的荣誉深受重视。目前全国各地各级政府纷纷把所属地区的企业"争创驰名商标"作为政府品牌战略的工作重心之一，出台鼓励政策重奖那些获得驰名商标的企业。比如陕西省奖励 100 万元、咸阳市奖励 30 万元；山东省奖励 50 万元、菏泽市奖励 5 万元等。除了直接的经济奖励外，还给予这些企业种种优惠政策。这样的政府支持是未获得"驰名商标"认定的其他企业难以企及的。比如《企业知识产权管理规范》贯标认定中就将驰名商标的数量作为考评的项目之一。

2. 未注册驰名商标和注册驰名商标

未注册驰名商标是没有注册但达到驰名程度的商标。未注册驰名商标是驰名商标家族中的重要一员，但由于这类商标没有注册，在包括中国在内的很多实行注册原则的国家中，未注册驰名商标的保护具有一定的特殊性。保护未注册驰名商标，也是中国履行《巴黎公约》等国际公约的义务。

注册商标是指经国家商标主管机关核准注册而使用的商标。未注册商标，是指未经国家商标主管机关核准注册而自行使用的商标。未注册商标与注册商标的法律地位是不同的，主要表现在以下几个方面：

首先，注册商标所有人可以排除他人在同一种商品或类似商品上注册相同或近似的商标；而未注册商标使用人则无权排除他人在同一种商品或类似商品上注册相同或近似的商标，若其不申请注册，就可能被他人抢先注册，并被禁止继续使用该商标。

其次，注册商标所有人享有商标专用权，当注册商标被他人假冒使用时构成商标侵权，商标权人可以请求非法使用人承担法律责任；而未注册商标使用人对未注册商标的使用只是一种事实，而非一种权利，其无权禁止他人使用，先使用人无权对第三人的使用援引商标法请求诉讼保护。

再次，在核定使用的商品上使用核准注册的商标，是商标所有人的权利，商标权人行使这些权利，不涉及他人商标专用权的问题；而未注册商标的使用一旦造成与他人的注册商标相混同，就易构成商标侵权，应当承担相应的法律责任。

但需要说明的是，如前述驰名商标实际为法律概念并非荣誉标志，应当根据当事人的请求，作为处理涉及商标案件需要认定的事实进行认定并依照个案认定、被动保护、按需认定的原则进行。而且目前商标主管部门也对于驰名商标持审慎态度，在商标主管部门裁决文书中将"驰名商标"字样替代为"达到驰名程度"，再进一步替代为"为相关公众所熟知"，裁定文书中不出现

"驰名商标"，目的是淡化行政认定色彩，回归驰名商标保护立法本意，防止对文书的不当使用。

3. 驰名商标的认定

驰名商标的认定方式有两种基本模式：主动认定和被动认定。

主动认定，是指由商标主管机关依据职权而不是根据商标所有人的请求而进行的认定。主动认定着眼于预防可能发生的纠纷，是行政机关认定驰名商标的方式。主动认定方式不适用于司法机关。当然主动认定能提供事先的保护，使商标所有人避免不必要的纠纷。

被动认定，是指只有当发生商标侵权纠纷或者权利冲突，有必要认定某个商标是否是驰名商标而应受到特殊保护时，根据商标所有人的请求，商标主管机关或者人民法院才给予认定。被动认定是司法机关认定驰名商标的基本模式，目前为西方多数国家所采用，是国际上通行的做法。被动认定为驰名商标提供的保护虽然是消极被动的，但这种认定以达到实现跨类保护和撤销抢注为目的，而且它具有很强的针对性。因而所得到的法律救济是实实在在的，这种法律救济解决了已实际发生的权利纠纷。

3.2　商标信息的获取

商标信息可通过查询、检索方式获得，通常可以从中国商标网或商业查询软件获取。

3.2.1　中国商标网

在商标注册申请前及后续对商标的监测中，通常要求获取商标申请人或注册人商标名称、类别、商标注册号、商标注册或申请日等信息。该信息由国家商标局向公众开放，便于公众进行查询，具体网址是 http：//wcjs. sbj. cnipa. gov. cn／。该网站主要有 6 个子栏目，分别是"商标近似查询""商标综合查询""商标状态查询""商标公告查询""错误信息反馈"和"商品/服务项目"。

"商标近似查询"中，需要查询人输入商品/服务国际分类号，选择查询方式及输入查询内容。例如在该栏目下，输入 5 类（药品；医用和兽医用制剂；医用卫生制剂；医用或兽医用营养食物和物质；婴儿食品等），选择"文字"并在商标名称内输入商标名即可。系统将显示与检索商标名近似的所有注册或申请商标。近似方式有同音、形似（相同或近似）等。这些商标，特别是除归属于申请人/注册人以外的商标应该引起查询者的注意。

3.2.2　商标电子公告

根据现行《中华人民共和国商标法实施条例》（以下简称《商标法实施条例》）第 96 条规定，商标局发布《商标公告》，刊发商标注册及其他有关事项。《商标公告》采用纸质或者电子形式发布。除送达公告外，公告内容自发布之日起视为社会公众已经知道或者应当知道。因此商标公告具备一定的法律效力。

进入公告查询浏览首页，有三种查看和查询商标公告的方式。一是查询最新发布商标公告信息。公告查询浏览首页展示的是最新发布的近 12 期商标公告信息，单击"最新公告信息"，跳转到公告查询页面，查看公告的详细信息。二是查询指定期号商标公告信息。输入公告期号，单击"查询"，跳转到公告查询页面，查看该期商标公告的详细信息。三是查询全期商标公告信息。单击"进入全部公告查询检索"，跳转到公告查询页面，跨期查询商标公告详细信息。商标公告页面可下载、打印等操作。

进入公告查询页面，可以输入不同的查询条件，单击"查询"，查看商标公告信息，单击"查看"，进入商标公告详细信息页面，查看商标公告的详细信息。通过商标电子公告可以查询到商标初审公告、商标注册公告、商标转让/移转公告、商标注册人/申请人名义及地址变更公告、商标使用许可备案公告、商标质押登记公告、商标使用许可终止/变更公告及送达公告。进入公告信息展示页面，单击"期号"列中的公告期号，弹出该期公告目录，可查看公告类型、公告件数及公告页数。单击"查看"，查看公告的详细信息，可对公告进行放大和缩小等操作，单击"下载"，选择下载保存路径，可对公告进行下载，下载后可自行打印。

网址：http://wsgg.sbj.cnipa.gov.cn：9080/tmann/annInfoView/homePage.html

商标公告数据每周二更新一次。

3.2.3   商业查询软件

白兔商标查询信息系统：这是一款重要的商标查询商业软件。该软件以商标公告信息为基础，在商标公告发布后，1~2日将商标公告中的初审、注册、转让、变更等信息传送至用户使用的查询系统中。除了呈现商标信息外，该软件的查询功能突出，具备类似群组商品的自动甄选功能。商标查询内容涵盖中文、英文、图形商标的查询功能以及包括商标拼音、注册号、申请人、申请人地址、代理人、公告期号等的其他商标查询功能。

商标中文查询：可以对拼音、同音字、形似字、英文同义字进行查询。

商标英文查询：可以对字头、英文同义、拼音进行查询。

图形查询：将图形分解为各个要素，实现组合图形要素、结合商标类别刈相似商标进行查询。

同时，白兔商标查询信息系统能够对商标法商标限制注册条件进行提示，包括：对中国县级以上行政区划名称进行提示；对中国驰名商标名称进行提示。第5类商标查询时自动提示部分药品通用名称不得注册；第30类查询时提示茶叶名称不得注册。对动植物及葡萄酒的名称也会自动提示。

查询列表支持输出 word 格式以便保存。针对每件商标，也可点选右下方的"信息核实"选项导引至中国商标网，进行官网确认，也可点选"电子公告"项查询商标公告。

3.3   商标注册前的准备工作

3.3.1   商标的设计和设计稿留存

商标是品牌的基础，而品牌是企业基业长青的重要支柱。商标作为企业的标志，其起到了区分产品或服务来源，体现企业特色的作用。在企业发展中，往往会就商标设计提出一些问题与疑惑，医药企业也不例外。"好"的商标通常让相关公众印象深刻，充分发挥商标的独到作用，"坏"的商标可能会给企业形象减分。那么如何评价"好"与"坏"？这涉及商标设计的特性和特点。

与此同时，商标设计完毕之后并不意味着商标设计工作的结束，如何保护创作出来的劳动成果，如何顺利促进商标申请工作顺利进行也应该是考虑的内容之一。

1. 商标的设计

什么是商标设计？简而言之，商标设计是确定优化性商标的创造劳动，是指商标创意的体现和表达，是用文字或艺术的手段将商标构思具体化、成果化。商标设计应做到体裁多样、构思灵巧、简洁明了、易读易记、鲜明醒目、别致新颖。在设计商标时，要根据市场特点、经营方式、销售对象、传播媒体的特点，运用不同的策略，将承载着企业无形资产的商标，深深印在消费者心中。商标设计包括商标的构成要素、商标的显著特征、商标的版权保护等几大法律要素。世界各国商标图形的萌芽可追溯到古老的原始绘图。经过长期的发展与变迁，商标图形设计逐渐进入大众传播时代，商标设计逐步专业化。

中国现行的《商标法》第 8 条规定：任何能够将自然人、法人或者其他组织的商品与他人的商品区别开的标志，包括文字、图形、字母、数字、三维标志、颜色组合和声音等，以及上述要素的组合，均可以作为商标申请注册。这说明文字、图形、字母、数字甚至颜色组合和声音均可以申请注册商标。在商标设计时，应着重考虑以下方面：

（1）符合商标法相关规定的合法性

中国《商标法》第 9～12 条，明确不得作为商标注册的情形，为《商标法》的绝对禁止条款。《商标法》第 9 条规定，申请注册的商标，应当有显著特征，便于识别，并不得与他人在先取得的合法权利相冲突。除了对商标的显著性有要求，《商标法》中还有其他关于禁止以某些标志、图案或文字作为商标标志的商标禁用条款。如：不能使用同本国或外国的国旗、国徽、军旗、勋章以及表明实施控制、予以保证的官方标志、检验印记相同或近似的标志、图案或文字；不能使用同国际组织的旗帜、徽章、名称或缩写相同或近似的文字或图案；不能使用同"红十字""红新月"的标志及名称相同或近似的文字或图案（《商标法》第 10 条）。那些直接表明商品本身的通用名称或图形，直接表示商品的原料、功能、用途、重量、数量、质量、价值等的名称或图形，违反道德或公共秩序的标记，伤害宗教感情的标记，含有诽谤性的标记，更是不能用作商标设计（《商标法》第 11 条）。

注册商标除符合《商标法》绝对禁止条款外，也需符合相对禁止条款。相对禁止条款设计的法条有：《商标法》第 13 条、第 16 条、第 15 条、第 30 条、第 32 条等条款。在进行商标设计时，除了要掌握美学、心理学、语言学、民俗学、材料学及市场学等多方面的知识，更要结合商标的合法性，即在商标设计时要遵循法学原则。如根据《商标法》所规定的商标标志的构成要素进行标志元素设计，在设计时要站在法律视角，不得与他人著作权、已注册的商标相冲突，不得产生误解且不得违反公共秩序或道德要求，使商标设计具有显著性、独占性和价值性。

（2）不涉足商标设计禁区

在进行商标设计时，要避开文化禁忌。商标是一定文化的载体。由于各国的风俗习惯、宗教信仰、价值观念及历史文化等不同，消费者对颜色、图案、文字、动植物等的偏好和禁忌也不同。如果把眼光瞄准国际市场，在商标设计时要考虑人文因素，不能涉足禁区。

由于各国风土人情、社会文化背景不同，有些在一国常用或为消费者所喜爱的商标，在另一些国家就未必适宜使用。在商标设计方面，似乎已形成一种国际规范，即在选择商标的文字、图形商标设计和色彩时，避免采用销售国禁用的或消费者忌讳的东西，见表 3-2。

表 3-2   常见国别或地区商标注册禁忌

国别（地区）	禁忌	禁止注册原因
瑞典	蓝色	国旗为蓝色
阿拉伯国家	黄色	阿拉伯国家的人民喜欢白色（象征纯洁）和绿色（象征生命），非常忌讳黄色（象征死亡）
法国	黑桃	法国人认为黑桃是死人的象征
日本	菊花	日本人把菊花视为皇家的象征，都不接受以菊花的文字和图形作为注册商标
拉丁美洲	菊花	拉丁美洲国家则将菊花视为"妖花"
澳大利亚	兔子的图形	因为澳大利亚是盛产羊毛的国家，特别重视对牧草的保护，而兔子又特别爱吃牧草，所以澳大利亚人还是比较讨厌兔子的
印度和很多阿拉伯国家	猪的图形	印度的一部分人和阿拉伯国家的大多数人都信奉伊斯兰教，而伊斯兰教认为猪是不洁净的动物，是禁止教徒吃猪肉的

续表

国别（地区）	禁忌	禁止注册原因
使用英语和英属国家	大象的图形	当地居民认为大象大而无用
印度和欧洲一些国家	玫瑰花	当地居民作为悼念品
阿拉伯国家和信奉伊斯兰教的国家和地区	六角形图案	类似以色列国旗图案
英国	山羊	英国人把山羊喻为"不正经的男子"
英语为母语的国家	Fang	中文中"芳"字的汉语拼音为"Fang"，而作为英文单词，则是"毒蛇牙、狼牙"的意思

此外，部分国家针对某些商标组成元素有特殊规定，如越南官方不认为汉字具有显著性等。因此在商标注册前，特别时在异国注册前应重点了解目标国的法律法规、风土人情、民俗习惯，以免造成不必要的损失。

（3）应具备显著性

显著性是指商标所具有的标示企业商品或服务出处并使之区别于其他企业之商品或服务的属性。显著性的内涵与商标的定义和作用一致，因此显著性是商标的最重要属性。从某种意义上说，商标即为具备显著性的符号。

按照显著性的强弱，可将商标分为三类：

第一，构成商标的符号要素为自创无含义的单词或词组或由动物卡通造型或通过特殊手法表现出的形态的，则属于强商标，例如使用在药品上的"步长"商标、使用在手机上的"iPhone"。商标的固有显著性不仅体现在其符号要素的内容上，还体现在符号要素的表现形式上。以文字商标为例，其固有显著性不仅体现在字词组合上，还体现在其表现形式上，即含有一定设计成分的字体或者组合形式，如特殊字体、手写体（含签名）等。一般而言，商标固有显著性越强，获得特殊保护的可能性越大。

第二，构成商标的符号要素为普通有含义的单词或词组，或者具有某类商品上常见图形或自然界动物的常见形态的，则属于弱商标，例如使用在"葡萄酒"上的"长城"商标、使用在"酒"上的"草原"商标。

第三，如果商标由不具备显著性的符号构成则不能称其为商标，只是符号。

在商标注册审查中，显著性的审查是重要内容。一般而言，除仅有本商品的通用名称、图形、型号的，仅直接表示商品的质量、主要原料、功能、用途、重量、数量及其他特点的会被认定为不具备显著性外，过于简单的线条，普通几何图形，过于复杂的文字、图形、数字、字母或其组合，一个或者两个普通表现形式的字母、普通形式的阿拉伯数字、指定使用商品的常用包装、容器或者装饰图案，单一颜色，表示商品或者服务特点的短语或者句子，普通广告宣传用语、本行业或者相关行业常用的贸易场所名称，商贸用语或者标志，企业的组织形式、本行业名称或者简称，仅有电话、地址、门牌号等要素构成及常用的祝颂语等，也会被认定为不具备显著性。在商标法律体系中，显著性弱的商标有天然缺陷。

但是，即便如此，很多企业依然乐此不疲地推出显著性较弱甚至直接表示商品特点的商标。蒙牛公司的"真果粒牛奶"注册商标时就遇到了障碍，格力电器的"冷静王"空调也属于此种情形。企业偏爱此类商标的原因很简单，主要是好听易记、便于传播，可以直接向受众传递产品特质等。这些考量并非基于法律，而是基于商业规律。

事实上，显著性弱的商标即使不能注册商标，只要未违反《商标法》的禁用条款，也可以照常使用。经过大量使用之后，可能取得显著性从而获得商标注册，或者成为《中华人民共和国反不正当竞争法》（以下简称《反不正当竞争法》）的保护对象。

（4）具有美感

"美感"带有主观因素，总体而言，是能给受众带来愉悦感的事物。"好"的商标往往朗朗上口，商标结构合理，让人印象深刻。以杭州娃哈哈集团有限公司的"娃哈哈"商标为例：

（注册号：536308，类别：30类）

该商标由杭州娃哈哈集团有限公司于1989年申请注册，1990年获准注册，目前是中国驰名商标，享有广泛的声誉。

该商标具有以下特点：漂亮的外形——商标图案的中心位置，面露喜悦的儿童形象突出，暗合产品的适用群体和产品会给受众带来的幸福感；朗朗上口的呼叫——"WAHAHA"的发音顺口，韵母一致；富有寓意；简洁规范——从图形和字体上来说，显示出设计师足够的设计功底和耐心；原创性强——商标申请前并没有类似商标进行注册；传承度高——在商标申请前已经有一首耳熟能详的儿歌中使用"娃哈哈，娃哈哈，每个人脸上都笑开颜……"，传播广泛。综合以上因素，"娃哈哈"商标令人印象深刻，识别度高。

（5）组合商标的申请

有些企业在经营过程中产生一些具有独创性的口号或宣传语，如果通过著作权保护的方式势必保护力度会比较弱，因此可以考虑采用注册成商标的方式进行保护。如果字数相对少，如李宁公司的"一切皆有可能"广告语，就可以直接申请为注册商标来进行使用和保护。但如果字数较多就不适合直接注册了，需要进行相应的拆分，即将图形和文字拆分成两个或数个商标来进行注册，在使用时组合起来运用，能达到很好的标识和保护效果。

例如耐克公司商标：

（注册号：6891709）　　　（注册号：6891703）

组合使用：

2. 商标设计稿的留存

商标设计是商标注册工作的一部分，设计完毕之后设计稿的留存往往被申请人忽略。其实这也是商标工作的一部分。

设计稿留存的优点：

1）核对商标设计立意，方便商标注册申请。通常商标设计人并非商标申请人，而商标是商标申请人寓意的展示窗口，这就要求商标设计人与商标申请人反复沟通，就设计要点达成一致，设计稿就是沟通的凭据。待设计彻底完成后，以双方确认的终稿进行注册申请。

2）确认商标作品著作权归属。依《著作权法》，著作权的权利归属于作者。若商标申请人与设计人没有约定，商标作品的著作权归于商标设计人并自作品完成日起始。从这一点来看，在商标设计委托业务中，关于知识产权权利归属的约定尤显重要。

3）确认商标作品的信息。商标申请工作自商标设计开始，应形成完整的商标档案。在商标设计环节中，应记录的信息包括但不限于：商标的实际完成人、完成时间、创作过程、商标的寓意、设计要点等信息，以便后续查询及事务的开展。在实践中，将商标作品通过邮政系统邮寄给商标申请人是一种有效的商标设计留底保存方式。通过该方式保存的设计作品由于有第三人（邮局）签注，因此保留的证据更具真实性、客观性，在司法实践中更有说服力。

3.3.2　商标的检索

1. 商标检索的意义

商标检索也就是商标查询，主要是指拟申请的商标在同类别上进行查询。有以下意义：

（1）探明注册障碍

查询是否在相同或近似商品上存在已注册或已申请的相同或相近似商标注册，增加商标注册成功的概率；存在相同或近似的在先注册商标，可以对准备注册的商标进行修改或调整，或者放弃提交申请。

（2）弄清商标能否安全使用

通过查询商标注册情况，避免造成对他人注册商标构成侵权；减少宣传广告费用损失，降低经营风险。

（3）发现抢注商标

商标抢注是一个普遍现象，如果某个商标具有一定的知名度，产品销路也不错；就很有可能被其他人抢先以自己的名义注册。抢注者往往有三类：一是商标所有人的合作伙伴，如销售代理等。他们的目的往往是获得或巩固自己独家代理的地位，或者向被抢注人索取高额转让费。二是"搭便车者"，即企图利用被抢注商标的良好商誉，有意识造成消费者误认而获取不当利益，这类人通常也是同类产品的生产经营者。三是商标掮客，即单纯以诈取被抢注人商标转让费或许可使用费为目的抢注他人的商标，而抢注人自己并没有使用抢注商标的意图，这种人在抢注后往往主动出击，在适当的时候对被抢注人进行要挟，以勒索转让费或许可使用费。而前两种人则往往在注册后按兵不动，并不急于甚至刻意避免暴露其抢注的事实。因此，及早进行商标查询，对于发现商标抢注，对减轻、避免及挽回损失，具有重大意义。如果通过查询得知抢注商标尚在申请阶段，还未获得注册，就可及时在异议公告期间提出异议。否则，抢注商标注册后再申请撤销就会麻烦得多。以步长制药"**步长**"商标为例，"**步长**"是步长制药的核心商标，2012 年被认定为中国驰名商标。但"中国驰名商标"不是避免被仿冒的金牌，恰恰相反，成为许多抢注者瞄准的目标。步长制药已经将商标检索纳入常态化工作的一部分，今年来在历次检索中发现"步长康宝""步长名芳""步长紫罗兰"等众多商标申请，并采取提出异议等措施予以维护企业权益。因此，在已使用或打算使用商标的国家进行商标查询，对于及时发现商标抢注进而采取措施防止、制止乃至夺回被抢注商标是非常重要的。

（4）了解申请进展

在多数国家，商标申请在经过实质审查被审查员认为可以注册后，审查员将发出核准通知，告知该商标申请已被接受注册，将刊登在异议公告上。但也有个别国家，审查员在商标申请通过实质审查后不发核准通知，在这种情况下，进行商标查询是了解申请进展的有效途径。如果一个商标申请已经被商标审查员同意注册并排定公告，就可以通过检索得知公告的时间。

2. 商标检索的步骤

根据商标工作实务，商标检索通常分为以下阶段：

（1）根据检索需求确定商标名称和类别

商标申请的尼斯分类按用途划分为商品类（1～34 类）和服务类（35～45 类），共 45 类。查询人可在查询系统"中国商标网"（网站：http：//sbj.cnipa.gov.cn/）进行查询，若没有购买商业查询软件，也可委托专业代理机构通过大白兔、国方等专业商标查询系统进行查询。如一家医药公司想要注册一种产品的商标，那么在这种产品获得生产批件前就应该申请注册相关类别的商标。还应该留意与医药相关的产品或服务，譬如医疗器械和诊疗服务等。此时就应在第 10 类的"外科，医疗和兽医用仪器，牙科设备，医疗用电子设备，医用特制家具"等产品以及第 44 类的"医疗诊所，医院，美容院，保健，理疗，私人疗养院，按摩，医药咨询，护理（医务），医疗辅助"等服务上提前布局，尽早注册。

（2）查询商标是否具有不良影响或违反禁止条款

进行商标注册申请时，也要考虑名称是否有不良影响。比如：是否涉及种族歧视、宗教信仰，是否有损道德风尚等问题。例如商标"王八蛋""黑鬼"等就因为分别涉及公序良俗、种族歧视的问题，被商标局驳回。"心动东方"（41 类）因为含有海南省东方市的名称而被驳回。

（3）查询在先的相同或近似商标

申请人在设计产品名称时，应该事先做好商标检索的分析工作，考虑商标注册成功的可能性。如果通过商标检索，对于在相同或类似商品服务上已有相同或近似商标申请的，建议申请人根据市场需求考虑更改产品名称。

申请注册图文组合商标时，商标局审查员会将图形、中文和英文分开审查，如果文字审查过关但是图形并没有审查过关，这个商标就会被驳回。反之，图形审查过关但文字没有审查过关，也一样会被驳回。根据商标审查标准的原则，商标中不同元素需单独进行审查，其中任一元素构成近似，则商标整体亦会被驳回。

（4）查询商标的显著性

商标的显著性是指商标应当具备的足以使相关公众区分商品来源的特征。以下几种就属于缺乏显著性的情形：

1）仅有本商品的通用名称、图形、型号的。比如一款人参的商标取为"高丽参"，卖苹果水果的公司将苹果的商标定为"苹果"，一款工业用黏合剂取名为"502"等，这些都不能作为商标进行注册。

2）仅直接表示商品的质量、主要原料、功能、用途、重量、数量及其他特点的。比如食用油的商标取为"纯净"；一种服装的商标直接定为"彩棉"。这些仅直接表示指定使用商品质量和原料以及功能的名称都不能注册为商标。

3）其他缺乏显著特征的。比如过于简单的线条、普通的几何图形；过于复杂的文字、图形、数字、字母或上述要素的组合；一个或两个普通表现形式的字母；普通形式的阿拉伯数字；指定使用商品的常用包装、容器或者装饰性图案；单一颜色；表示商品或者服务特点的短语或者句子，普通广告宣传用语；本行业或者相关行业常用的名称、商贸用语或者标志；企业的组成形式、本行业名称或者简称；仅由电话、地址、门牌号等要素构成；常用祝颂语等都由于缺乏显著性无法注册成为商标。

（5）查询结果的综合分析及筛选

"中国商标网"等查询得到的只是一份简单的检索结果，而商标审查的主体是审查员，具有一定的主观性。因此商标检索结果还需要专业人士参考《商标审查及审理标准》《尼斯分类表》进行进一步筛选和分析，最终确定商标注册申请的具体名称、类别和具体商品或服务。

3. 商标检索的客观风险

应该认识到，现在每年的申请量十分巨大，申请虽然通过前期查询检索等工作，但实际审查中因多方因素影响，商标注册申请获国家商标局受理，并非意味该申请就一定能够获得注册成功。因为还存在诸多风险因素：

（1）存在检索盲期

申请注册商标的各类申请文件递交到国家知识产权局商标局以后，会有2~3个月查不到商标注册的时间，该段时间成为商标查询盲期。在商标查询盲期内的商标信息和动态是谁都无法检索到的。所以如果企业在这个时间里申请的商标，与盲期内的在先商标相同或相似，就产生客观的风险。

（2）未注册的驰名商标检索不到

《商标法》第13条规定，中国对未注册的驰名商标予以特别保护。申请注册的商标若在相同或类似的商品上与未注册的驰名商标相同或近似的，商标局不予注册并禁止使用。因此，当驰名商标未注册时，无法通过商标局数据库检测到，因此会对商标查询造成一定的障碍。

而且，已经在中国注册的驰名商标直接享受跨类别的保护。比如一个医药产业的驰名商标仅在第5类核心类别注册了，但是因为它是驰名商标，其他的申请人也不可以在其他类别注册类似或相同的商标。但是检索时无从得知哪些商标属于驰名商标，所以这也会是一个不可避免的检索风险。

（3）他人在先权利无法检索到

《商标法》第32条规定：申请商标注册不得损害他人现有的在先权利。"他人现有的在先权利"是指在商标注册申请人提出商标注册申请之前他人已经取得的权利，比如外观设计专利权、著作权、企业名称权、人名等。

综上，商标的检索是商标工作的重要组成部分。虽然商标检索不是商标注册的法定程序，但是由于商标注册须经商标局审查，因此，商标检索是商标注册的必经阶段，也是商标申请/注册人获取维权、确权等商标信息的最重要方式。

3.4 商标的注册及商标权的维护

3.4.1 商标注册流程

商标注册是一种商标法律程序。由商标注册申请人提出申请，经商标局审查后予以初步审定公告，没有人提出异议或提出异议经裁定不成立的，该商标即注册生效，受法律保护，商标注册人享有该商标的专用权。2019 年以前，商标的驳回、撤销、无效宣告、不予注册的复审由商标评审委员会负责。商标评审委员会是原国家工商行政管理总局的内设机构，通常由经验丰富的商标审查员组成。若对商标评审委员会的决定、裁定不服，可以向北京知识产权法院提起行政诉讼。在 2019 年商标局机构改革之后，已经撤销商标评审委员会，商标的申请、驳回复审、无效宣告等事务均统一由商标业务处受理，加盖相应公章。

需要注意的是，要按照《商标法》的有关规定注意商标业务的时间期限。例如：在商标被驳回之后，依据《商标法》第 34 条规定，对驳回申请、不予公告的商标，商标局应当书面通知商标注册申请人。商标注册申请人不服的，可以自收到通知之日起 15 日内向商标评审委员会申请复审。商标评审委员会应当自收到申请之日起 9 个月内做出决定，并书面通知申请人。有特殊情况需要延长的，经国务院工商行政管理部门批准，可以延长 3 个月。当事人对商标评审委员会的决定不服的，可以自收到通知之日起 30 日内向人民法院起诉。该法条所述"15 日"中的开始日期是商标注册申请人收到通知之日，该开始的日期不计算在内，从第 2 天开始计算第 15 天为期限届满日，遇节假日应顺延。"9 个月"中的开始日期是商评委收到复审申请之日，该开始的日期不计算在内，9 个月后开始日期的对应日为期限届满日，遇节假日应顺延。"3 个月"中的开始日期是之前"9 个月"的期限届满日，该开始的日期不计算在内，3 个月后开始日期的对应日为期限届满日，遇节假日应顺延。"30 日"中

的开始日期是当事人收到商评委复审决定通知之日，该开始的日期不计算在
内，从第 2 天开始计算第 30 天为期限届满日，遇节假日应顺延。

3.4.2　商标审查和审理标准

中国及世界上大多数国家对商标权实行注册制，商标申请需经过审查过程
才能被核准注册。《商标审查和审理标准》由国家商标局和商标评审委员会共
同制订，供商标局、商评委、商标审查协作中心的全体审查人员在商标审查及
商标案件审理时执行，对商标工作者而言是一部重要性仅次于《商标法》和
《商标法实施条例》的部门规定。

最新修订的《商标审查和审理标准》于 2017 年 1 月 4 日公布，包括：
①不得作为商标的标志的审查；②商标显著特征的审查；③商标相同、近似的
审查；④立体商标的审查；⑤颜色组合商标的审查；⑥声音商标的审查；⑦集
体商标、证明商标的审查；⑧特殊标志的审查；⑨商标代理机构申请注册商标
的审查；⑩关于《商标法》第 50 条的适用规定；⑪审查意见书的适用。该标
准可作为医药企业商标工作者的案头书，常翻常新。

3.4.3　商标权的注销、撤销和无效宣告

商标权的注销、撤销和无效宣告是商标权灭失的三种方式。

1. 商标权的注销

注销是指商标局因商标权人自行放弃或保护期限届满而商标权人未为续展
等事由而将注册商标从《商标注册簿》中予以注销的法律制度。商标局对注
册商标予以注销，并进行公告。

一般而言，商标的注销有两种情况：

《商标法实施条例》第 73 条规定："商标注册人申请注销其注册商标或者
注销其商标在部分指定商品上的注册的，应当向商标局提交商标注销申请书，
并交回原《商标注册证》。商标注册人申请注销其注册商标或者注销其商标在
部分指定商品上的注册，经商标局核准注销的，该注册商标专用权或者该注册
商标专用权在该部分指定商品上的效力自商标局收到其注销申请之日起终止。"

《商标法》第 40 条规定："注册商标有效期满，需要继续使用的，商标注
册人应当在期满前十二个月内按照规定办理续展手续；在此期间未能办理的，

可以给予六个月的宽展期。每次续展注册的有效期为十年，自该商标上一届有效期满次日起计算。期满未办理续展手续的，注销其注册商标。"

2. 商标权的撤销

根据《商标法》第49条，商标注册人在使用注册商标的过程中，自行改变注册商标、注册人名义、地址或者其他注册事项的，由地方工商行政管理部门责令限期改正；期满不改正的，由商标局撤销其注册商标。

注册商标成为其核定使用的商品的通用名称或者没有正当理由连续3年不使用的，任何单位或者个人可以向商标局申请撤销该注册商标（简称"撤三"）。由此可知，商标撤销的情况分为三种：第一种是商标权利人未规范使用其注册商标，由商标局主动撤销；第二种是商标沦为行业通用名词，由其他单位或者个人撤销；第三种是商标无正当理由连续3年不使用的，其他单位或者个人可以提出撤销。

商标的撤销是商标权灭失的被动方式。鉴于《商标法》对商标撤销方面的规定，注册商标存在两方面的风险：

1）不连续使用被撤销的风险。根据《商标法》第49条第2款及《商标法实施条例》第66条之规定，注册商标无正当理由连续3年不使用的，任何单位或者个人可以向商标局申请撤销该注册商标。以商标注册证上标示的注册图样为准，如若商标实际中并未使用，存在着被他人以3年连续不使用为由提出撤销的可能。一旦有相关"撤三"申请提出，商标注册人须在规定期限内（2个月）提供使用证据或说明不使用的正当理由。鉴于注册商标客观存在被撤销的风险，彼时将会对商标注册人产生不利影响。

2）商标不当使用的风险。在实际的商标使用中，商标注册人可能存在自行改变注册商标的情形。依据《商标法》第49条第1款及相关规定，可能会受到相应的行政或司法处罚。其次，部分商标特别是驰名商标上未加注"注册商标"或"®"标识，且商标本身指示不明，容易致使相关公众认为该商标并非作为商标在使用，只是商品名而已，混淆该商标本身及所使用商品的关系，退化了商标的显著性，进而可能导致该商标被撤销。

针对核准注册商标存在被动撤销的风险，建议从以下方面规避与改进：

1）适时、适当地使用注册商标。可将注册商标使用于商品包装、商品交易合同、广告宣传、音像、电子媒体等方面，加注注册商标标识，引导公众对该商标本身加深印象，厘清其与产品名称的关系。

2）完善联合商标与防御商标体系。联合商标的目的在于，在相同商品与类似商品上注册相互近似的商标，以免他人"搭便车""傍名牌"行为，同时避免可能存在的商标诉争纠纷；防御商标的目的在于，在核定注册商品之外的商品上注册同一商标，以免侵权人将该商标用于不相同或不相类似的商品上。联合商标和防御商标都是主动防御侵犯的制度设计，能有效防止驰名商标的正当权益被侵犯。与此同时，还应积极联合政府工商、质检等行政执法部门对出现的摹仿名牌现象采取严厉的打击措施。

3）积极宣示商标信息。其目的在于强化公众对注册商标本身的认识，力促商标回归区别商品或服务来源的本意。在作为商标使用时，应与商标注册证中标示的图样相同，且尽可能加注"注册商标"或"®"标识以表示其为注册商标。

4）干预商标名称的错误使用，制止把商标作为通用名称使用的行为。商标显著性的退化和丧失通常与商标权利人本身的不当使用有关。权利人使用商标时有意或无意地模糊商标的区别功能，将商标当作通用名称使用都可能导致退化；其次，商标权利人应及时制止他人把商标作为通用名称使用的行为。朗科"优盘"商标被撤销案就是典型的案例。由于朗科公司未规范商标使用，未制止他人长期以来将"优盘"作为一种计算机移动存储器的不规范使用行为，并错误地认为是对"优盘"商标知名度的宣传，国家商标局 2002 年 10 月应北京华旗资讯数码有限公司申请，撤销朗科公司"优盘"商标，此案对朗科而言是极大的损失。

3. 注册商标的无效宣告

商标无效宣告是指商标在先权利人或者利害关系人认为已经注册的商标，违反《商标法》相关规定，请求商标评审委员会撤销该注册商标的法律程序。

商标无效宣告主要有以下几种情形：

1）违反《商标法》第 10 条、第 11 条、第 12 条规定的，或是以欺骗手段或其他不正当手段取得注册的，由商标局宣告该注册商标无效，其他个人或单位也可请求商标评审委员会宣告无效。

2）违反《商标法》第 13 条第 2 款和第 3 款、第 15 条、第 16 条第 1 款、第 30 条、第 31 条、第 32 条规定的，自商标注册之日起 5 年内，在先权利人或者利害关系人可以请求商标评审委员会宣告该注册商标无效。

无效宣告请求是一种商标事务中常见的救济手段。根据《商标法》，主要有两种途径，一种是由商标局主动宣告无效，另一种是其他单位和个人请求商评委宣告无效。申请商标无效的主体不仅只限于在先权利人或利害相关人，也可以是任何单位及个人。如果是商标局做出宣告注册商标无效的决定，商标局会书面通知权利人。权利人对商标局的决定不服的，可以自收到通知之日起15日内向商标评审委员会申请复审。商标评审委员会会在规定时限做出决定，并再次书面通知当事人。权利人对商标评审委员会的决定不服的，自收到通知之日起30日内还可以向人民法院起诉。

如果是其他单位或者个人请求商标评审委员会宣告注册商标无效的，商标评审委员也会在收到申请后，在相应时间内以书面形式通知有关当事人，并限期提出答辩。因此，权利人在收到通知后应尽快与代理机构进行联系，商讨答辩对策并尽早提出答辩。同样，若权利人对商标评审委员会的裁定不服，可以自收到通知之日起30日内向人民法院起诉，同时由人民法院通知商标裁定程序的对方当事人作为第三人参加诉讼。

3.4.4 商标的变更、转让和续展

商标变更是指变更注册商标的注册人、注册地址或者其他事项。申请人变更其名义、地址、代理人，或者删减指定的商品的，可以通过商标局办理变更手续。但如果要改变注册商标的文字、图形，则应当重新提出商标注册申请，按新申请商标对待，不能称为商标变更。

法律依据：根据《商标法实施条例》的规定，注册商标需要办理变更注册人的名义、地址或者其他注册事项的，应当提出变更申请。申请人已经提交注册申请但尚未获准注册的，其名义、地址或者其他注册事项发生变更的，可以向商标局申请办理相应的变更手续。因继承、企业合并、兼并或改制等发生商标专用权移转的，应当办理移转手续。

商标转让是商标注册人将其注册商标赠送、售卖或转让他人所有和专用的行为。转让注册商标，要在转让后6个月以内由转让人和受让人共同向商标主管机关申请转让注册或评估作价。

法律依据：《商标法》第42条及《商标法实施条例》规定，转让注册商

标的，转让人和受让人应当共同到商标局办理注册商标的转让手续，双方均为申请人；因继承、企业合并、兼并或改制等其他事由发生移转的，接受该注册商标专用权的当事人应当凭有关证明文件或者法律文书到商标局办理注册商标的移转手续；依法院判决发生商标专用权移转的，也应当办理移转手续。

商标续展是指注册商标所有人在商标注册有效期满 10 年前的一段时间内，依法办理一定的手续，延长其注册商标有效期的制度。

法律依据：根据《商标法》第 40 条，注册商标有效期满，需要继续使用的，商标注册人应当在期满前 12 个月内按照规定办理续展手续；在此期间未能办理的，可以给予 6 个月的宽展期。每次续展注册的有效期为 10 年，自该商标上一届有效期满次日起计算。期满未办理续展手续的，注销其注册商标。具体见表 3－3。

表 3－3　申请商标变更、转让、续展的流程

步骤	变更	转让	续展
1）准备申请书件	申请变更商标申请人/注册人名义的：①《申请书》；②申请人的身份证明文件复印件；③登记机关出具的变更证明　申请变更商标申请人/注册人地址的：①《申请书》；②申请人的身份证明文件复印件。不需要提交变更证明文件	①《转让/移转申请/注册商标申请书》；②转让人和受让人经盖章或者签字确认的身份证明文件复印件；③委托商标代理机构办理的提交转让人和受让人双方出具的代理委托书；④申请移转的，商标注册人已经终止的，无须提交身份证明文件及委托书	①《商标续展注册申请书》；②申请人经盖章或者签字确认的身份证明文件复印件；③申请文件为外文的，还应当附送中文译本。中文译本应经申请人或代理机构或者翻译机构签章确认
2）缴纳商标规费	申请按类别收费，一个类别受理变更费为 250 元	申请按类别收费，一个类别受理转让注册商标费为 500 元	按类别收费，一个类别续展注册申请需缴纳规费为 1000 元，如果在宽展期内提出续展注册申请的，还需缴纳 250 元的延迟费

注：如果委托代理机构来办理上述业务，每个代理机构的代理费用会有所不同，企业可根据自身的实际情况以及对代理机构的了解程度来选择合适的代理机构。除了要考虑代理费用以外，重点还是要关注所选代理机构的代理能力以及责任心等。

按照商标局最新规定，商标的变更、转让、续展申请从 2018 年 11 月 1 日起，自行申请可以通过以下任一方式进行：①直接到开展相关受理业务的商标受理窗口办理；②到商标局在京外设立的商标审查协作中心办理（广州、上海、重庆、济南、郑州商标审查协作中心受理大厅）；③直接到商标局驻中关村国家自主创新示范区办事处办理；④直接到商标局商标注册大厅办理；⑤通过网上系统提交商标续展申请及委托在商标局备案的商标代理机构办理。

3.4.5　注册国际商标

1. 申请注册国际商标的意义

（1）可以防止被他人抢先注册

事实上，经常可以看到忽视商标注册的结果就是使中国一些经过几十年甚至上百年努力树立起来的名牌商标被外商抢先注册或者假冒，轻易占有。例如上海"英雄牌"金笔深受日本消费者的欢迎，但其商标被日本商人抢先在日本注册，从而要求中方按"英雄牌"金笔在日本的销售量向他支付 5% 的佣金，致使中方在日本的代销商因无利可图而停止代销，中方为此付出巨大的代价。

四川长虹电子集团既没有出口"长虹"品牌的产品到南非，也没有授权任何国内贸易公司向这个市场出口，但该市场上就发现了"长虹红太阳"彩电。在印尼、泰国等地，"长虹"商标被国内的另一家电器生产企业抢注……该类案例举不胜举，因此，商标在国外注册不是可有可无的问题。凡是想把自己的产品打入国际市场的厂家，都应该尽早到国外注册，以免自己的商品在销售国被排挤。

（2）实现企业的自我保护

商标注册的目的是取得目的国的商标专用权。商标一旦获准注册，他人就不能在相同或近似的商品上注册或使用与自己商标相同或近似的商标，从而防止侵犯企业在销售国的合法权益，也就争得了市场。

另一方面，出口商品商标在销售国获准注册后，一旦产生商标争议，便可提起诉讼。例如中国"蝴蝶"牌缝纫机是出口东南亚的重要商品。由于中国进出口公司已经在销售地区提前申请注册，因此适时对仿冒者向该地区法院提出控告，法院责成仿冒者登报道歉。该维权行为保护了中国商品在当地的权益。

（3）为创名牌打下基础

中国商标在国外获准注册后，就能长期稳定占领国外市场，扩大销量，成为名牌商标进而成为驰名商标。如果不及时注册，被他人抢注，结果往往是虽然投入大量人力物力进行宣传推广，反而是替他人作嫁衣，为他人创品牌。

中国企业要想在国际市场上占有一席之地，进而挤进世界企业的行列，须重视商标战略，争创驰名商标，从而提高企业的竞争力和知名度，稳定国外市场，扩大市场份额。

2. 商标国际申请前的准备工作

（1）了解目的国的相关法规

首先，要了解是否能够作为商标申请人。由于各国对外国人的待遇不同，因此在商标申请前需清楚这个问题。主要了解注册目的国是否和中国共同参加了相关国际条约。

如果是巴黎公约成员方，则按照国民待遇原则双方都可以在对方国家申请注册商标；如果不是巴黎公约成员方，则需要了解该国是否适用国民待遇，也就是是否是任一国家的公民都可去申请，还是按照对等原则，中国允许目的国申请人到中国申请，目的国也允许中国申请人进行申请注册。

其次，要了解目的国确定商标权的原则——是实行"在先使用"原则还是"在先申请"原则，见表 3-4。了解商标权的取得原则，对企业业务拓展和采取不同的商标权获取方式有利。

表 3-4　"在先申请"原则和"在先使用"原则

在先类型	隶属法系	代表国家（地区）	特点
在先申请	大陆法系	法国、意大利、俄罗斯、保加利亚、日本、中国等	对于一般商标而言，商标授权取决于最早申请日
在先使用	英美法系	美国、英国、加拿大、澳大利亚、菲律宾等	最终的授权取决于最先使用证据

对于大陆法系的商标"在先申请"原则的国家（地区），应该根据其中长期发展战略决定在哪些国家（地区）必须提前申请商标注册，同时还要考虑商标容易被抢注的国家（地区）。对于英美法系的商标"在先使用"原则的国家（地区），可以采取先使用、后申请的商标申请注册的策略，但是条件是保留原始的商标使用证据。

秉持"在先使用"原则的国家（地区）也会要求商标注册人提交商标使用证据。目前常见的需提交使用证据的国家有 7 个：美国、加拿大、菲律宾、波多黎各、莫桑比克、柬埔寨、海地。在上述国家进行商标注册前，应与公司国际贸易部门充分沟通。已经使用商标或者计划 3 年内使用的，可重点考虑进行注册；否则可根据公司发展情况酌情布局。

（2）了解目的注册国的商标注册禁忌

商标注册一般禁忌的情况在本章第 3.3 节"商标注册前的准备工作"中的"（2）不涉足商标设计禁区"部分已有描述，读者可自行翻阅。

需要强调的是，各国在商标使用上均有各自特殊的规定，到目的国申请商标注册前，必须清楚地了解这些情况，以免商标注册受阻或者影响产品销售。

（3）商标注册申请前的检索

企业在选择国际注册时，一般会选择和国内商标保持一致。与国内审查标准中关于不良影响的认定相同，各国基于其文化特性也会存在一些具备本地特点的"商标禁忌"，这些禁忌往往被罗列于绝对禁止条款中。此外，在相对理由的审查及审理上，各国也有不同的规定。例如针对中文商标，越南否认纯中文商标的显著性。因此要注册中文商标时需要结合图形、英文等其他要素进行申请。涉及中文商标对应翻译的，要注意某些国家对意译及音译均会进行近似比对，因此前期查询时也要针对此部分进行检索。同时，还要求商标申请人务必考虑商标的显著性及商标形象受众的接纳程度。

（4）考察代理机构

国际注册不同于国内业务，不仅对国内对接人的业务能力、沟通水平有要求，更需要考察代理机构的外国事务所储备水平，以及流程和成本控制的能力。

对代理人的考察主要包括资质考察和费用考察。资质考察：具备法律背景的国内及涉外代理人具备更加全面的知识储备及更长远的法律视野，对信息的收集能力也更强，风险发现能力有优势。费用考察：如仅涉及基础业务，应选择费用固定的事务所。同时应比对 2 ~ 3 家事务所报价，并提前告知隐形费用要求。

3. 商标国际申请注册的途径

国际商标注册一般有逐一国家注册和通过马德里体系（马德里协定和马

德里协定议定书）注册两种途径。此外针对欧洲国家及非洲国家还可以考虑选择欧洲共同体商标注册及通过非洲知识产权组织（ARIPO 或 O. A. P. I）进行注册申请。

（1）利用马德里协定申请商标注册

马德里协定国际商标注册的特点如下：

1）申请注册程序简单（一份申请文件即可）。

2）时间短。根据马德里协定的规定，自商标申请之日起 1 年内申请国必须完成注册申请的审批。

3）费用低。马德里协定的费用包括基础费、领土延伸费、申请国的手续费、代理费。

通过该途径申请商标注册也有其不利之处：

1）中心打击。如果其国内商标注册无效（无论是何原因），其马德里协定的国际注册随之无效。

2）缺少补正程序。对商标国际注册的实质审查中，任何的瑕疵都可能导致申请被驳回。

3）条件苛刻。商标必须已在本国注册，而且申请注册的商标必须与在国内注册的商标一致，且商品必须在国内注册的商品范围内。

（2）利用马德里协定议定书申请商标注册

马德里协定议定书是马德里协定妥协的产物，对于纯议定书的国家，其特点如下：

1）它改变了商标注册必须以其国内注册为申请基础，申请人只需在其本国取得商标受理通知书即可。

2）取消了中心打击。申请人的国内商标申请是否取得注册不影响领土延伸国家的商标核准注册，基础注册商标的无效也不影响延伸国的注册。

相对而言，该申请途径也给申请人造成了一些不利之处：

1）领土延伸费不是统一固定的，而是由各个纯议定书的国家自己制定的，有些国家一件商标可以涵盖三个类别，而有些国家则不能。

2）核准注册的时间延长至 18 个月。

3）申请注册的商标必须与在国内申请注册的商标一致，且商品必须在国内申请注册的商品范围内。

通过马德里体系经商标国际局注册的商标，称为国际注册商标。国际注册在其受保护的国家内视同在该国的直接注册。需要注意的是，国际注册商标申请指定的各保护国要根据各自的国家法律受理保护申请。如果申请保护的商标，即要求领土延伸保护的商标在国际注册簿登记之日起 1 年（或 18 个月）内被指定国驳回，申请人可以根据驳回国的法律委托代理人进行申辩；若在 1 年（或 18 个月）内保护申请未被驳回，则该商标就已经得到保护。

（3）欧洲共同体商标注册

欧洲共同体商标注册：1993 年欧盟委员会颁布欧共体商标法，1995 年欧共体商标法生效。根据欧共体商标法的规定，设立欧共体商标协调局，地点在西班牙的阿里肯特。目前欧共体共有 27 个成员：德国、法国、意大利、比利时、卢森堡、丹麦、瑞典、西班牙、葡萄牙、芬兰、希腊、奥地利、荷兰、爱尔兰、塞浦路斯、捷克、爱沙尼亚、匈牙利、拉脱维亚、立陶宛、马耳他、波兰、斯洛伐克、斯洛文尼亚、罗马尼亚、保加利亚和克罗地亚。

欧共体商标注册的特点如下：

所需文件简单，一份申请文件即可；费用低廉；规避风险，在欧共体取得商标注册后，注册人在一个成员方的实际商标使用可以被视为在所有成员方的商标使用，从而避免了连续 3 年不使用被撤销注册的风险。

（4）非洲知识产权组织

目前非洲知识产权组织共有 17 个成员：喀麦隆、贝宁、布基纳法索、中非共和国、刚果、乍得、加蓬、几内亚、几内亚比绍、科特迪瓦（1986 年 1 月 1 日前名称为象牙海岸）、马里、毛里坦尼亚、尼日尔、塞内加尔、多哥、赤道几内亚、科摩罗。

（5）逐一国家申请商标注册

逐一国家申请注册是按照最普通的、几乎在世界范围内所有的申请人都采用的一种申请国际商标注册的模式而提出的申请国际商标注册方案。

关于国际注册方式的选择，结合工作实际，我们认为针对有较好市场前景且存在较大侵权风险的国家宜采取逐一国注册方式，而针对远期市场宜通过 ARIPO、欧共体等组织进行商标注册。

3.5　商标权利的保护

3.5.1　商标侵权的认定

1. 商标侵权的定义

商标侵权是指行为人未经商标权人许可，在相同或类似商品上使用与其注册商标相同的商标，或者未经商标注册人的许可，在同一种商品上使用与其注册商标近似的商标，或者在类似商品上使用与其注册商标相同或者近似的商标，容易导致混淆的，或是其他干涉、妨碍商标权人使用其注册商标，损害商标权人合法权益的行为。

具体而言，干涉、妨碍商标权人使用注册商标的行为主要包括：

伪造、擅自制造他人注册商标标识或者销售伪造、擅自制造的注册商标标识的；未经商标注册人同意，更换其他注册商标并将更换商标的商品又投入市场的；故意为侵权他人商标专用权行为提供便利条件，帮助他人实施侵犯专用权行为的；给他人的注册商标专用权造成其他损害的。

此外，将他人注册商标或者未注册的驰名商标作为商号使用，或者为侵犯他人商标专用权提供仓储运输、邮寄、印制、隐匿、经营场所、网络商品交易平台等便利条件，或者在同一种商品或者类似商品上将他人注册商标相同或者近似的标志作为商品名称或者商品装潢使用，将与他人注册商标相同或者近似的文字注册为域名，并且通过该域名进行相关商品交易的电子商务，容易使公众产生误解也会被认定是侵犯商标专用权的行为。

在医药行业中，商标侵权主要是指潜在的商标侵权人在药品商标权人（通常是知名品牌持有人）的商标保护期内，未经商标权人的许可，在其相类似的药品、保健品上注册相同或相近似的商标，或者恶意侵占、干涉药品商标权人使用商标的权利，进而损害经方成药商标权人合法权益的行为。

2. 商标侵权的构成要件

商标侵权行为是违法行为的一种，在侵权行为认定上应具备相应的违法构成。具体是指对行为的主体、客体、主观方面及客观方面的定义。

必须有违法行为存在，即指行为人实施了销售假冒注册商标商品的行为。必须有损害事实发生，即指行为人实施的销售假冒商标商品的行为造成了商标权人的损害后果。销售假冒他人注册商标的商品会给权利人造成严重的财产损失，同时也会给享有注册商标权的单位等带来商誉损害。无论是财产损失还是商誉损害都属损害事实。违法行为人主观上具有过错，即指行为人对所销售的商品属假冒注册商标的商品的事实系已经知道或者应当知道。违法行为与损害后果之间必须有因果关系，即指不法行为人的销售行为与造成商标权人的损害结果存在前因后果的关系。

分析近年来发生在医药行业的商标侵权案件，发现主要有以下几种形式：

（1）类似商品与药品商标相同

类似商品与药品注册商标相同或者商标的显著性部分相同，导致消费者混淆，从而对商品的供应者或者适用症产生误认。特别对驰名商标侵权，不仅不利于市场竞争，而且还侵犯消费者的知情权，威胁消费者的生命健康。

以"珍视明"商标侵权案为例。2009年，江西珍视明药业有限公司（以下简称珍视明公司）诉重庆国东保健用品有限公司（以下简称国东公司）商标侵权。本案中，被告未经珍视明公司同意，擅自在类似商品上使用相同商标，且将自己的注册商标"诚森"缩小，突出"珍视明"商标。虽然商标使用商品一个是药品，另一个是卫生消毒剂，本质不同，混淆可能性小，但由于使用形式相近，容易致使一般消费者无意识购买涉药产品。该行为扰乱了药品市场，也给珍视明公司造成了一定经济损失。国东公司因违反了《商标法》（2001年修正）第52条第1款规定，法院最终判决被告构成侵权，勒令其立即停止宣传和销售"诚森珍视明"眼部护理液，赔偿原告经济损失，并公开道歉。

（2）类似商品与药品商标相似

2005年，三九企业集团和三九医药股份有限公司（以下简称三九公司）诉曾鸣和南阳市广寿保健品有限责任公司（以下简称广寿公司）商标侵权。本案中，原告认为"999皮炎平""666皮炎平"为保健品，同属商标类别第5类。而"666"倒置即为"999"，两者使用方式和外观近似，易使消费者误认。"999皮炎平"为驰名商标，广寿公司生产的"666皮炎平"使三九公司"999皮炎平"商标淡化，广寿公司应承担侵权责任。经双方举证，法院判决广寿公司商标侵权成立，勒令其即判决之日起停止制造、销售"666 皮炎平"软膏，并赔偿两原告经济损失。因法院在对该案例的侵权归责过程中未关注侵权人的主观故意，适用无过错责任原则。

（3）销售侵犯药品商标专用权

浙江康恩贝制药股份有限公司（以下简称康恩贝公司）诉贵阳品康保健品有限公司（以下简称品康公司）商标侵权案。本案中，品康公司与青海葆春堂医药生物有限公司（以下简称葆春堂）签订经销合同，购进其所生产的"前列康"进行销售。由于品康公司所售"前列康"产品的商标突出使用侵犯了康恩贝的注册商标专用权，故违反了《商标法》。根据《商标法》（2001 年修正）第 56 条第 3 款的规定："销售不知道是侵犯注册商标专用权的商品，能证明该商品是自己合法取得的并说明提供者的，不承担赔偿责任。"因品康公司未履行审查义务，应承担对康恩贝公司的赔偿责任。该案例侵权责任归责过程中以侵权人的主观故意作了为了构成要件，适用过错责任原则。法院裁决品康公司赔偿康恩贝公司经济损失 1 万元。随后，康恩贝又提起上诉改判赔偿 15 万元。因生产者和销售者应共同承担赔偿责任，品康公司仅为销售者，法院驳回上诉，维持原判。

（4）伪造、擅自制造或销售伪造、擅自制造药品商标标识

2013 年 4 月 2 日，株洲市食品药品监督管理局收到株洲千金药业股份有限公司（以下简称千金药业）举报，网络与市面上存在一批假冒药品名称"妇科千金胶囊"的保健食品。经查，为李某等人假冒"深圳保和堂医药生物技术有限公司"和"汕头奥美康生物医药有限公司"株洲生产厂家和批准文号非法生产。最后，在现场缴获假冒"妇科千金胶囊"3400 余盒，涉案标值预计 1000 万余元。

本案已构成犯罪，依据《刑法》（1997 年版）第 215 条"伪造、擅自制造他人注册商标标识或者销售伪造、擅自制造的注册商标标识，情节严重的，处三年以下有期徒刑、拘役或者管制，并处或者单处罚金；情节特别严重的，处三年以上七年以下有期徒刑，并处罚金"进行判决。

3.5.2 商标侵权的解决途径

根据《商标法》第 60 条规定："有本法第五十七条所列侵犯注册商标专

用权行为之一，引起纠纷的，由当事人协商解决；不愿协商或者协商不成的，商标注册人或者利害关系人可以向人民法院起诉，也可以请求工商行政管理部门处理。

工商行政管理部门处理时，认定侵权行为成立的，责令立即停止侵权行为，没收、销毁侵权商品和主要用于制造侵权商品、伪造注册商标标识的工具，违法经营额五万元以上的，可以处违法经营额五倍以下的罚款，没有违法经营额或者违法经营额不足五万元的，可以处二十五万元以下的罚款。对五年内实施两次以上商标侵权行为或者有其他严重情节的，应当从重处罚。销售不知道是侵犯注册商标专用权的商品，能证明该商品是自己合法取得并说明提供者的，由工商行政管理部门责令停止销售。

对侵犯商标专用权的赔偿数额的争议，当事人可以请求进行处理的工商行政管理部门调解，也可以依照《中华人民共和国民事诉讼法》向人民法院起诉。经工商行政管理部门调解，当事人未达成协议或者调解书生效后不履行的，当事人可以依照《中华人民共和国民事诉讼法》向人民法院起诉。

依据《商标法》第 61 条，对侵犯注册商标专用权的行为，工商行政管理部门有权依法查处；涉嫌犯罪的，应当及时移送司法机关依法处理。

法律后果：承担行政处罚或民事责任，情节严重的还需承担刑事责任。

3.5.3 商标侵权抗辩

企业在运营时会遇到林林总总的法律风险，商标侵权被诉就是法律风险的一种。一旦接到法院的商标侵权应诉传票，企业经营者既不能掉以轻心，也不必过于紧张，应该积极应对。如果通过相关事由进行抗辩，还是有机会扭转局面，化危机为转机，以维护自己利益的。但前提是企业要做好充分的自我检查，明确自身是否真的存在侵权行为。如果确实存在侵权行为，明智的做法是立即停止侵权，采取尽可能合理的手段来改正错误，弥补给对方造成的不利影响，避免侵权行为继续扩大，为司法诉讼带来相对好的结果；如果侵权行为存在有争议的地方，那么作为企业来说就应该收集证据来积极应诉，以争取企业的经济利益和商誉在这场诉讼中不受到大的影响。

对于抗辩而言，法律意义上的抗辩是指抗击对方，提出辩解与说明抗辩事由。商标侵权抗辩事由，包括商标侵权行为抗辩事由和商标侵权责任抗辩事由。

1. 商标侵权行为抗辩事由

商标侵权行为抗辩事由是指在民事诉讼中，被告针对原告的诉讼请求而提出的商标侵权行为不成立的事实，主要包括商标合理使用、在先使用权、商标权用尽等。

（1）商标合理使用抗辩

《商标法》第 59 条第 1 款明确规定："注册商标中含有的本商品的通用名称、图形、型号，或者直接表示商品的质量、主要原料、功能、用途、重量、数量及其他特点，或者含有地名，注册商标专用权人无权禁止他人正当使用。"

商标合理使用理论所涵盖的范畴可以分为三类：

第一，叙述性使用。

由于日常社会生活中的常用词汇是有限的，商标中包含通用词汇的现象非常普遍，商家应当充分享有对自身商品进行描述的自由，包括"对商品的质量、主要原料、功能、用途、重量、数量、产地、形状或者生产者的名称或姓名及其他特点予以说明，从而使消费者明了商品的特性、使用方法等"。而《TRIPS 协议》第 17 条亦规定，成员可规定商标权的有限例外，诸如对说明性词汇的合理使用之类，只要这种例外顾及商标所有人及第三方的合法利益。

以上海法院审理的"大富翁案"为例，原告大宇资讯股份有限公司（以下简称大宇公司）基于其第 41 类注册的"在计算机网络上提供在线游戏"等服务为项目的"大富翁"商标，就被告上海盛大网络发展有限公司（以下简称盛大公司）使用"盛大富翁"作为棋牌类游戏的名称起诉商标侵权。该案中，一、二审法院都认为，虽然原告作为"大富翁"商标的注册人，但无权禁止他人正常使用。上海法院进一步认为：被告提供的证据证明应为"monopoly"与中文相互对应并共同指向一种"按骰子点数走棋的模拟现实经商之道的游戏"，原告在游戏产品上将"大富翁"当作游戏的名称使用，而在其注册的第 41 类项目上从未使用过"大富翁"商标，并且根据同行业经营者及消费者对该文字的认知和使用情况，都将"大富翁"当作一类"按骰子点数走棋的模拟现实经商之道的游戏"。因此，盛大公司使用的"盛大富翁"标识和《盛大富翁》游戏名称的行为不构成侵犯原告"大富翁"商标专用权。

第二，驰名商标淡化合理使用。

驰名商标淡化合理使用又被称为"文化意义上的使用"，即商标权人的驰名商标淡化为商品的通用名称，从而丧失显著性。社会公众仅在"通用名称"意义上使用该标志，就不是使用商标，更谈不上侵犯商标权。如强生公司的商标"Band-Aid"（邦迪）、拜耳公司的商标"Aspirin"（阿司匹林）等在美国就存在大量的淡化合理使用现象。

第三，指示性合理使用。

指示性使用是指在自己的商品或服务上或广告宣传中使用他人的商标以指示该他人的商品。该原则源自美国1992年New kids案，做出该案终审判决的联邦第九巡回法院认为，构成"指示性合理使用"需满足三个要件：a. 如果不使用原告的商标，其商品或服务将无法被指称；b. 这种指称是合理且必要的；c. 使用者不能暗示与商标权人之间存在赞助、许可或合作关系。五粮液公司与天源通海公司侵犯商标专用权案也归属此列。在五粮液公司与天源通海公司侵犯商标专用权及不正当竞争纠纷案〔（2012）民申字第887号〕中，最高人民法院指出，授权经销商为了指明其授权身份，宣传推广商标权人的商品而善意使用商标，未破坏商标的识别功能，因此不构成侵犯商标专用权。

简言之，"商标合理使用"并非是未经允许使用他人商标的侵权豁免。实际上是以反向列举的方式，明示不构成"商标使用"的特定情况，从而在根本上不构成商标侵权。在判定是否合理使用时，通常要考虑以下因素：①使用商标的行为是否不可避免；②使用商标的目的是否正当；③使用商标的行为是否善意。

（2）在先使用权抗辩

在先使用权抗辩是指在他人申请商标注册前已经使用与申请注册的商标相同或近似的商标，在该商标被核准注册后，在先使用人享有在原有的范围内继续使用其商标的权利。

中国实行自愿注册原则，这等于间接承认了未注册商标的合法地位。若不允许不具有一定影响的商标的在先使用人继续使用其商标，则在先使用人对其商标所进行的投资和付出的劳动将全部化为乌有，这对于商标的在先使用人而言，显然不公平。

被控侵权人除了以在先商标权进行抗辩外，还可以其他在先权利进行抗辩，主要包括著作权、外观设计专利权、商号权、域名权、姓名权等。

（3）商标权用尽抗辩

商标权用尽抗辩是指商标权人或者其授权的人将使用商标的产品首次投入市场后，任何人使用或者销售该产品，商标权人均无权禁止。

商标权用尽的意义主要在于，保障商品在市场上的正常流通，促进经济贸易活动的正常进行，防止商标权人利用商标控制市场和垄断价格。在商标权人将贴附其商标的商品投入市场后，他人使用或销售商品的行为，一般不会对商标权造成实质性损害。若允许商标权人控制贴附其商标的商品的整个流通过程，则难以避免市场垄断的发生。可见，商标权用尽的目的是通过限制商标权而实现贸易自由，在权利保护（私权）与公平（公平）之间找到平衡点。

2. 商标侵权责任抗辩事由

商标侵权责任抗辩事由是指在商标侵权行为成立的情况下，被告针对原告主张的侵权责任而提出的对方当事人之主张不成立或不完全成立的事实，主要包括商标权无效、合法来源、超过诉讼时效等。

（1）商标权无效抗辩

商标侵权诉讼中，原告提出诉讼的根本之一是原告具有商标专用权，若该权利不存在，既不构成侵权。对被告而言，主张原告的商标权无效是最具有攻击力的抗辩。这一抗辩一旦被采纳，被告即无须承担任何侵权责任。

对注册商标无效的法律后果，中国《商标法实施条例》（2002 年）第 36 条做了规定："依照商标法第四十一条的规定撤销的注册商标，其商标专用权视为自始不存在。有关撤销注册商标的决定或者裁定，对在撤销前人民法院作出并已执行的商标侵权案件的判决、裁定，工商行政管理部门作出并已执行的商标侵权案件的处理决定，以及已经履行的商标转让或者使用许可合同，不具有追溯力；但是，因商标注册人恶意给他人造成的损失，应当给予赔偿。"

值得注意的是，这种撤销注册商标的决定或者裁定，必须是依照《商标法》（2001 年修正）第 41 条的规定做出的，才能发生抗辩效力，具体包括以下几种情形：①出现争议的注册商标；②不当注册商标；③违反法律规定的不应注册的商标。

（2）合法来源抗辩

《商标法》（2001 年修正）第 56 条第 3 款规定，销售不知道是侵犯注册商标专用权的商品，能证明该商品是自己合法取得的并说明提供者的，不承担赔偿责任。销售商提供的证明其所售产品具有合法来源的证据主要包括增值税专用发票、进货发票、购货合同、销售清单、收货清单、付款凭证、供货单位证明以及购货经办人证言等。《商标法实施条例》（2002 年）第 50 条第 2 款规定，故意为侵犯他人注册商标专用权行为提供仓储、运输、邮寄、隐匿等便利条件的，属于《商标法》（2001 年修正）第 52 条第 5 项所称侵犯注册商标专用权的行为。

（3）超过诉讼时效抗辩

诉讼时效是权利人在法定期间怠于行使权利，从而发生一定法律效果的法律制度。在商标侵权案件中，商标权人提起商标侵权诉讼，亦应受诉讼时效的限制。若商标权人不行使权利的事实状态持续地经过一定的时效期间，则其将全部或部分丧失损害赔偿请求权。

《商标法司法解释》第 18 条规定："侵犯注册商标专用权的诉讼时效为二年，自商标注册人或者利害权利人知道或者应当知道侵权行为之日起计算。商标注册人或者利害关系人超过二年起诉的，如果侵权行为在起诉时仍在持续，在该注册商标专用权有效期限内，人民法院应当判决被告停止侵权行为，侵权损害赔偿数额应当自权利人向人民法院起诉之日起向前推算二年计算。"

3.6　本章小结

医药企业商标工作是企业知识产权工作的一部分，是企业经营的"外壳"。根据《知产宝—北京知识产权法院司法保护数据分析报告（2017）》，商标行政案件仍是北京知识产权法院审结案件中所占比重最大的案件类型。如果说专利关乎企业生存与发展的"内核"，那么商标这个"外壳"则是显性的，是直接面向相关公众的。因此商标工作的工作效果更容易在商品营销、企业品牌塑造、市场形象树立等方面得到直接体现。

很多药品商标名的注册是通过大量使用获得显著性而成功获准注册的。但核准注册仅是合法使用的先决条件而已，商标的价值是随着使用增加后逐步体现出来的。因此市场上非独家品种的药品想赢得消费者的关注，扩大市场份额，重用商标、打造品牌是重要举措。此外，在商标使用时要注意收集使用证据，妥善保留使用证据，以便于商标维权时能够提供充分的证明。

商标使用时要避免"淡化"现象，尤其是要区别对待商标名和通用名的作用和地位，尽量避免商标名或商品名由于大量使用而逐步成为药品的通用名，最后落得被药监部门强行申请撤销的下场。明智的做法是采用不同的名称来申请备案，并且在使用中突出商标名的作用。

医药企业要重视产品上市前的商标布局，提前做好商标的注册申请工作，在产品上市后也需要及时根据市场情况来调整商标策略。在产品运行的整个周期需要有专人或委托专业机构来进行定期的检索监控，以避免自身的权利受到损害或是侵犯了他人的合法权益。有海外商标申请的企业更应该重视监控工作，这是因为海外的维权相对较难且费用较高。

在商标获取阶段，要重视商标申请前的检索工作。检索需要适当扩大范围，比如需要考虑专利权、著作权、商号权、人名权等他人的在先权利；在商标图样设计过程中，需要注意所使用的图案及字体的著作权问题，以避免侵权。明智的做法是需要设计人员标明所用图案及字体的出处，严格核实并发现问题、及时更正。如果是原创的可以保留设计手稿，以备在使用中出现法律纠纷时作为抗辩证据，或是进行著作权登记来保留在先权利。

医药企业在经营过程中可以根据产品线的特点或是治疗领域的不同，重点打造一些子品牌（产品品牌），不但能突出系列产品的治疗特色，增进消费者的关注度，而且能降低只用一个主品牌可能出现的"一荣俱荣、一损俱损"的商业风险。

第4章　医药著作权保护

4.1　著作权概念及作品构成要件

4.1.1　著作权概念

著作权，是指文学、艺术、科学作品的作者对其作品享有的权利（包括财产权、人身权）。著作权是知识产权的一种类型，它由自然科学、社会科学以及文学、音乐、戏剧、绘画、雕塑、摄影和电影摄影等方面的作品组成。著作权是对计算机程序、文学著作、音乐作品、照片、电影等的复制权利的合法所有权。除非转让给另一方，否则著作权通常被认为是属于作者的。著作权只保护思想的表达形式，而不保护思想本身。

4.1.2　作品构成要件

1）作品的独创性：作品必须是自己创作的，也就是说是作者独立的智力创作。作者在掌握了一定素材的前提下，运用自己的创作技巧，经过精心安排，将自己所要表达的思想融汇进去，形成自己独特风格的表现形式。形象地说，所谓独创就是自己写出来或画出来的，不是抄袭他人的。

2）作品的表达性：作品应表达作者的某一思想和情感，能够让读者体会出其中作者要表达的意思，从而成为传达信息的工具。

3）作品的可复制性：作品必须以某种特定的形式表现出来，这种形式应能够予以复制。作品只有具有了一定的形式，被人们感觉感知，人们才能够利用它，作者也才能通过对作品的利用而获取财产价值和实现其社会价值。

4.2　著作权的取得方式

4.2.1　自动取得

自动取得方式是指当作品创作完成时，作者因进行了创作而自动取得作品的著作权，不再需要履行其他任何手续。这种获得著作权的方法被称为"无手续主义""自动保护主义"。自动取得制度的优点在于，作品一经创作完成即可及时获得保护，可以有效地制止侵犯著作权的行为，保护水平较高。但缺点在于，发生著作权纠纷时，未经登记的作品取证困难，所以有些国家的著作权法通过设立自愿登记制度作为补充。中国实行著作权自动取得制度，著作权自作品创作完成之日起产生。著作权人可自愿对其作品在著作权登记机构进行登记，中国著作权登记机构为中国版权保护中心（http：//www. ccopyright. com. cn/）。

对于外国人的作品，如果首先在中国境内发表，依照本法享有著作权。外国人在中国境外发表的作品，根据其所属国同中国签订的协议或者共同参加的国际条约享有著作权，受中国《著作权法》的保护。

4.2.2　注册取得

注册取得是指以登记注册作为取得著作权的条件，作品只有登记注册后方能产生著作权，著作权注册取得的原则，又称为"有手续主义"。实行注册取得制度，可以有效地证明著作权人的身份，有利于及时处理著作权纠纷，保护著作权人的合法权益。但是，注册取得制度并不能充分保护那些未及时登记的作品，也不能保护那些来自未实行著作权注册取得制度国家的作品。因此，现在世界上大多数国家不采用这一制度。

4.3　著作权自愿登记文件

常用著作权类型包括作品著作权、软件著作权，所需文件见表 4 – 1。

表4-1　著作权自愿登记所需文件

著作权类型（常用）	必备文件	文件
作品著作权	（1）申请人主体资格证明 （2）作品样本、作品说明书 （3）作品著作权登记申请表 （4）若为职务作品，申请阶段需说明权利归属	委托书、附图申请书、代理公司营业执照复印件
软件著作权	（1）申请人主体资格证明 （2）计算机软件著作权登记申请表 （3）源代码［提供源代码的前、后各连续30页且每页50行（总共3000行），全部源代码不足3000行的应当提交全部源代码］ （4）设计说明书或操作说明文档（一般10页以上）	代理公司营业执照复印件 申请人如若不是独立开发，需提交文件：A.合作开发——合作开发合同书或合作开发协议书；B.委托开发——委托开发协议书；C.下达任务开发——任务书

4.4　著作权、外观专利及商标权的区别

著作权、外观专利及商标权既有相同之处，也有不同之处，具体见表4-2。

表4-2　著作权、外观专利及商标权的区别

	著作权	外观专利	商标权
相同点	属于知识产权，具有专有性、地域性和时间性		
保护对象不同	保护对象是文学、艺术和科学领域内具有独创性并能以某种有形形式复制的智力成果	保护对象是工业产品的设计，即工业产品的色彩、图案及形状或其结合的富有美感的新设计	即注册商标的专用权，以核准注册的商标和核定使用的商品为限
权利内容不同	由人身权和财产权两部分构成。人身权部分又称著作精神权利。财产权部分则主要包括使用权、许可使用权、转让权、获得报酬权等	由财产权构成，主要包括实施权、许可他人实施权、转让权	包括专用权、许可权、转让权、续展权、标示权、禁止权

续表

	著作权	外观专利	商标权
获权前提不同	只要是独创的作品,不论其是否与已发表的作品相似,均可获得独立的著作权	要求独一无二的首创性	具有显著性
取证途径不同	向中国版权保护中心提出申请,登记后发出《作品登记证书》	向国家知识产权局专利局提出申请,通过审查办理手续后授权发出《外观专利证书》	向国家知识产权局商标局提出申请,通过审查发出《商标注册证》
保护区域不同	中国登记的著作权在 172 个缔约方享受国民保护待遇	遵循地域性保护原则	商标注册国享受法律保护
保护期限不同	著作权的保护期为作者有生之年加死后 50 年	自申请之日起保护 15 年	有效期 10 年,可连续性续展
维持费用不同	取得作品登记证后不需要每年缴费	需每年缴纳专利年费,分阶段递增,未缴纳年费视为放弃权利	续展期、宽展期内缴纳续展费,未缴纳视为放弃权利
维权依据不同	受著作权法保护	受专利法保护	受商标法保护

综上所述,外观专利和著作权有种种不同,但从知识产权保护的角度,两者其实可以互为补充。譬如申请专利的产品如果涉及平面作品,可以申请外观专利来取得更有力的保护,也可以通过著作权保护途径对作品在各种产品及宣传渠道的应用加以保护,而不限于该项作品本身。如专利到期,在某种程度上著作权是对专利权保护期的延长。商标权实际上是对获准注册的图样进行保护,如果该图样是由商标权人独创的,则该商标的著作权自然由该商标权人所得。

4.5 著作权的保护

近年来,随着互联网的发展和普及,越来越多的企业在互联网网页、微信公众号等自媒体上为自己做广告宣传,在此过程中通常会使用到图片、文字

（字体）、视频等，然而前述的图片、文字（字体）、视频都可以构成中国《著作权法》所保护的对象——作品。

企业在相关的广告中使用到他人拥有著作权的图片、文字（字体）、视频等都将可能导致侵权风险。一旦发生著作权侵权的事件，侵权企业除需承担相应的民事责任，如赔偿损失、停止侵权外，往往权利人还会要求侵权人在相关媒体上刊登赔礼道歉的公告等，此举将会对侵权企业造成诸多不利影响，对一些大型企业的社会形象影响尤甚。此类侵权行为所对应的相应的行政处罚、刑事责任等，在符合相关条件的情况下，也有可能会被追究。

4.5.1　著作权的主体保护

（1）权利人

作者或其他依照本法享有著作权的公民、法人或者其他组织。

（2）继受者

指通过赠与、继承、遗赠等继受方式取得者。

4.5.2　著作权保护的内容

著作权主要保护的是民事权利，具体见表4－3。

表4－3　著作权保护的客体

著作权（民事权利）	人身权——精神权利（不可转让性、永久性）	发表权、署名权、修改权、保护作品完整权
	财产权——经济权利（可被继承）	复制权、表演权、播放权、展览权、发行权、摄制电影电视录像权、改编权、翻译权、编辑权

4.5.3　著作权保护的期限

1）作者的署名权、修改权、保护作品完整权的保护期不受限制。

2）公民的作品，其发表权、著作财产权的保护期为作者终生及其死亡后50年，截止于作者死亡后第50年的12月31日；如果是合作作品，截止于最后死亡的作者死亡后第50年的12月31日。

例如，甲与乙于1980年3月4日创作了一作品，如果甲在1990年的8月

1 日死亡，乙在 2000 年的 10 月 1 日死亡，那么该作品的发表权和著作财产权的保护期限将从 1980 年 3 月 4 日开始计算，并截止于 2050 年的 12 月 31 日。

3）电影作品和以类似摄制电影的方法创作的作品、摄影作品，法人或者其他组织的作品、著作权（署名权除外）由法人或者其他组织享有的职务作品，其发表权、著作财产权的保护期为 50 年，截止于作品首次发表后第 50 年的 12 月 31 日，但作品自创作完成后 50 年内未发表的，《著作权法》不再保护。

4）作者身份不明的作品，《著作权法》第 10 条第 1 款第 5 项至第 17 项规定的权利的保护期截止于作品首次发表后第 50 年的 12 月 31 日。作者身份确定后，适用《著作权法》第 21 条的规定。

5）作者生前未发表的作品，如果作者未明确表示不发表，作者死亡后 50 年内，其发表权可由继承人或者受遗赠人行使；没有继承人又无人受遗赠的，由作品原件的所有人行使。

4.5.4　医药产业经营管理中涉及著作权保护

应当注意对医药企业经营中创作的软件、药品包装设计、独创性的字体、图片、图案、花型等作品予以保护。在作品完成后、相关的产品上市前可及时进行著作权登记。

应当注意对他人著作权的尊重，避免在产品以及产品标签、说明书、广告宣传册、企业网站、微信公众号等载体上使用他人享有著作权的图片、软件、字体等内容。同时，在印制产品说明书、广告宣传册等企业宣传资料时，也须注明印刷发行日期、印刷单位等信息。这些信息既可以作为著作权维权的证据，也可以作为不侵权抗辩的证据。

为避免出现侵犯他人著作权，可以从以下四点着手：

1）建立、健全与著作权相关的制度规范，避免在产品以及产品说明书、广告宣传册、企业网站、微信公众号等对外窗口上，使用他人享有著作权的产品图片、文字说明等。同时对审核流程进行把关，对享有著作权作品的使用追溯机制进行完善。

2）从第三方购买图片或视频素材，应注意是否获得原创作者的授权，尽量购买获得原创作者授权的素材库，以降低侵权风险。

3）使用相关文字时应注意，文字所使用的字体应是从正版的字库内选择的，或者是公知领域的常用字体。避免为美观而擅自使用未获授权字体。

4）建立事后补救机制，妥善解决矛盾纠纷。因著作权问题引起的法律争议发生后，应自行或通过版权保护中心、行业协会等组织积极主动地与权利人沟通，并在初步查明事实后争取以和解的方式了结争议；对已经形成的诉讼，积极配合法院进行调解，及时化解矛盾纠纷。

4.5.5　著作权侵权

1. 著作权侵权的认定

著作权侵权是指未经著作权人同意，又无法律上的依据，使用他人作品或行使著作权人专有权的行为。著作权侵权包括直接侵权、第三人责任、违约侵权和仅侵犯作者的精神权利等。

从侵权行为的构成要件上看，应从"过错"与"无过错"两方面来分析。在适用过错归纳原则的场合，其构成必须同时具备：行为的违法性（加害行为）、损害事实、因果关系与主观过错四个要件。

1）违法性。造成损害事实的行为必须具有违法性质，行为人才负有赔偿责任。否则，即使有损害事实，也不能使行为人承担赔偿责任。无论行为人实施的活动是否侵犯了著作权人的利益，也不管其实施的活动对著作权的利益是否构成重大威胁，在将来必然损害著作权人的利益，都构成了侵犯著作权的行为。

2）损害事实。它通常是指侵权人所实施的行为客观上给受害方带来了伤害。如果侵权人的行为给著作权人造成了损害且无法定的负责理由，则侵权人应承担法律责任。但是，如果侵权人实施了侵权行为而未对著作权人造成实际损害的，是否应承担侵权责任呢？如某人未经著作权人许可非法大量复制其作品，但未发行，这是否属于侵犯著作权行为？又如某出版者，未经作者许可擅自出版但支付给作者稿酬的。对于这些情形，业界一般认为这些行为也是侵权行为。因为他们未经作者许可又无法律许可，侵权人行使了本应由著作权人所控制的权利或妨碍了著作权人权利的行使。

3）因果关系。即只有当侵权人所实施的侵权行为与损害后果存在因果关系时，侵权人才承担责任。如果加害人虽然实施违法行为，但受害人的损害与此无关，就不能令其承担赔偿责任。

4）主观过错。在侵犯著作权的行为中，在适用过错责任的场合，主观上有过错的要承担责任。

2. 著作权侵权的解决途径

根据《著作权法》第 60 条规定："著作权纠纷可以调解，也可以根据当事人达成的书面仲裁协议或者著作权合同中的仲裁条款，向仲裁机构申请仲裁。当事人没有书面仲裁协议，也没有在著作权合同中订立仲裁条款的，可以直接向人民法院起诉。"

（1）仲裁协议类型

其一是在著作权合同中订立的仲裁条款。仲裁条款是双方当事人在争议发生之前订立的，是当事人在签订著作权合同时，就解决争议的方式在合同中预先约定愿意把将来在履行合同时可能发生的争议提交仲裁解决的一项内容。

其二是以其他方式单独订立的仲裁协议。它是当事人在争议发生之前或者发生之后，专门签订的愿意将纠纷提交仲裁解决的协议。无论是仲裁条款还是以其他方式单独订立的仲裁协议，也无论是涉及未来的争议还是既存争议的仲裁协议，其作用是相同的，在法律上具有同等效力。

（2）权利诉讼

关于著作权的诉讼时效，一般为 2 年，具体如图 4 - 1 所示。

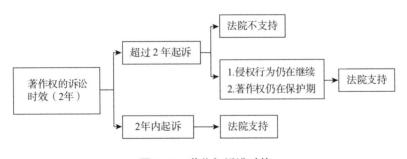

图 4 - 1　著作权诉讼时效

4.6　本章小结

对于医药企业来说，著作权也是重要的知识产权类型，它可以作为专利、商标、商业秘密等保护的补充方式。在其他知识产权保护类型都不适合或是期限届满后，可以采取著作权的保护方式。如由于医药产品市场销售的特点，不适合经常更换产品包装，在药品的包装盒的外观专利到期后，可以将包装图案通过美术作品的著作权方式进行更为长久的保护；又如某些医药理论提法（如"脑心同治"）、医药慈善活动名（如"共铸中国心"）等首创出来后不适合申请专利和商标保护，可以采取著作权的方式。

网络环境下著作权相关纠纷也是当下医药企业面临的重要知识产权纠纷之一，多数纠纷都集中在合理使用上。因为目前很多医药企业的产业都扩展到了大健康领域，需要通过网络媒体向相关公众传达健康知识和产品知识、展示新研究成果、宣传企业形象等，但在使用上由于缺乏著作权的保护意识，难以做到合理利用，引来了很多的争议和麻烦。明智的做法就是从源头把控，外包业务需注重合同中关于著作权问题的约定，内部业务需要注重从制度上规定核实创作元素的著作权来源，确保所公开的资料不侵犯任何人的合法权益，降低经营风险。

第5章 医药商业秘密管理实务

5.1 商业秘密概述

5.1.1 商业秘密的基础知识

1. 商业秘密的定义

作为企业无形资产的重要组成部分之一，商业秘密管理在企业经营过程中已起到越来越重要的作用，明确商业秘密的概念对完善和规范企业的商业秘密管理工作有着重要意义。

商业秘密制度最早可追溯到罗马法中的"奴隶诱惑之诉"，当然，这只是有关商业秘密保护的萌芽，在那个时代"商业秘密"的含义与现在所说的"商业秘密"所包含的内容是无法比较的。英国平衡法是现代意义上商业秘密保护法律制度的起源，但是至今尚未制定成文法来明确这一定义。美国是对商业秘密保护研究最深、规定最全的国家，其核心为：具有一定秘密性，由权利人和利害关系人保管并能为其带来竞争优势的信息。日本《不正当竞争防治法》规定，商业秘密是指"作为秘密进行管理的生产方法、买卖评选活动以及其他不为公众所知悉、对经营活动有用的技术或经营情报"。世界知识产权组织在《TRIPS协议》中根据各国对商业秘密的人事情况，提炼出了商业秘密的三大特性：秘密性、经济性和管理性。

虽然，中国自古以来也存在现代法律概念中的"商业秘密"意识，但其保护形式多以家族传承、师傅带徒弟等单一方式传续下来。中国在1993年第一次颁布的《反不正当竞争法》以现代方式对商业秘密进行了定义，主要采取的就是 TRIPS 定义，但也结合中国的现状进行了调整，如 2018 年 1 月 1 日实施的现行《反不正当竞争法》，将原来的实用性特征删除，更改为商业价值，具体为：不为公众所知悉、具有商业价值并经权利人采取相应保密措施的技术信息和经营信息。

2. 商业秘密构成要件

法律的宗旨是以人为本，公平，平等，维持社会稳定，以事实为根据，以法律为准绳，其最终目的是引导人合法规范个人行为。从商业秘密定义可知，在商业秘密获取来源合法基准下，商业秘密的法定构成要件为非公知性、价值性和保密性。

（1）非公知性

非公知性，即不为公众所知悉，又称为"秘密性"，相对而言也是商业秘密最重要的构成条件。非公知性的核心点在于有关信息不为其所属领域的相关人员普遍知晓和容易获得，需要依靠商业秘密的"创造者"利用公知的知识、经验或技巧经过创造或探索，或人力、财力、物力的投入方能获得，这也体现了商业秘密的"秘密性"与专利的"新颖性"的不同。专利新颖性是绝对性的，而商业秘密的秘密性是相对性的。比如，在一本很古老的非医学书籍中记载了一个对某种病疗效很好的古方，甲医生通过阅读此书籍了解到此古方并采取商业秘密方式使用此古方。乙医生采取非法手段从甲医生处偷到此方子，还了解到此古籍仅在国家图书馆珍藏版保管和甲医生手上有一本。后来甲医生起诉乙医生，若乙医生以此古方为已在国家图书馆珍藏版古籍中记载的现有技术为由进行抗辩，乙医生仍然被认定为侵犯甲医生的商业秘密。

另外，商业秘密没有对世的绝对权利，各自研发的商业秘密可以合法并存。其表现在：同行业单位独自"创造"出来商业秘密，可能相同或者近似；任何人不能独占基本原理也不能仅以基本原理作为公知技术的抗辩理由。从这一点上说，商业秘密的新颖性和创造性的要求是相对较低的。所以，在对商业秘密非公知性进行认定时，应当明确指出商业秘密的载体、划定商业秘密的范围和"秘密点"。商业秘密的"秘密点"可以是完整信息中的某一项或某几项局部信息，如产品的装配公差、某一关键零部件的加工方法，也可能是某公知技术信息的特色组合。

（2）价值性

商业秘密的价值性是指必须具有商业价值或者经济价值，能给商业秘密权利人带来市场竞争优势。若没有此特征，无论采取任何措施对其进行保密管理，也不能认定其为商业秘密。商业秘密的价值性可以是现实的，也可以是潜在的，比如客户名单、电商平台所采集的大数据；可能具有正价值，也可能具有负价值，比如失败的临床试验结果。

对于价值性而言，应从客观上加以认定，不能以权利人或合法持有人的主观上的"认为"来确定。价值性并非指商业秘密信息本身价值的高低，价值低或尚未实现经济利益的，依然能够构成商业秘密。商业秘密价值的评估主要依据其为权利人在市场竞争中带来多少竞争优势，应当具有市场属性，与商业秘密信息本身的价值高低无关。因此，随着相关信息公开的程度，一旦竞争对手获知，而无法实现市场价值的"秘密信息"将失去《反不正当竞争法》定义的商业秘密属性。还以上文提到的非医学古籍记载的古方为例，若有人同样以合法手段获取到相应古方，此古方将不对其构成市场竞争优势，上文中的甲医生不能以此提起诉讼。若通过合法手段取得古方秘密的人也将其作为商业秘密保护，而且也没有向任何第三人公开，此信息对其他人还将具有商业秘密属性。

（3）保密性

保密性，又称管理性或难知性，是指商业秘密权利人或合法持有人采取的与商业秘密信息相适应的合理的保密措施。保密性是和前面的非公知性相呼应的，非公知性属于商业秘密的自然属性，保密性属于商业秘密的管理属性。权利人或合法持有人通过采取保密措施，以弥补法律强制性保护的不足，但所采取的保密措施不要求是绝对的、无缺陷的措施，只要是合理的、适当的即可。商业秘密的保密性需要权利人期待，并有意愿依靠商业秘密法律对有关信息进行保护；需要权利人应当在规划研发或者形成有关信息过程中向着一个特定的、可识别的、具有相对新颖性的和相对完整性的目标进行，而不是仅与为其服务的人员签署一个保密协议那么简单。这是因为，商业秘密法律制度更强调权益的自我保护性质和行为，保密协议只是证明保密性的其中一类证据。

综上，商业秘密权利人或合法持有人有没有采用保密措施是判断"信息"是否构成商业秘密的重要标准。保密措施是指商业秘密权利人采取的对内与对外，防止商业秘密向社会公开或传播而采取的与商业秘密信息相适应的、有效的、合理的合同措施、技术措施、物理措施，包括商业秘密权利人建立的管理制度、合同制度、人事制度和预警制度，其证据可分为三个部分：保密制度、限制接触与接触人员的保密协议。具体将在5.3节中详细介绍。

3. 商业秘密信息类型

根据中国法律表述，商业秘密信息的构成取决于每一部分信息的准确性、特征性、集合性所形成的整合，依据商业秘密内容、性质的不同可分为两大类：技术信息（技术性商业秘密，简称技术秘密）和经营信息（经营性商业秘密，简称经营秘密）。

技术秘密即狭义的商业秘密，指运用到工业生产上，仅为有限的人所掌握的技术和知识。主要包括：技术设计、程序、质量控制、应用试验、工艺流程、设计图纸（含草图）、工业配方、制作工艺、制作方法、试验方式和试验记录等。技术秘密的组成可以是一项完整的技术方案，也可以是一项完整技术方案中的一个或若干个相对独立的技术要点或其组合。因此，由众多的公知技术经过智力劳动所组合而成的技术方案或者技术点，也同样可构成商业秘密。在技术秘密认定过程，不能因为所采取的核心技术为公知的，就认定其不具有商业秘密属性，而应该更多地从市场属性考虑。

经营性商业秘密，简称为经营秘密，是指能够用于经营，为经营者带来利益或竞争优势的各类信息，主要包括：管理方案、管理诀窍、客户名单、货源情报、产销策略、投融资计划、标书、标底等方面的信息。与技术秘密一致，经营秘密可以是一个完整的经营方案，也可以是经营方案中若干相对独立的经营要素或其组合要素。但若不通过故意、有目的的记忆，任何人在任何情形下能够轻易回忆起来的经营信息不得作为商业秘密。在经营秘密方面，客户名单（客户信息）是商业秘密管理的难点和热点，对其特征需要严格地界定。在基于与客户之间的信赖关系和自愿交易的原则下，还要体现出：具有稳定性和特定性；逐渐积累形成客户群，且具有保护价值；要经过一定的努力并有人力、财力和劳动的付出。

4. 医药行业商业秘密信息类型

医药行业属于高科技行业，在药品的研究开发、生产经营过程中包含了大量的技术信息和经营信息。各个药品之间都具有其独特性，其商业秘密一般都具有很大的经济价值。与药品有关的商业秘密基本包括如下几个方面。

（1）药品研究开发有关的技术秘密

新药申报的技术资料，包括新药的物理性能、化学性能、合成工艺、质量控制、药效学、药动学、毒理学以及临床试验数据。这些技术信息的获取需要医药企业付出很大代价，其本身价值也是最高的。但根据药品法规相关要求，它们又是获得新药证书和生产批文所不可少的资料。产品上市时，上述绝大部分技术信息应公之于世，因此绝大部分的新药申报技术资料的保密价值和相应的保密管理措施一般限于申报之前。

药品的生产工艺和质量控制的技术资料。包括药品的化学合成工艺及关键中间体、制剂工艺、消毒工艺、包装工艺和药品的检测和质量控制的技术资料。这些资料涵盖的技术和内容往往又是企业拥有核心竞争力的关键之一，同时这些信息也是制药行业商业秘密管理的难点：一是它们属于获得新药证书和生产批文所不可少的资料，但对提供的程度是带有自由度的，至于这个自由度如何把握需要医药企业综合考虑药品法律法规政策、行业技术等因素；二是由于它们属于直接用于生产的资料，被员工接触的时间长，且接触的人员也多，因此泄密风险相较于新药申报资料高。

此外，在民间广泛存在的"家传配方"等也属于医药商业秘密的范畴。

（2）有关药品生产管理的技术秘密

这里主要是指独特有效的，为医药企业所独具的管理企业的经验。如企业组织形式、库存管理办法、劳动组织结构、征聘技巧等，特别是医药企业为实施企业的方针战略所制定的一系列的标准操作规程、人员培训方法、技术业务档案管理办法等。

（3）有关药品经营销售的商业秘密

市场调研报告，即经营主体有目的、有组织地对医药市场状况进行调研的总结报告。

发展规划，即经营主体的远景目标和近期发展计划、投资意向等。

经营策略，即经营主体根据发展计划采用相应具体化的经营方式、方法。

对外业务合同，即经营主体与相对人签订药品贸易、医药技术贸易、投资等业务合同。

销售/采购渠道和客户名单，即经营主体购销商品的有关渠道和与经营主体有业务往来的相对人名单。

5.1.2 商业秘密和公司秘密的关系

《中华人民共和国公司法》（以下简称《公司法》）第 148 条第 7 款提到，监事、高级管理人员不得擅自披露公司秘密。但是未对公司秘密做进一步解释，让现实中大部分人都认为公司秘密和商业秘密是等同的。实际中，公司秘密所涵盖的范围大于商业秘密，还包括人事秘密、薪酬秘密、财务秘密、品牌推广策划等。例如：新项目研发课题组成员的组成名单，公司会认为其属于商业秘密，而实际其仅属公司秘密的范畴。商业秘密属于公司秘密的一部分，都是公司或其他组织中具有保密价值的信息。二者间是相互联系、可相互转换、包含与被包含的关系，两者的区别见表 5 – 1。

表 5 – 1   公司秘密与商业秘密的异同

类别	公司秘密	商业秘密
法律属性	由公司制度形成	受《反不正当竞争法》的保护，任何第三方均不得侵犯
保护范围	由公司制度确定，较商业秘密涵盖面更广	不为公众所知悉、具有商业价值并经权利人采取相应保密措施的信息
表现形式	以公司章程、劳动合同、员工手册、会议决议等形式表现	产品、工艺程序、配方、图纸、改进的机械设备、研究开发的文件、客户情报及其他资料等信息
保密期限	以公司设定的密级和期限确定	只要非因披露导致丧失秘密性，可以长久存在
法律责任	可根据《公司法》的规定追究董事、高级管理人员的民事责任，其他人员则根据公司内部管理规定承担公司规定的责任	可以提起侵权诉讼、违约诉讼或者请求工商部门予以查处。情节严重的，依照《刑法》追究责任人的刑事责任
竞业限制	仅接触公司秘密的员工，不能进行竞业限制	可进行竞业限制

需要注意的是：商业秘密管理措施的核心点就是仅能让有限人知晓，其中有限的人一般都包括了单位管理人员和高级技术人员，这就造成了与公司秘密难以识别的情况发生。单位管理人员、高级技术人员在负有保守公司秘密义务

的同时，可以视为同时负有保守单位商业秘密的义务。

此外，以下几种情形较难作为商业秘密，可作为公司秘密：①在单位内部，主要由单位管理人员、高层人员所决定所确定的事项；②在相对短的时间内形成，一旦实施就公开或者只有公开才能实施的；③可能针对特定员工，也可能是全体员工的，且不具有商业交易价值的；④可保密程度十分低，即使公开了也无损单位的市场竞争优势和商业利益（例如员工年终奖励方案）。虽然在公开前具有秘密性，但其时间相对较短，并且一实施就公开了，所以在公开前可作为公司秘密，但不属于商业秘密。

5.1.3　商业秘密与其他知识产权的关系

作为知识产权的一种，商业秘密是一种没有形体的精神财富，是智慧所创造的产品。同时，商业秘密具有财产性质，可成为交易的标的。它的非物质性或无形性是知识产权的本质属性所在，也是与财产所有权的最根本的区别。

虽然商业秘密具有一般知识产权的非物质性或无形性的特征，但是与其他知识产权权利还是有区别的，包括：商业秘密权利边界认定难；商业秘密权利稳定性较弱；商业秘密权利不具有对抗特定人范围之外的善意第三者的功能；商业秘密权利没有国家强制性保护；商业秘密可与其他种类的知识产权并存保护，也可以在权利保护中相互转换等。商业秘密和其他种类的知识产权具体区别如下。

1. 商业秘密与专利的关系

商业秘密和其他种类知识产权是一种相互并存和相互转换的关系，正如本章开始讲到在菌种中插入一段特定的加密编码申请专利的案例，就是典型的商业秘密和专利技术并存的事例，但是如何处理两者关系就需要从两者的区别点着手，具体见表 5-2。

表 5-2　商业秘密与专利的异同

类别	商业秘密	专利
保护客体	技术信息和经营信息	经法定审查的技术方案和设计
完整性要求	只限于可以使用或利用	完整的技术方案或设计
秘密性要求	只要求不容易为相关人知悉	绝对未被公知所知悉

类别	商业秘密	专利
独占程度	具有相对的独占性，不能排斥他人合法取得，并加以实施或利用	具有对世权，义务人是不特定的，具有绝对的独占性
取得权利方式	自主产生或者合法受让获得	以技术公开为代价，并要经过法定程序进行审查批准获得
保护期限	只要不被公开，即可享有无限期保护	法定的保护期限，一旦该专利权丧失或超过保护期限后，任何人均可以使用该项技术
权利稳定性	无论因何种因素公开即丧失权利	不因非法定因素而丧失
保护地域	可以依据多边或者双边条约得到域外保护	具有很强的地域性，在没有被授予专利权的国家/地区的单位和个人，都可以任意使用该项技术

在现实中，人们对商业秘密和专利的秘密性要求会有些疑问，认为商业秘密既然是秘密就应该是世人都不知道的，若世人知道了就谈不上秘密了。而实际在现代商业秘密法律制度中，商业秘密仅要求是对此"暂未为他人知悉"，只要是具有降低成本、节省材料或者其他"与众不同"之处即可。因此，商业秘密是在相对时间、相对地域中的"新颖性"和"创造性"要求，或者说是有"独特性"——比专利对"新颖性""创造性"的绝对要求要低。

在选择是作为商业秘密保护，还是专利保护时，可从以下几点来考虑：①对容易被他人通过反向工程解剖和分析的技术信息，权利人宜采用申请专利的方式加以保护；②企事业单位保密能力情况，对于保密能力强的单位，可以采用商业秘密的方式保护；③技术信息先进程度高低，高的可先采用商业秘密保护，等到可能丧失先进性或可能被第三人公开后，再采用专利保护；④科研成果价值的期限长短，科研成果价值的期限越长，越倾向采用商业秘密的方式保护；⑤市场垄断性需求，如果该技术具有很好的市场前景，拥有者希望垄断市场，通过公开换保护的方式向世人宣誓其独占权，适宜用专利的保护方式。

2. 商业秘密与著作权的关系

著作权是法律赋予作者因创作文学、艺术和科学作品等而享有的专有权利。著作权和商业秘密保护的区别主要在于：①著作权保护的是表达形式，而商业秘密保护的是信息所表述的内容；②两者对独创性要求不一样，著作权保护的作品只要是"智力劳动 + 作者独立完成"就可以构成独创性，而商业秘密的独特性要求就高些，则是"智力劳动 + 非公知性"。例如，在一项创意、策划诞生之初，作者并未想公开，但该创意或策划具有独创性即具有可保护性时，即使尚未构成著作权或者著作权保护不适用，亦可以采用商业秘密的方式予以保护。其次，虽然著作权的保护是完成即可，但如何确定完成时间，其最好的办法就是公开发表。然而对于含有商业秘密的作品，若公开了，将会丧失非公知性。对于此种情况，可选择经第三方较权威的机构确定一个时间，比如可到银行申请一个保险柜，将作品放到银行保险柜中保存，这样既能有效地证明作品完成时间，又能很好地对商业秘密进行保护。另外，在公证处公证也是确定含有商业秘密著作权完成时间的一种好方式。

3. 商业秘密与计算机软件的关系

计算机软件是指计算机系统中的程序及其文档，程序是计算任务的处理对象和处理规则的描述；文档是为了便于了解程序所需的阐明性资料，属于作品，主要受《著作权法》和《计算机软件保护条例》的保护。

与著作权一样，计算机软件的程序和文档保护的也是创作者思想的表达形式，其中有些具有通用性。至于是否构成新的作品，要考察其是否具有独创性。对于计算机软件中符合商业秘密属性的，可以按照商业秘密进行保护。在将计算机软件作为商业秘密保护时，需要注意：①明确著作权保护内容和商业秘密保护内容；②厘清逆向工程和反向工程的区别；③理解反汇编和反编译的定义。

5.2　商业秘密保护特点

5.2.1　一般商业秘密保护特点

商业秘密保护能否获得法律支持，其核心在于管理，也就是需要权利人持续主动管理好秘密信息，并且商业秘密本身不具有绝对排他性和授权公开性。另外，国内没有一部专门的商业秘密法律制度，都是零零散散地分布在各个法律文件中，而且也不全面。因此，商业秘密管理难度大，具有知识面广、规范复杂、救济部门众多、专业性强等特点。

（1）知识面广

目前，中国在商业秘密的研究和法律保护方面并不十分完善，再加上各个地方的经济发展和保护能力也不均衡，而商业秘密制度以诚实信用为基础，以保护公众利益和维护市场公平竞争为立法和执法前提。所以，商业秘密保护的知识面不仅涉及知识产权保护相关法、侵权法、合同法、劳动法、保守国家秘密法等相关法律及其具体条文，还要求权利人或合法持有人对单位管理情况、市场运营模式、人力资源管理状况等熟知，并明确与商业秘密保护密切相关的区域。

（2）规范复杂

商业秘密，如前述，目前无一部全国性的、可操作性的法律，相关知识点散见于种类繁多、复杂的法律、法规、司法解释、地方性法规和部门规章、行业管理规定。法律法规方面有《民法典》《反不正当竞争法》《促进科技成果转化法》《劳动法》《劳动合同法》《反垄断法》《公司法》《刑法》和《TRIPS 协议》等；司法解释方面有《关于民事诉讼证据的若干规定》《关于办理侵犯知识产权刑事案件具体应用法律若干问题的解释》《关于办理侵犯知识产权刑事案件具体应用法律若干问题的解释（二）》《关于审理不正当竞争民事案件应用法律若干问题的解释》《关于当前形势下做好劳动争议纠纷案件审判工作的指导意见》《关于当前形势下知识产权审判服务大局若干问题的意见》《关于审理技术合同纠纷案件适用法律若干问题的解释》《关于审理劳动争议案件适用法律若干问题的解释（四）》等；部门规章方面有《科学技术保密规定》《违反〈劳动法〉有关劳动合同规定的赔偿办法》《关于企事业单位职工流动若干问题的通知》《关于商业秘密构成要件问题的答复》《关于禁止侵犯商业秘密行为的若干规定》《关于劳动争议案中涉及商业秘密侵权问题的函》《关于加强国有企事业单位商业秘密保护工作的通知》《关于科技人员业余兼职若干问题的意见》等；地方性法规方面，各省、市、自治区基本就《反不正当竞争法》均有《反不正当竞争条例》及当地《技术秘密保护条例》和与《劳动法》《劳动合同法》相关条例。

（3）救济部门众多

粗略统计，商业秘密制度所涉及的规范有 28 部，而且涉及多个部门，如法院、国家知识产权局、国家工商行政管理总局、科学技术部、人力资源和社会保障部、国家保密局、国家经济贸易委员会以及各行业主管部门、行业协会等。所以，对于商业秘密权利人或合法持有人，在权利受到侵害时，选择哪个部门作为救济部门，就需要对各个部门所制定的规范有所了解，以确保权利人利益受损最小。

（4）专业性强

商业秘密是知识产权保护的重要内容之一，且是较为复杂的内容之一。鉴于知识产权的特征，以及较其他知识产权来说，其更强调的是管理性，所以商业秘密更具有很强的专业性。

在商业秘密管理上，不能仅熟记各个法条，还需要了解国家保护商业秘密的宗旨和意图以及商业秘密的边际内容。例如：包括了"管理方案、管理诀窍、客户名单、货源情报、产销策略、投资计划、标书、标底"等种类众多、不同形式的经营信息，即使做出一个范围的表述，但是能否构成商业秘密中的经营秘密还需要符合法定的特征。

因此，与其他知识产权认定和判断不同，商业秘密的认定和判断过程需要做到：①在专业人员的帮助下，圈定商业秘密"秘密点"，让"秘密点"成为权利人的竞争优势；②要意识到对商业秘密的保护是从研发或受让起始即已经开始，而非仅对研发结果或受让技术的保护，亦非一般知识产权保护意识中的遭受侵权时的维权；③要明确商业秘密权益与国家法律规定的公民权利、人身权利的有效结合点和分界点；④要准确把握国家设立商业秘密法律保护制度的基础和目的——在公众利益与私权利关系的框架下，寻找商业秘密保护的平衡点；⑤要密切关注商业秘密民事保护与刑事保护的衔接问题以及国家政策、司法保护的最新动态和案例；⑥最后，若因侵权而发生诉讼时，要注意防范商业秘密信息在诉讼中的二次披露问题。

5.2.2　医药行业商业秘密保护特点

药品商业秘密，尤其是其中技术秘密的保护与专利保护有着较为紧密的关系。但是，是采取商业秘密保护还是采取专利保护，不仅要考虑一般法律法规的要求，还需考虑药政法律法规的特别规定。

药品是一种关系到公众健康的特殊商品，公众对其所使用的药品具有知情权，药品的工业化生产必须经过国家的严格审查和试验验证，药品进入市场时需要公开其处方及工艺，并符合安全有效、质量可控等标准。另外，为了鼓励医药企业创新，中国在加入 WTO 后，在药品注册审批过程加入了药品数据保护制度，给予新药以 6 年的独占期，能够显著地弥补专利及其他保护形式的不足，推迟仿制药的上市，为创新药继续保持合法的市场垄断地位。因此，对于涉密技术信息，在哪个时机采取技术秘密保护，哪个时机脱密并申请专利保护，是医药企业需要考虑的问题。

医药企业商业秘密保护的特点除了一般行业商业秘密保护特点外，还有为确保公众知情权而强制执行的公开规定以及药品数据保护制度，这些都为医药企业管理商业秘密带来新的挑战。医药企业在考量商业秘密保护时，需要充分考虑如何满足药政等法规的要求，还得巧妙地隐藏自己真正的核心技术，以期在激烈的竞争中保持优势。

5.3　商业秘密管理

商业秘密包括技术秘密和经营秘密，其管理目标和管理方式是不相同的。现实中，单纯的经营信息侵权纠纷比较少见，下文中若无特别说明，讲的主要是技术秘密方面的管理。

5.3.1　管理目标

任何组织管理制度的设定都应有相应的目标，只有将目标与其他部分相互融合，才能让企业的管理在单位中有效运行。从商业秘密的定义来说，商业秘密管理的目的是，保护权利人的商业秘密，为权利人创造商业价值，并希望这个过程是持续的。权利人要想持续获得商业秘密的竞争优势，就需要持续去创新，而创新是一个过程，它是一个包含新创意的概念提出、技术发明来实现新的物品、商业开发来实现物品价值的全过程。在这个过程中，需要配备具有创新能力的人才，并促进他们的创新积极性；需要投入大量的财力和物力；需要跟踪同行业竞争对手动态，做到既要防止自身权益被他人侵犯，还要防止涉嫌侵犯他人的合法权益，同时防止成本投入浪费；需要了解大环境的政策法规情况，防止出现权利滥用和限制技术进步、垄断技术的行为。

因此，商业秘密的管理目标可总结为促进创新、实现价值、保护权利、设定预警、防范风险。其中促进创新、实现价值、保护权利属于管理经济结果，设定预警、防范风险属于管理过程要求。

5.3.2　保密措施

相较于其他知识产权的管理，商业秘密管理的特点在于它的保密性和管理性，而管理过程就必定要采取一定的措施，以达到提高管理效率之目的。商业秘密保护不是将商业秘密锁在保密箱，束之高阁就行，而是与市场战略、产品营销形成关联，从而实现其价值。

如本章 5.1.1 节所述，保密措施是一个多角度、多种方式的综合性措施。其实施，首先要体现单位有保护商业秘密的主观意愿；其次要注意不仅仅是制定保密规定和签署保密协议，还要减少商业秘密的接触人员和缩小接触范围。人民法院在认定所采取的保密措施是否合理时，综合了所涉信息载体的特性、权利人保密的意愿、保密措施的可识别程度、他人通过正当方式获得的难易程度等因素。另外，采取保密措施不能损害员工或者他人的合法权益，尤其是涉及人身安全、隐私权，不得采用违反公序良俗、限制自由或者侮辱性的措施。因此，商业秘密保护措施需要做到合法、有效、合理、制度公示（明示），需尽可能明确商业秘密信息的范围、种类、保密期限和保密方法。例如，成都美泰来服饰有限公司诉冷碧莲、成都百姿服饰有限公司侵害商业秘密一案，由于原告（上诉人）仅在冷碧莲入职时，告知其"不得泄露公司秘密，出卖公司利益"，而原告既没有限定涉密信息范围，也没有形成有效制度加以公示和明示，因此一审、二审都未支持原告的全部诉讼请求，导致了原告的诉讼失败。

很多时候商业秘密本身很难直接用保密措施进行有效管理，更多时候是对商业秘密载体进行保密管理。因为载体的多样性，就要使用与载体相适应的保密措施，针对不同的载体制定不同的保密措施。目前，保密措施主要包括物理性措施、技术性措施和合约方式措施等几类。然而，如果单位采取与所有员工都签署商业秘密保密协议，让单位内任何人都可以接触到商业秘密信息的保密措施，这会造成该单位的"秘密信息"难以构成一项法律意义上的商业秘密。因此，在商业秘密保密的具体措施上，至少要做到如下几点：①确定知悉或者可能知悉、接触商业秘密信息的员工或者第三人，并与他们签订保密协议；②建立系统、详细的规章制度，并对全体员工公示（明示）；③设定保密警示区域、警示标记、加设门卫等方式，对员工、来访人员的活动区域加以限制；④对商业秘密信息承载体的存放、借阅、转移等进行专门档案管理，对作废文件、资料进行专门处理；⑤在商业秘密信息资料、文件、图纸上编制密级；⑥对特定的计算机系统由专人使用和管理，并采取加密和与单位区域网断链方式予以保密；⑦其他根据具体情况可以采用的方式。

5.3.3　规章制度建设

为了实现促进创新、实现价值、保护权利、设定预计和防范风险的管理目标，商业秘密管理必须采取相应的保密措施，而保密措施能否获得有效实施需要相应的管理制度。管理制度是对一定管理机制、管理原则、管理方法以及管理机构设置的规范。它是实施一定管理行为的依据，是社会再生产过程顺利进行的保证。合理的管理制度可以简化管理过程，提高管理效率。

1. 制度设立的有效性要求

商业秘密保护管理制度属于单位规章制度的一部分，也是技术创新、知识产权保护规章制度的一部分，在设定时应注意综合考虑与其他规章制度相互衔接，不得与单位其他规章制度相抵触和冲突。比如劳动制度（劳动合同）、人事制度、知识产权制度等。而且，商业秘密保护管理制度往往是单向的，由单位制定，告知全体员工予以遵守和执行。因此，商业秘密保护管理制度设定时，单位应做到：公司研究决定改制以及经营方面的重大问题、制定重要的规章制度时，应当听取公司工会的意见，并通过职工代表大会或者其他形式听取职工的意见和建议；用人单位应当将直接涉及劳动者切身利益的规章制度和重大事项决定公示，或者告知劳动者。

同时，商业秘密保护管理制度的最终目标不是完全禁止他人接触商业秘密，而是警示他人"这里有秘密，请注意"，警示"此地有银三百两"。这就要求对商业秘密保密规章制度进行"公开"和"公示"，这不仅要求向员工公示，同时在签署合约、对外交易、产品营销以及委托加工等环节的全过程均应当做出提示，并且应当做到可以证明的方式予以记载和保存。

2. 制度设立的内容要求

商业秘密管理的基础在于知识产权管理，目的在于利用智力劳动成果创造价值和经济效益。因此，考察商业秘密管理的"好"与"坏"，在制度上，至少要考察是否考虑到知识产权管理规定、知识产权归属规定这两个方面的制度内容。这两个方面内容基本包括了知识产权处理方式、知识产权权益分配以及权限责任分配等内容。

在知识产权管理方面：2013 年 3 月 1 日，国家知识产权局发布实施了《企业知识产权管理规范》，此规范根据"PDCA"原则的过程方法论，对企业研发、生产、销售和采购等经营全过程的知识产权管理规定的内容做了基本介绍。同时，为了增强员工对知识产权的保护意识，激励员工的研发热情和自觉提高研发能力，在《企业知识产权管理规范》6.1 章节，从人力资源管理角度阐述了如何建立促进创新规定的内容。

在知识产权归属方面：知识产权是一种私权利的保护，是为了保护智力劳动成果而实现价值所设立的。知识产权归属规定旨在明确规定知识产权权利内容和范围，明确员工工作成果的权利归属，其一方面明确了单位对于知识产权的看法和做法；另一方面让创造知识产权的员工清楚知识产权以及自己就职于该单位所做出的成果是怎样分配权益的，决定着员工对待知识产权的态度。因此，知识产权归属规定属于单位规章制度中最为重要的管理规定之一，从根本上决定了单位其他知识产权制度可否持续执行，以及能否有效调动员工的创新积极性。另外，在权利归属上，单位一定要对其范围的界定清楚，不得将无论何种情况下的员工的发现、发明的权利、附属权利以及后续改进的权利全部规定为属于单位所有，这样不仅会不利于员工创新的积极性，而且会引发员工有意回避的心理状态，使得知识产权的持续产生受到阻碍，进而影响企业的发展，并且也有可能会与法律产生冲突。

上述两个方面的规定可以根据单位具体情况将其做成几个管理文件或者集中到一个管理文件。另外，也要注意各项规定或制度中奖励和惩处措施条款是必须保留的内容，并且做好相应的定义。因为各项规定中的奖励和惩处措施内容是不同的，例如，知识产权归属规定的奖励和惩处措施主要是指对规定执行的奖励和惩处，而非指研发成功或者技术成果形成后的奖励与惩处（属于知识产权管理规定奖惩内容范围）。

5.3.4　人员管理

员工是创新、产生和保护商业秘密的基础要素，对员工的管理情况直接决定单位商业秘密保护管理的效果。对于单位来说，不是所有员工都会涉及公司真正创新，而且员工接触到或可能接触到的公司信息范围也不同。从商业秘密管理角度来说，所述的人员管理是指对接触或者可能接触单位商业秘密的人员进行管理。根据员工岗位职责大小和掌握信息量的多少，可将这些人员分为核心机密人员、普通机密人员——或者做出类似的区别。

在保密人员管理中，须做好岗位定职、工作交接和签署保密协议、竞业限制协议，其中岗位定职是重中之重，是其他环节管理工作的基础，也是最易被忽视的。岗位职责可以直接用于认定员工是否接触或者可能接触商业秘密、接触程度以及员工的发明创造应当属于单位还是个人等事实问题；可以确定员工是否知道或者应当知道对单位规章制度中所规定的商业秘密信息自己负有的责任以及责任的大小。一个单位，人员是一直处于变化的，有新进的，有离职退休的，也有岗位调动的，这些变化都会给员工岗位职责确定带来困难。

在商业秘密人员管理过程中，至少还应该做好招聘、签约、转岗、离职和退休等几个环节的工作，而且不同的环节对商业秘密管理内容和要求也不一样。

在招聘阶段，主要关注的是拟聘用员工与原单位的商业秘密风险问题，如：是否已经与原单位解除劳动合同关系，是否负有竞业限制义务和商业秘密的保密义务等。在具体措施方面，应考察拟聘用员工原有岗位与现任岗位任职的异同，慎重安排岗位，做好必要的招聘记录，载明被聘人员要对填写内容的真实性负责，并请拟聘用员工做出书面陈述或者承诺，必要时对拟聘用人员采用电话询问、现场走访等方式进行知识产权背景调查。

与接触或者可能会接触商业秘密的人员在签订保密协议、竞业限制协议等合约签约环节，应考虑签约时机，需要选择合适的时机和方式，不得在员工试用期间签订此类合约，最好在交接、承办、接触商业秘密之前签署保密协议、竞业限制协议等。

对于在人员管理中容易被忽略的环节——转岗，要关注的是转岗原因。如因不能胜任该岗位工作，需要采取脱密措施的；伤病需要长期休假的；劳动合同订立时所依据的客观情况发生重大变化的。行政管理人员、业务管理人员、研发管理人员需要了解员工岗位转换的主动及被动原因，不同的原因，采取不同的措施对待。

在离职/退休环节，关键在于反复重申，并请员工确认，以确保员工知道离职后他对单位哪些信息有保密义务，并按照要求去做。同时，对承担涉及国家秘密的项目或者重要科研任务的企事业单位的科技人员，还需要依据《科学技术保密规定》做好相关人员离职/退休管理工作。

最后，为了降低离职/退休等离开单位情况的涉密员工商业秘密泄露的风险，并保证员工的再就业利益，单位可利用脱密这一措施。脱密措施主要是通过设立脱密期的方式设定。在这段时间内，用人单位可以把员工调至不接触秘密信息的部门工作，以确保员工不再接触新的秘密信息、淡化原秘密信息。采取脱密措施应注意，不得与《劳动法》和《劳动合同法》相冲突，不能独立于整体的劳动合同制度之外。

5.3.5　合同管理

商业秘密保护管理特别强调管理性，防止商业秘密泄露和流失是其核心思想，而单位的合同承载了许多商业秘密信息，是商业秘密泄露和流失的主要因素之一。合同管理主要是指项目管理人员根据合同进行项目的监督和管理，是法学、经济学理论和管理科学在组织实施合同中的具体运用。其全过程就是由洽谈、草拟、签订、生效开始，直至合同失效，不同时期，所考察的对象也不同。

在前期审核和调查与商业秘密管理相关的合同时，针对不同对象应慎重考虑相关内容，重点应考察拟签订合同对象的信用资质和履约能力。另外，还要认识到，合作双方在订立合同前就交换技术情报和资料等商业秘密可以达成签约前的保密协议，若因某些原因无法就合作事项达成一致而订立合同的，不影响保密协议的效力。

在起草或修改和调查与商业秘密管理相关的合同时，除要注意一般合同的合法性、完整性、严谨性、权利义务对等性和责任与行为因果性要求外，还需要注意商业秘密保护制度特有的要求。比如不得存在非法垄断技术、妨碍技术进步、滥用知识产权权利、侵害他人技术成果或者违反法律强制性规定等情形，这些情形的出现可能会导致合同部分条款无效，甚至导致合同无效。

根据国家相关法律法规规定，合同的种类包括人事合同、买卖合同、建设工程合同、租赁合同、保管合同、技术合同等。从商业秘密管理角度来说，上述合同根据业务的重要性，都会或多或少涉及商业秘密，尤其是与人事有关的保密协议、竞业限制协议，与项目开发有关的技术秘密合同。

1. 单位与员工之间的保密协议

虽然《劳动合同法》第23条中约定：用人单位与劳动者可以在劳动合同中约定保守用人单位的商业秘密和与知识产权相关的保密事项。但针对需要保护的商业秘密签署的保密协议，不得是一种空洞的形式，而需要规范基本的可保密信息的范围，单位具有或者可能具有价值的可保密信息。因此，推荐单位在与员工单独签署《保密协议》时，这样做可以解决以下几个问题：①避免了劳动人事合同的内容烦琐问题；②可根据员工不同的岗位和职责进行细化处理，尤其是董事、高级管理人员，在保密协议中还需要给予特别提示；③在出现岗位调整、研发项目变化等情形时，利于修改；④与员工的劳动合同终止后，因保密协议并不随之终止，有利于单位对合同、协议的分类管理和归档；⑤在发生纠纷时，保密协议可作为单独的证据出具，直接向人民法院提起商业秘密侵权纠纷的处理。

2. 竞业限制协议

竞业限制，是指企事业单位与知悉商业秘密实质性内容的员工签订协议，约定员工在离开本单位后一定期限内不得在生产同类产品或者经营同类业务，且有竞争关系或者其他利害关系的单位从事与原单位任职相同或者类似的工作，或者自行生产、经营与原单位有竞争关系的同类产品或者业务，企业以向员工支付一定数额的补偿金为代价，限制员工的就业范围，以防止原单位商业秘密泄露的一种预防措施。竞业限制协议确实是保护商业秘密的重要手段，但竞业限制并不是万能的防线，且设置这道防线是有前提的：签订竞业限制协议的人员应当是与企事业单位有劳动关系并签署了保密协议的员工。在这点上，特别要注意与签订保密协议的区别，签署保密协议的人员可以不是与单位有劳动关系的，且企事业单位拥有符合法定条件的商业秘密或者是具有保护价值的秘密信息。

竞业限制协议的范围是单位接触和知悉商业秘密的员工，义务人只对约定明确的内容承担义务。在起草竞业限制协议时，必须对相关事务明确约定，尤其约定补偿金、违约金、协议的解除与终止条件以及协议（部分）无效条件。另外，要注意竞业限制与竞业避止的区别（具体见表 5-3），防止将竞业避止用于具有保密义务的普通员工上。

表 5-3　竞业限制和竞业避止的异同

类别	竞业限制	竞业避止
法律属性	单位与员工直接的合约约定	法定
约束对象	接触和知悉商业秘密的员工	董事、高级管理人员
保护对象	商业秘密	包括商业秘密在内的公司秘密
所负责任期限	约定期限	仅是在单位任职期间
法律责任	注意为侵权诉讼、违约诉讼或请求工商部门予以查处	根据《公司法》的规定追究董事、高级管理人员的民事责任

3. 技术秘密合同

保密协议和竞业限制协议是人事管理方面的保密措施，但它们都有一个最基本的要求：企事业单位拥有符合法定条件的商业秘密或者是具有保护价值的秘密信息。因此，认定单位哪些信息具有秘密性是第一步，也是最核心的一步。商业秘密的类型不同，其认定方式和保护方式也有所不同，企事业单位与外部合作中的技术秘密保护管理的基础措施——技术秘密合同，也是单位技术秘密认定方式之一。

技术秘密合同包括两类三种：技术秘密开发合同和技术秘密让与、许可使用合同。由于在签订技术秘密开发合同时，合同标的技术秘密尚未开发出来，是尚不存在的，因此应特别关注合同中的开发目标、验收标准及风险约定条款。与技术秘密开发合同相反，签署技术秘密让与合同和技术秘密许可使用合同时，技术秘密已存在，但是技术秘密的成熟度如何还难以判定。而且技术秘密被许可和让与的次数越多，被泄密的风险就越大。因此，这两种合同中的技术标准、技术指导与培训、收益分配等是关键性条款。

5.3.6　公关管理

公关管理是企业管理中的重要组成部分，是企业对外展示自己的重要手段之一。公关管理将帮助企业树立起良好的形象，并妥善处理商务活动中的各种问题。在商业秘密保护管理中，公关管理是防止泄密的重要环节之一，具体包括接待来宾、成果发布和展览宣传。

接待工作是公关策略实施的必要一环，接待工作承担着窗口展示作用，有利于增进单位和外部之间的了解，为领导和各部门的工作开展提供方便；有利于加强与外界的广泛联系，进一步推进单位工作的开展；有利于公司员工开阔视野，学习其他单位的工作经验，帮助员工自我成长。但接待工作同时也给单位商业秘密保护管理带来泄密风险，增加了外来人员接触单位商业秘密的可能性。因此，接待来宾工作至少应做到：企事业单位对涉密区域应当设立警示区域和警示标牌，婉拒来访人员进入；对于涉及商业秘密或者可能泄露商业秘密信息的资讯、文件、资料、图纸等整理收纳，放置在无法直接看到的地方；必要时应当明示来访人员，切勿进入注有特别警示标记的区域或者接触标注有密级的文件。

参加展会宣传往往是企业最重要的宣传方式之一，也是企业开辟新市场的首选方式。在同一时间、同一地点集中了某一行业中最重要的生产厂家和购买者，通过参加展会，面对面地交流，人们可以迅速全面地了解市场行情，向国内外客户试销新产品、推出新品牌，同时与世界各地买家接触，了解谁是真正的客户。由于在展会现场的都是对行业很了解的人员，应当避免同行业普通专业人员"通过观察即可直接获得"商业秘密的情况出现。

成果发布是科研项目得到社会认可的主要方式，包括对成果的可信度和价值获得认可，认可的对象既包括个人，也包括单位。成果发布既有个人行为，又有单位行为。成果发布方式有论文发表、专利申请、技术鉴定、成果验收以及特殊领域的注册许可申报等。另外，成果发布不代表成果必然公开了，比如，在特定场合，针对特定范围的人，发布成果，并约定了相应的保密义务。因此，在成果发布时，应做到：在技术交流会、成果论证会、技术鉴定会时，避免展示核心技术资料，确有必要展示的，将有关材料标注密级，并指定特定的会议人员接收和返还，并和与会人员、鉴定人员签订保密协议；控制和核定研发人员发表论文、文章的实质性内容；如果技术和资料的公开难以避免，可在成果发布前进行必要的专利性检索分析，适当时可先申请专利保护再公开。

5.4　医药领域商业秘密保护管理的建议

《药品生产质量管理规范》（简称 GMP，其含义是"生产质量管理规范"
或"良好作业规范""优良制造标准"），是现今世界各国普遍采用的药品生产
管理方式。实施药品 GMP，实现对药品生产全过程的监督管理，是减少药品
生产过程中污染和交叉污染的重要保障，是确保所生产药品安全有效、质量稳
定可控的重要措施。GMP 是一套适用于制药、食品等行业的强制性标准，要
求企业从原料、人员、设施设备、生产过程、包装运输、质量控制等方面按国
家有关法规达到卫生质量要求，形成一套可操作的作业规范帮助企业改善企业
卫生环境，及时发现生产过程中存在的问题，加以改善。简要地说，GMP 要
求制药、食品等生产企业应具备良好的生产设备、合理的生产过程、完善的质
量管理和严格的检测系统，确保最终产品质量（包括食品安全卫生等）符合
法规要求。

GMP 起源于国外，它是由重大的药物灾难作为催生剂而诞生的。比如
1937 年美国田纳西州磺酰胺引起 300 多人急性肾功能衰竭、107 人死亡事件，
20 世纪 50 年代后期 100% 致畸胎药"反应停"。美国国会于 1963 年颁布了世
界上第一部 GMP，1967 年世界卫生组织在出版的《国际药典》（1967 年版）
附录中进行了收载，1969 年第 22 届世界卫生大会建议各成员方的药品生产采
用 GMP 制度，1977 年确定为 WHO 的法规。1982 年，中国颁发第一部《药品
生产管理规范（试行本）》；1988 年，国家卫生部颁发了中国第一部《药品生
产质量管理规范》；1999 年，国家对药品生产企业实行 GMP 强制认证制度。

GMP 的基本要求是数据完整性，是指贯穿整个数据生命周期的数据采集
是完整的、一致的、准确的程度，即要求做到准确、清晰可辨、即时、原始和
可归属。数据完整性是从源头上保障药品的安全性、有效性和质量可控性的基
石，要想确保 GMP 数据是完整的，就应遵循 GMP 的基本原则：岗位工作职责
明确化，岗位职责是规范操作行为的基础，是单位工作科学化、制度化的基
石；厂房、设施和设备等硬件设计、建造可操作性要强，此是员工是否能执行
到位的根本；GMP 实施是一个动态过程，其厂房、设施和设备运行起来后，

随着时间的变化，性能会降低，需要对它们进行适当的维护，此是 GMP 的难点之一，其平衡点是属于动态的，受人员素质、设备原始状态、环境、制度等综合因素影响；将清洁工作日常化，防止产品污染；开展验证工作，验证是一种有组织的获得，可以证明药品生产的过程、设备、物料、获得或系统确实能达到预期结果；管理制度化，操作程序详细可操作，为取得始终如一的结果提供准确的行为指导；严格遵守书面规程流程，书面程序流程可能并不是最佳或最有效的，但其是确保数据可归属的基本要求；对 GMP 过程的操作或工作及时、准确地记录归档，以保证可追溯性；通过全过程控制，将质量建立在产品生产过程中；定期进行有计划的自检。

虽然中国 GMP 实施比国外晚几十年，而且也存在大量的不足之处，但经过几十年的推广和强制认证要求，其已深入药品生产企业的日常管理工作中。因此，医药制造企业要想以最佳的方式管理好单位商业秘密，应对比分析 GMP 和商业秘密管理的异同，为单位制定商业秘密管理制度、措施等提供更科学、合理的依据，见表 5 - 4。

表 5 - 4　GMP 和商业秘密管理的异同

类别	GMP	商业秘密管理
管理对象	有形（药品）	无形（文字信息、有形物品所包含的信息）
管理目的	使药品在生产时处于受控状态，符合质量要求	促进创新、实现价值、保护权利、设定预警、防范风险
核心思想	防污染、防差错、防混淆	防流失、防泄密
管理要求	全过程控制	全过程控制
自愿性	强制	自愿
主要影响因素	人、机、料、法、环	人、措施、法、载体
员工参与程度	全员参与	接触秘密信息或可能接触秘密信息的人员参与
价值导向	产品质量优先	经济利益优先

从表 5 - 4 可以看出，医药制造业 GMP 和商业秘密管理对象都为药品，只是一个为药品本身，另一个是药品附属的相关信息，都需要全过程管理，主要影响因素类似。另外，承载药品信息的载体既是商业秘密管理的载体，也是呈现 GMP 数据完整性的外在形式。但由于 GMP 以保证患者用药安全为优先原

则，属于法律要求强制执行，要求医药企业必须公开药品的一些信息，而且要求单位全员参与 GMP 体系运行。这些都与商业秘密管理自愿性、秘密性，以实现经济利益为导向有着很大的区别。因此，医药制造企业应以《企业知识产权管理规范》为知识产权管理基础，结合行业药政法规要求，遵循 GMP 基本要求和基本原则，这样才能更有效、更经济地做好单位商业秘密管理工作，具体建议如下：

1）及时跟踪药政法规动态，明确药政法规要求公开的信息范围，以此作为商业秘密范围界定的依据之一。

2）紧跟技术发展进展，结合药政法规要求变化趋势，分析自身的技术成果，做好信息重要性分级管理。

3）在 GMP 要求的"有岗位就得有岗位职责说明"基础上，进一步对单位各个岗位职责细化，采取"人事合同＋岗位职责"管理方式，明确相应岗位所掌握到公司的信息范围。

4）根据 GMP 要求，管理必须制度化，制度程序必须书面化公示，科学合理地制定好单位商业秘密管理制度，做到制度程序操作性、可执行性强，规范员工按照书面流程管理商业秘密。

5）数据完整性是 GMP 的基本要求，是获得客户认可和药监局审核通过的根本，相当于诉讼过程的证据链。因此，医药制造业单位可利用 GMP 所要求的数据完整性原则，做好商业秘密管理中的记录管理，具体包括：完善商业秘密记录痕迹管理的技术基础，形成一条可追溯性强的证据链；完善记录管理程序和文件，加强记录管理的范围控制，使记录管理流程化，实现商业秘密记录管理的完整性、准确性、真实性、即时性与一致性；定期开展商业秘密方面的培训，并形成培训记录，这样不仅能提升员工保密意识和行为，也是商业秘密管理中证据完整性的重要辅助手段；有条件的单位，可建立计算机化管理系统，加强电子记录与电子签名的管理，开启审计追踪功能，确保电子数据的真实性、完整性、可追溯性。

6）商业秘密管理属于一个系统体系，而体系的完善不是一蹴而就的，是需要运行过程不断去完善的。因此，对单位的商业秘密管理体系应定期进行有计划的自检工作。

5.5　本章小结

　　医药企业需要从制度上重视商业秘密的管理，对核心和重点岗位的员工需要有针对性地制订一些保密管理条例或签署保密协议，同时对于合作项目的单位在合作开展前就需要签订相应的保密协议，这些保密协议可以作为保护权益的法律依据。

　　医药企业可以根据行业特点，按照国家标准《企业知识产权管理规范》（GB/T 29490—2013）的相关要求，并参考《药品生产质量管理规范》（GMP）的行业规范来制定符合企业实际运行情况的商业秘密管理制度。在制度中还需要充分论证专利保护和技术秘密的定位标准，从制度的高度来约定哪些人员、哪些流程、哪些措施来实现对两者的区别对待，以避免本单位知识产权的流失，寻找到合适的保护方式。

　　在对外披露信息时应从制度或流程的高度来规定有专门的机构或人员进行保密审查，以防商业秘密的泄露。

第 6 章　医药知识产权价值评估

自 2016 年 12 月 1 日，《中华人民共和国资产评估法》（以下简称《资产评估法》）生效后，该法系统性地对资产评估业务、监管、各方权利义务责任等一系列重大问题做了明确的规定，确立了资产评估行业的法律地位，促进了资产评估行业的发展，让社会对资产评估越来越重视。《资产评估法》第 2 条规定了，资产评估是指评估机构及其评估专业人员根据委托对不动产、动产、无形资产、企业价值、资产损失或者其他经济权益进行评定、估算，并出具评估报告的专业服务行为，从中可以看出，无形资产是其评估客体之一。众所周知，知识产权是企业重要的无形资产。无形资产的特点在于，并不像厂房、设备、物品等有形资产具有实物形态。另外，知识产权的获得要求，有其独特性要求——前人未从创造的，这给知识产权评估带来了更大的挑战，尤其是断点式的医药行业知识产权价值评估。鉴于此，接下来将依次对无形资产价值评估、知识产权资产价值评估做介绍和讨论；最后，专门介绍一下医药类专利价值评估的特点。

6.1　无形资产价值评估

6.1.1　无形资产价值评估概述

随着知识创新和技术创新已成为当今世界经济增长的关键因素，市场经济从后工业时代向数字经济时代转型，无形资产变得愈发重要。在 20 世纪 70 年代，全球 80% 的资产仍然是有形资产，而现在 80% 的资产已经变成了无形资产。因此，无形资产评估的重要性日益凸显。

6.1.1.1　无形资产

根据中国资产评估准则《资产评估执业准则——无形资产》第 2 条之规定，无形资产，是指特定主体拥有或者控制的，不具有实物形态，能持续发挥作用并且能带来经济利益的资源，包括专利、商标、著作权、专有技术、销售网络、客户关系、特许经营权、合同权益、域名等可辨认无形资产和不可辨认的无形资产商誉。无形资产不仅是资产评估行业广泛使用的概念，也是会计学、经济学的重要概念之一，不同于有形资产，除了都能给其拥有者带来经济利益外，其最大的区别在于不具有实物形态。

1. 无形资产分类

从其定义可以看出，无形资产种类繁多，根据不同的分类方法，无形资产可以被分为不同类别。

（1）依据取得方式分类

按照取得方式，无形资产可分为自创无形资产和外购无形资产。

自创无形资产，是指通过实体内部自行研究、开发、设计或在生产经营活动过程中形成的无形资产，如自创专利、商标、技术秘密及客户关系等。

外购无形资产，是指实体从外部购入或接受投资形成的无形资产。其中，外购的无形资产是指以货币资产或可以变现的其他资产相交换，或以承担债务方式从外部获得的无形资产；接受投资的无形资产是指投资者以投资方式将持有的无形资产投入而形成的无形资产。

由于现行会计准则及制度，企业自创无形资产入账价值一般只反映了其全部价值中的一部分。这就意味着，不同获取方式下的无形资产价值在账面上的反映有较大的不同。如自创专利，如果研发费用全部当期费用化，反映在账面上的价值部分可能只是专利申请费用和委托代理费用，这并不是自创专利价值的全部。但对于外购无形资产来说，其取得成本一般都会通过账面反映出来，以实际取得成本作为入账价值。

（2）按是否可辨认分类

无形资产本身是不具有实体性的，但其体现形式又依附于实物，因此根据其离开实体就不复存在，可将无形资产分为可辨认无形资产和不可辨认无形资产。

可辨认无形资产是可分割的，即能从实体中分离或拆分出来，并且可以单独进行或与一个相关的合约、一项可辨认资产或负债共同出售、转让、许可、租赁或交换。其一般都具有专门的名称，如专利、著作权、商标、域名、合同权益等。

不可辨认无形资产，是指不可单独取得，离开实体就不复存在，如商誉。商誉是源于一个实体、实体中的一项权益或使用一个不能分割的资产组所形成的未来经济收益。因此，未出现交易的话，账面上是无法反映的，其价值包含在企业整体价值之中。

采用此种分类形式的作用是，针对无形资产评估，应考虑不同的价值影响因素，对于可辨认的无形资产价值具有独立价值影响因素和单独的评估值；而不可辨认无形资产不能单独转让，此类资产的评估则不能脱离实体整体而单独进行，一般是收购企业投资成本超过被合并企业净资产公允价值的差额。

（3）根据无形资产的性质和属性分类

按照性质和属性不同，无形资产可分为知识型无形资产、权利型无形资产、关系型无形资产和组合型无形资产。

知识型无形资产通常是指，通过人类智力劳动创造形成的成果，以及包含、凝结和体现人类智力劳动成果的无形资产，典型代表有知识产权。

权利型无形资产是指，由契约、合同所形成的无形资产。其中，合同类无形资产主要是指特许权合同、优惠的购买合同、优惠的销售合同和租赁合同等。其中特许权合同主要是指政府有关部门根据企业或个人的申请，认为其经营条件符合法律法规的要求，发给特许证，准予其专营、专卖的权利。

关系型无形资产是指，特定主体通过提高企业经营管理水平、商品质量、服务质量和商业信誉等方面而形成的经济资源，主要依赖于与相关业务当事人建立非契约性的信任关系，如销售网络、客户关系和专家网络等。

组合型无形资产是一类无法与具体的因素对应起来的，由多种不能一一区分各种因素综合形成的无形资产，如属于企业管理和企业文化范畴的无形资产。不过，随着社会经济的发展、科技水平的提高，以及市场化程度的提高，过去难以单独存在或难以辨识的无形资产，会转变为可独立存在或可辨认的无形资产。因此，组合型无形资产的边界是可变的，具有动态变化的特征。

　　另外，无形资产的分类还可以按照是否有专门的法律保护进行分类，比如专利、商标和著作权有其专门的法律，而专有技术却没有专门的法律保护，受法律保护力度远远小于前者。

　　2. 无形资产特征

　　作为一类专门的资产形式，无形资产有其自身的特征，最基本特征为非实体性。由于角度不同，其特征不尽然相同，下面主要阐述形式特征和功能特征。

　　（1）无形资产的形式特征

　　非实体性。非实体性是无形资产最显著的基本特征，因此无形资产不存在实体性贬值，发挥作用的形式也是无形的。但无形资产可以依附于一定载体而呈现实体性，因此，此特征也是相对的。在价值体现上，无形资产价值取决于非实体部分的贡献，而有形资产价值主要取决于实体部分的贡献。

　　排他性。不同于有形资产具有天然的排他性，无形资产可同时被多主体在不同地点、同一时间所使用。因此，无形资产必须具有排他性特征，才能给其权利主体带来经济利益。无形资产取得方式有权利主体自身保护、获得法律保护和获取社会公认的信誉等。

　　效益性。效益性即利益性，属于资产的共性。无形资产的效益性在于其能够以一定方式，直接或间接地为其控制主体创造效益，并且必须能够在较长时间内持续产生经济效益。由于无形资产大部分都是依附于一定载体，因此这一经济效益很大程度上属于超额盈利。

　　成本的不完整性。由于无形资产购建的各项费用是否计入成本，需要以其支出资本化为条件。然而，中国会计准则一般仅把开发阶段的支出实行有条件的资本化处理，这使得实体会计账目中缺乏无形资产的完整成本资料，形成账外无形资产。

　　成本与价值的弱对应性。就如前述所介绍的，无形资产的实际成本与账面上的成本相差很大，再加上研发往往需要较长的时间，研究成功的出现还具有很大的不确定性。因此，无形资产价值与其开发成本之间往往缺乏明确的对应性。

　　（2）无形资产的功能特征

　　附着性。附着性是指无形资产往往附着于有形资产而发挥其固有功能，其中所附着的载体可分为直接载体和间接载体。例如，制造某产品的专有技术要体现在专用机械生产线、工艺设计之上，这些体现的是直接载体，通过内容和价格来表现整体价值的与该项无形资产相关的有形资产及其他资产是间接载体。因此，无形资产虽然是一种独立的且没有物质实体的资产，但其作用的发挥及其价值的体现却与相关实体资产或载体有密切的关联。

共益性。无形资产区别于有形资产的一个重要的功能性特征是，它可以作为共同财富，由不同的主体同时共享，而一项有形资产一般不可能在不同地点、同一时间，由不同的主体所使用、控制。因此两者的界定是不同的，前者是根据其权益界限来判断的，后者是通过物质实体直接界定的。无形资产的共益性受到市场有限性和竞争性的制约，一般情况是共益性越大，该无形资产价值越低。

积累性。无形资产的积累性主要体现在以下两个方面：一是其总是基于其他无形资产的发展而形成的；二是其自身发展也有一个不断积累和演进的过程，比如它的成熟程度、影响范围和获利能力等都是处在一直变化中的，并且处于不断积累和演进中。

替代性。无形资产的替代性具体表现有一种技术取代另一种技术、一种工艺替代另一种工艺等，对指导确定无形资产的使用年限有重要意义。这一特征也反映了无形资产获利不稳定性的一面，无形资产替代的速度取决于该领域内的技术进步速度，取决于无形资产带来的竞争。

6.1.1.2　无形资产价值评估

无形资产价值评估，是指以特定的评估目的，以一定的评估流程、选择合适的评估方法、按照规范的评估标准和评估流程，对评估基准日下的无形资产进行判断、估算、预测、得出评估值，并出具资产评估报告的专业服务行为。对于无形资产评估概念的理解，需关注下述两个要点。

第一是要基于特定的时间节点，这个是任何资产评估都需要注意的。因为不同的时间节点，资产的价值可能会不同，也没有比较基准可言。若未把时间节点确定，资产评估报告使用者是无法结合评估目的解读出评估结果的，不具有使用价值，并且还有可能影响评估报告使用者制定下一步决策。

第二是必须基于无形资产的具体属性。不同于有形资产具有物理属性、功能属性、经济属性等多种属性，而无形资产评估主要考虑的是无形资产的经济属性，尤其是价值属性。

因此，无形资产价值评估除了具有市场性、公正性、专业性和咨询性等共性外，还因其自身属性的原因，决定了其独有的特征，具体如下。

（1）无形资产价值评估需要关注其法律保护状况

不同于有形资产，若没有专门法律保护的话，无形资产可被任何人在任何时间、地点随意使用，其价值的存在与维持都需要法律作为支撑和保护。另外，无形资产的不同法律状态对无形资产的价值影响也不同。以专利为例，根据其权利状态与法律保护之间的关系可分为专利申请权和专利权，其中专利权是指已经获得政府相关主管部门的认可和授权的专利，其权益受国家法律保护。从资产评估的角度，上述不同法律状态下的专利都可以作为评估对象，但其对应的价值却差异非常大，在评估过程中需考虑其权益的确定程度、受法律保护的程度以及申请专利的目的，综合确定其价值。

（2）无形资产价值评估需要结合其载体和作用空间

大部分无形资产都难以单独发挥作用，一般必须附着于有形资产或相关载体，而且其作用大小还与载体的质量、规模等密切相关。另外，无形资产的排他性的获得是具有地域要求的，比如专利、商标，在某一个地区获得了权利，但在另一地区不必然具有权利。因此，无形资产价值与其附着载体以及无形资产发挥作用的空间具有较强的对应性，在其评估时需要结合载体和作用空间综合分析。

（3）无形资产价值评估需要考虑所属行业性质

所属行业性质不同，无形资产对产品和服务收益的贡献程度也会产生差异。以文化企业无形资产评估为例，文化企业是提供精神产品、传播思想信息、担负文化传承使命的特殊企业，必须始终坚持把社会效益放在首位、实现社会效益和经济效益相统一，关注文化企业社会效益对文化企业无形资产价值的影响。

（4）采用收益法评估为主

不同于有形资产，无形资产一般不具有可复制性，每项无形资产都是独特的，造成不同无形资产类比要求和难度大，难以适用市场法评估条件。另外，前面章节提到，无形资产的成本不完整性以及与其价值之间的弱对应性，使其价值评估也难适用于成本法。具有获利能力是成为无形资产的必要条件，收益法的评估技术思路即是通过对未来收益加以折现来评估资产价值的。因此，收益法成了无形资产价值评估最为重要的技术方法，也是使用频率最高的技术方法。

（5）复杂性

虽然无形资产种类和数量也都众多，但各无形资产之间可比性差，造成了无法从市场上找到合适的对比案例。基于此，无形资产大多采用受评估参数影响非常敏感和主观性最强的收益法进行价值评估，因此在进行评估工作时要做大量精细复杂的研究才能保证最终结果的准确度。另外，无形资产发挥作用与否及作用大小受宏观经济环境、法律法规等影响一般比有形资产的大，这也加大了无形资产评估的难度和工作量。

（6）动态性和预测性

由于无形资产具有的一些特点，无形资产的价值更多地取决于其带来的收益，所以收益途径和思路是评估无形资产的首选方法和最主要的方法。在这种方法下，就要预测无形资产的未来的收益时间、收益额等，这些因素取决于未来的市场、政策等的变化，所以无形资产的评估具有明显的预测性和动态性。

6.1.1.3　无形资产价值评估要素

资产评估的基本事项主要包括资产评估的相关当事人、评估目的、评估对象、评估基准日与报告日、价值类型及评估假设。这些事项是确定资产评估程序、选择评估方法、形成及编制评估报告的基础。对于无形资产评估，其基本事项种类与资产评估的相同，但又具有其特殊性，主要体现在评估目的、评估对象和范围、评价假设等方面。基于篇幅的限制，本小节仅阐述无形资产评估目的、评估对象和范围、评估假设三个基本事项。

1. 评估目的

资产评估目的是指，资产评估业务对应的经济行为对资产评估结果的使用要求或资产评估结论的具体用途。评估目的是无形资产评估过程中的关键评估要素。评估目的直接或间接地决定和制约着无形资产评估的条件以及价值类型的选择。不同评估目的可能会对评估对象的确定、评估范围的界定、价值类型的选择以及潜在交易市场的确定等方面产生影响。伴随着中国的发展，各行各业对无形资产越来越重视，无形资产出资、交易、质押等经济活动日益活跃，无形资产评估的目的也具有多种情形。无形资产评估目的主要分为出资、交易、质押、法律诉讼、财务报告、税收、保险、管理和租赁等。

2. 评估对象、范围和假设

（1）评估对象

资产评估对象也称为评估客体，是指被评估标的，是资产评估的具体对象，通常包括单项资产、资产组合、企业价值、金融权益、资产损失或其他经济权益。但无形资产评估对象的界定有其标准，主要有经济学、法律和市场三种不同的界定标准。

经济学标准。界定无形资产评估对象的经济学标准重点体现为无形资产的获利能力与获利方式等经济属性。再根据无形资产的概念，如果无形资产不能带来显著、持续的可辨识经济利益，则不能被认定为无形资产，不可作为无形资产评估对象。

法律标准。无形资产评估对象的法律界定标准主要体现在法律法规对无形资产的认定和保护上。例如，专利、商标、著作权等知识产权类无形资产的法律所规定的保护范围是此类无形资产界定的基本条件之一。它们相应的法律法规使得无形资产在可以带来经济利益的同时被赋予了相关法律权益，一旦失去了法律保护及认可，也就不再被认定为无形资产，不得作为无形资产评估对象。

市场标准。通过对国家有关无形资产的法律法规、制度及规定进行无形资产范围和分类的研究，学者认为无形资产的资产交易、投资、质押等需要多一个市场界定标准。此标准体现了市场对无形资产的认可和接受程度，属于经济、法律方面的扩展和补充，能够使大家更好地认识无形资产，并且扩大对无形资产认识的视野。

综上所述，在无形资产价值评估中，在判定无形资产性质、特征时，可以从下述三个方面去做综合分析。

从无形资产历史上和当前的发展状况以及无形资产实施的地域范围、领域范围、行业范围、获利能力和获利方式，来判定其是否能带来显著、持续的可辨识经济利益。

利用从合法途径收集的法律文件、权属有效性文件或其他证明材料，对无形资产的存在、剩余经济寿命和法定寿命做出判断。

根据无形资产以往的评估及交易情况或相关无形资产的市场转让、出资、质押等情况，判定市场对其的认可程度。

（2）评估范围

资产评估范围，是对评估对象所进行的详细描述，包括构成、物理及经济权益边界、约束条件等内容，是根据评估目的界定的对象资产边界，也便于报告的使用人更加清晰地理解评估对象和结论。由于无形资产的特性，在进行其评估业务时，其评估范围不仅包含无形资产具体名称的内涵和外延，还包括具体数量。根据无形资产的类型，无形资产评估范围可归类为单项无形资产的评估范围、可辨认无形资产组的评估范围和其他无形资产组的评估范围。单项无形资产的评估范围包括该无形资产的权属的不同种类、同种权属的不同限制条件下的权利以及该无形资产使用所受到的具体限制等内容；可辨认无形资产组的评估范围除前者评估范围之外，还需要考虑其包含的单项无形资产的种类和数量；其他无形资产组的评估范围除包含不同单项无形资产的种类和数量外，还包括不可辨认无形资产——商誉的有关内容，可能还涉及所附着的有形资产。

3. 评估假设

资产评估假设，是指对资产评估过程中某些未被确切认识的事物，根据客观的正常情况或发展趋势所做的合乎情理的推断或假定。资产评估假设也是资产评估结论成立的前提条件。由于市场环境的不断变化，再加上人类认识客体的无限变化和认识主体有限能力的矛盾，为了合理地进行资产评估，评估业务过程中需要把市场条件及影响资产价值的各种因素设定在某种状态。对于无形资产评估假设，一般分为基本假设和具体假设。

1）基本假设。目前与无形资产相关的常见的评估基本假设主要包括持续使用假设、公开市场假设和清算假设等。

持续使用假设：根据无形资产的定义，能持续发挥作用是无形资产的基本要素之一。持续使用假设是对无形资产使用状态的一种假定性描述，是假设无形资产能够为企业持续经营所使用，并且它能够对企业整体价值做出贡献。此假设是采用收益法的基础，是否可持续使用，评估对象的价值表现是完全不一样的。

公开市场假设：公开市场假设是对拟进入的市场的条件，以及无形资产在这样的市场条件下接受何种影响的一种假定说明或限定，是假设无形资产可以在公开的市场上出售，买卖双方地位平等，并且有足够的时间收集信息。公开市场假设旨在说明一种充分竞争的市场环境。在这种环境下，无形资产的交换价值受市场机制的制约并由市场行情决定，而不是由个别交易案例决定。此假设是市场法适用条件之一。

清算假设：清算假设主要是为了适用无形资产持有人不再使用，并且将要被迫出售的情况做出的假设。清算假设是假设无形资产在非公开市场条件下被迫出售或快速变现条件的假定说明或限定，可进一步分为有序清算假设和强制清算假设。对于破产企业，无形资产评估采用清算假设的主要情形是，无形资产单独出售价值大于企业整体出售价值。

2）具体假设。无形资产评估具体假设是针对具体的无形资产评估项目进行价值判断时所做的假设。例如，与之相关的国家法律法规和政策在预测期无重大变化；国家现行银行信贷利率、外汇汇率无重大不可预见变化；国家目前的税收制度除已知变化外，无其他重大变化；与之相关的企业经营模式、盈利模式在预测期内无重大变化等。

6.1.2 无形资产价值评估程序

根据《质量管理体系——基础和术语》（GB/T 19000—2008/ISO 9000：2005），程序是指为进行某项活动或者过程所规定的途径。资产评估程序是对资产评估过程工作次序的安排，对于保证科学、公正地开展评估业务而言非常重要，《资产评估法》和《资产评估基本准则》均设专章对资产评估程序加以规范。另外，中国资产评估协会还在此基础上制定了《资产评估执业准则——资产评估程序》。由于角度不同以及各类资产性质不同，本节将会简单介绍不同角度的资产评估一般程序，再重点介绍无形资产评估程序特殊要求。

6.1.2.1 资产评估的一般程序

根据《资产评估法》规定，其从资产评估机构及其资产评估专业人员、资产评估委托人、其他评估报告使用人、资产评估行政管理部门和资产评估行业行为角度确定了，资产评估程序内容包括：委托人选定评估机构，订立委托合同，指定评估承办人员，开展现场调查，评估资料的收集、核查验证、分析整理，评估方法选择，形成评估结论，编制评估报告，内部审核，出具评估报告，评估档案归档保存和评估报告使用等环节。

《资产评估基本准则》和《资产评估执业准则——资产评估程序》主要从资产评估机构及评估专业人员的角度，规定了 8 项基本评估程序：明确业务基本事项、订立业务委托合同、编制资产评估计划、进行评估现场调查、收集整理评估资料、评定估算形成结论、编制出具评估报告和整理归集评估档案。

从资产评估角度来说，资产评估机构及评估专业人员的角度规定的 8 项基本评估程序是影响资产价值评估结论的根本性程序，是资产评估机构及资产评估专业人员执行资产评估业务所需履行的系统性工作步骤。

另外，根据工作性质，8 项基本评估程序可分为 3 个部分，前 3 项程序是项目承接和前期组织阶段所履行的工作；第 4 ~ 7 项程序属于项目进入实施阶段的工作内容；第 8 项程序为对已经履行的各项工作内容的归纳整理。

通过履行上述 8 项基本评估程序，有利于保证资产评估行为的合法性、保障资产评估业务质量、防范评估执业风险。因此，资产评估机构及其资产评估专业人员在执行资产评估业务过程中，不得随意减少资产评估基本程序。但可因不同的评估对象、评估目的、可获取的资产评估资料完备度以及所选用的评估方法存在的差异，资产评估机构及其资产评估专业人员根据评估业务的具体情况及重要性原则来确定履行基本程序的繁简程度。

6.1.2.2　无形资产评估程序

根据无形资产的特征，本小节主要介绍无形资产信息收集、无形资产清查核实、无形资产评估信息分析和无形资产方法选择等重要环节和步骤所涉及的内容。

（1）无形资产信息收集

无形资产价值评估过程就是对与其相关的信息资料进行收集、归纳、整理和分析的过程。信息资料是资产评估机构和评估专业人员形成合理的评估结论和出具评估报告的依据。从不同角度来看，信息资料有不同的划分，有按照内容划分、按照来源划分等分类方法。但从资产评估机构和评估专业人员角度，按照信息来源渠道不同，可分为内部和外部两大类信息。其中内部信息主要是指委托人或其他相关当事人提供的涉及评估对象和评估范围等信息资料；外部信息主要是指从政府部门、各类专业机构及市场等渠道获取的信息资料。在履行无形资产评估业务过程中，将信息资料分为内部信息和外部信息是为了便于管理需要，因为对于外部信息，属于公开信息，会受到公众的质疑监督，而内部信息可能会涉及秘密，在使用过程中需注意保密管理。无形资产相关的内部信息是无形资产价值评估的基础，其获取的充分性决定了其价值评估的合理性程度。根据无形资产的定义，无形资产内部信息可分为证明是否为特定主体拥有或者控制的内部信息、证明其能持续发挥作用的内部信息和证明其能带来经济利益的内部信息。具体有：确定无形资产存在以及以何种方式存在的法律权属资料；反映是否能带来显著、持续的可辨识经济利益的无形资产获利能力的相关资料；反映无形资产性质和特征、目前和历史发展状况的相关资料；反映无形资产的剩余经济寿命和法定寿命、保护措施的相关资料；无形资产实施的范围、获利方式、限制条件的相关资料；与无形资产交易、质押、出资情况、市场交易相关的资料。内部信息是履行资产价值评估的基础，但对于内部信息的真实性、完整性和合法性核实验证就需要外部信息予以确认。同时，外部信息在帮助评估专业人员进行无形资产收益预测、经济寿命期限确定、未来风险判断等方面也具有重要参考价值。外部信息可分为：宏观经济的信息资料，无形资产实施应用的行业状况及发展前景的信息资料，无形资产所属领域（技术、艺术）发展水平、市场交易、替代无形资产、竞争对手的信息资料，无形资产相关外部监管、法律法规的信息资料。由于外部信息杂乱繁多，不同渠道的数据来源可靠性存在差异。因此，在获取外部信息时，应注意其获取途径，平时要注意积累相关信息获取渠道。一般来说，外部信息来源主要包括学术及法律出版物、行业出版物或相关网站、新闻来源、法庭案例、政府监管部门和专业数据提供商，其中来源于政府部门网站、法庭和专业数据提供商的信息可靠性会更高。

（2）无形资产清查核实

对于没有实物形态的无形资产，清查核实的目的主要是明确评估对象，了解评估对象特征，核实其价值实现的方式、途径和可行性，分析对应的价值影响因素，收集内外部信息，为分析量化这些价值影响因素并形成最终评估结论提供支持。对于如何明确评估对象和评估范围，应从以下三个层次来识别：首先是明确无形资产评估对象所属的类型，比如专利、专有技术、著作权等；其次是确定被评估的无形资产是单项无形资产，还是无形资产的组合；最后是被评估无形资产的权属状态，如所有权、使用权以及其他权利等。在明确无形资产评估对象后，还需进一步了解评估对象的特征，这也是一个重要环节，需要从无形资产是否存在、无形资产的种类以及无形资产的有效期限去确认其特征。

根据《资产评估执业准则——资产评估程序》（2017）相关规定，无形资产清查核实的方法主要包括查验资料、访谈、现场查勘等，这些方法本身适应于任何资产评估，但在具体应用于无形资产评估过程中要符合无形资产特征。在查验资料时，应重点查验相关的权属证明资料、生产经营资料和财务资料。访谈是清查核实的重要手段之一，通过走访无形资产所有者及相关人员，可进一步获得完整准确的无形资产信息资料，可从无形资产开发创造、使用、管理、无形资产产品（或服务）的使用几个角度选择访谈对象，如管理人员、研发人员、生产人员、客户等。由于无形资产无实物形态，让大家感觉无"现场"可去，从而无视无形资产现场调查这个手段。而实际上，无形资产要想为特定主体创造经济利益，需要与相关硬件设施、原材料、运营资金、人力资源、市场渠道等相结合。所以，为了科学合理地对无形资产进行评估，应当视具体情况，对无形资产的现场开展适当的实地调查。另外，无形资产评估清查核实中，为了核实无形资产销售收入的真实性或无形资产许可费的合理性，可能需要采用函证的方法去清查核实资料。

（3）无形资产评估信息分析

在履行完无形资产清查核实后，需要对无形资产信息资料进行必要的筛选、分析、归纳和整理。信息资料可根据不同的要求进行划分，比如按照可用性原则、加工处理程度以及量化性程度来划分。在无形资产中特别要关注信息资料是定性分析资料，还是定量分析资料。

定性分析资料一般包括宏观经济、行业情况、无形资产所属领域（技术、艺术）发展水平、市场交易、替代无形资产、竞争对手相关资料等。在对这类资料进行分类、整理和使用过程中，需注意相关性、信息来源级别和资料时效性等因素。

定量分析资料通常体现在无形资产评估申报表中，比如，无形资产数量、规模标准、使用年限、原始成本、退废数据、销售收入、销售收入增长率、成本费用金额及其比率等。定量分析要围绕"量化数据"开展，分析数据的来源及可靠性、合理性，分析量化方法的可靠性，保证量化数据逻辑支持链条的完整性、一致性，并且要确保各数据之间的一致性。

无论是定性分析还是定量分析，其目的都是选择合适的评估方法、确定评估模型的各种参数，得出无形资产评估值。因此，信息分析过程就是建立"评估信息资料—评估方法—评估模型—评估参数—评估结果"这个完整的逻辑链条的过程。在此过程中，需建立一种比较有效的方法，使得评估资料需要与分析形成的结论建立对应关系，可按照逻辑推理方式编制一个多层级的索引，对于支持多个分析结论的材料还可以建立交叉式的立体索引。

（4）无形资产方法选择

无形资产价值评估与其他资产价值评估一样，在评估过程中，都可以用三种基本的资产价值评估方法进行评估，即收益法、市场法和成本法。在评估方法的选择上，应考虑无形资产的具体类型、特征、评估目的、评估前提条件、评估原则以及外部市场环境等具体因素。具体如何选择评估方法，详见下一节。

6.1.3　无形资产价值评估方法

资产评估是复合型应用学科，资产评估方法是评定估算资产价值的途径和手段，是在多种学科的技术方法基础上，按照资产评估自身的运作规律和行业特点形成的一整套方法体系。在评估方法方面，无形资产价值评估方法与其他资产的评估方法相同，主要都是收益法、市场法和成本法以及它们的衍生方法，但适用性会略有不同。采用收益法时，要合理分析被评估无形资产获利能力及预期收益；要注意其收益额的计算口径与折现率口径保持一致，不要将其他资产带来的收益误算到其收益中；也要充分考虑法律法规、宏观经济环境、技术进步等因素对其收益期、收益额及折现率的影响。采用市场法评估无形资产时，应确定具有合理比较基础的类似无名资产交易参照对象，收集相关的市场信息和被评估无形资产以往的交易信息；同时，还需根据宏观经济、行业和无形资产变化情况、交易条件等因素，对其评估值进行调整。对于成本法，重点是根据现行条件下重新形成或取得被评估无形资产所需的全部费用，从而确定评估值，同时要注意扣除实际存在的各种贬值。

　　在无形资产评估方法选择上，应考虑以下两点因素：方法选择应与评估要素一致；相关材料收集状况。这两个要素中，后者尤为重要，其是选择恰当评估方法的基础。例如，只有能够收集到可比的交易案例，市场法才有适用的基础；而收益法的适用，应该要求被评估的无形资产未来收益可合理预期并用货币计量、预期收益所对应的风险能度量、收益期限能够确定或合理预期。因此，具体选择评估方法时需要关注的影响因素见表 6 - 1。

表 6 - 1　相关资料对无形资产评估方法选择的影响

评估方法	具体方法	关键参数	资料要求	方法影响
市场法	—	可比交易信息或价值乘数	收集可比交易案例，交易案例数量、信息公开程度及可比信息需要满足要求	在交易信息不完全、案例差异性超过可比性的情况下，难以采用
收益法	通用方法	收益额	能够合理预测未来预期收益	满足这两个条件后，收益法能否采用还取决于其他资料
		折现率	风险可以确定并量化	
	许可费节省法	许可费率	获取许可费率数据	贴近市场交易，获取数据途径角度，数据可观察性好
	增量收益法	增量收益	需要在市场上找到一个没有无形资产的类似企业	通常难以找到仅存在被评估无形资产差异的可比企业
	超额收益法	超额收益	需要获取其他资产对现金流贡献的资本成本、所占比重数据	当贡献收益来源于较多无形资产时，较难合理扣除其他无形资产的贡献
成本法	—	重置成本	需要获得确切的成本投入资料，特别是人力资本的创造性投入	重置成本一般对应所有权价值。无形资产使用权、著作权财产权利的某项权利很难进行重置

　　根据《资产评估法》第 26 条之规定：评估专业人员应当恰当选择评估方法，除依据评估执业准则只能选择一种评估方法外，应当选择两种以上评估方法，经综合分析，形成评估结论，编制评估报告。因此，无形资产评估过程，

原则上应选择多种方法进行评估。但基于无形资产的价值特征——成本与效用的非对应性和无形资产难以复制性以及无形资产的非实体性、公益性、价值形成的累积性、开发成本界定的复杂性等特征，收益法、成本法、市场法评估无形资产的适用程度依次降低，所以收益法通常是无形资产价值评估的首选方法。

接下来就各种基本方法的具体情况进行介绍。

6.1.3.1 收益法

收益法是指通过将评估对象的预期收益资本化或折现，来确定其价值的各种评估方法的总称。对于无形资产价值评估，收益法具体应用形式包括许可费节省法、增量收益法和超额收益法。这三种方法是无形资产价值评估的收益法最常用的方法，但它们的评估思路、评估参数、注意事项和适用性等都略有不同，见表 6 - 2。

表 6 - 2　收益法三种形式的基本信息

许可费节省法	具体思路：①测算因拥有相关无形资产而节省的定期支付许可使用费的金额；②选取适当的折现率，并将经济寿命内定期节省的费用折现至评估基准日；③将折现额加和，即为该无形资产评估值
	计算公式：无形资产评估值 $= Y + \sum_{t=1}^{n} \dfrac{KR_t}{(1+r)^t}$，其中 Y：入门费/最低收益额；K：无形资产分成率（许可费率）； R_t：第 t 年分成基数；n：许可期限； r：折现率。本公式适用于年末折现，不适合年中折现
	操作步骤：依次确定入门费、许可费率、许可期限及折现率，再利用上述公式折现加和得到评估值
	注意事项：应注意所采取的数据之间的一致性，确保许可费率的可获得性和可靠性；此法只反映了无形资产的部分权利收益，该法多用于无形资产使用权转让、出租的评估
增量收益法	具体思路：①预测使用该无形资产给企业带来的利润或现金流量；②与一个没有用该项无形资产的主体所得到的利润或现金流量进行对比；③将上述两者之差作为被评估无形资产创造的增量收益，折现加和，即得该无形资金评估值

增量收益法	计算公式：无形资产评估值 $= \sum_{t=1}^{n} \dfrac{R_t}{(1+r)^t}$，其中 R_t：第 t 年无形资产预期增量收益；n：收益期限；r：折现率或资本化率。本公式适用于年末折现，不适合年中折现
	操作步骤：将增量收益、收益期限、折现率或资本化率依次确定，再根据上述公式折现加和
	注意事项：采用该法时，不能把其他资产增量收益归为被评估无形资产形成的增量收益，也不能把由被评估无形资产带来的增量收益归为其他因素，避免出现多评、漏评的情况，确保增量收益的合理性。一般适用于可产生额外的利润或现金流量的无形资产，可带来成本节省的无形资产
超额收益法	具体思路：①测算被评估无形资产与其他相关贡献资产共同创造的整体收益；②在整体收益中扣除其他相关资产的贡献，剩余收益为无形资产的超额收益；③将其折现额加和，即为该无形资产评估值
	计算公式：无形资产评估值 $= \sum_{t=1}^{n} \dfrac{R_t}{(1+r)^t}$，其中 R_t：第 t 年无形资产预期超额收益；n：收益期限；r：折现率或资本化率。本公式适用于年末折现，不适合年中折现
	操作步骤：将超额收益、收益期限和折现率或资本化率依次确定，再根据上述公式折现加和
	注意事项：与增量收益法一样，需避免多评和漏评。本法适用于特许经营权、公路收费权、矿权等无形资产，也适用于企业合并对价分摊、商誉减值测试、可辨认无形资产减值测试等以财务报告为目的的无形资产评估

从上述介绍可知，上述三种评估方法在实际应用中都会涉及对收益期限、收益额和折现率等主要参数指标的确定。接下来对上述三个参数指标做详细讲解。

（1）收益期限的确定

无形资产收益期限亦称有效期限，与寿命年限密切相关，是在寿命年限内持续发挥作用并产生经济利益流入的期限。其具体类型包括法定寿命、合同有效期限、经济寿命和其他类型寿命，其他类型寿命具体可包括司法寿命、技术寿命和功能寿命。

与其他资产一样，大部分无形资产在发挥作用的过程中，其也客观地存在损耗，这是确定无形资产收益期限的前提。然而不同于有形资产具有实体性，无形资产价值降低主要是由无形损耗造成的，主要由下列三种情况造成：一是新的、更为先进、更为经济的无形资产的出现，使得采用旧的无形资产无利可图；二是因为该无形资产传播面扩大，其他主体也普遍合法掌握了，使拥有其的主体获取超额收益的能力降低，甚至为零；三是某项无形资产所涉及的产品需求大幅下降，甚至被淘汰。具体在实践中如何确定相关无形资产的收益期限，一般是按照受益期限孰短的原则确定，比如一项无形资产具有法定期限、合同约定期限、经济寿命等，对于特定主体来说，应以其可控制或拥有的最短的期限为收益期限。

关于确定无形资产收益期限的方法，实务中有三种常用的方法：法定年限法、更新周期法和剩余经济寿命预测法。法定年限法是三者中最简单的一种办法，是指因法律或合同的特定保护所形成的收益期限，其是经济寿命的上限，比如专利、著作权、专营权、租赁权等均具有法律或合同规定的期限。更新周期法是指因无形资产的产品或技术因行业或科技的因素而发生的更新替代的周期，所以分为产品更新周期和技术更新周期两类。剩余经济寿命预测法是可直接确定无形资产尚可使用的收益期限，需综合产品竞争情况、可替代技术和更新趋势所做出的预测结果。

（2）收益额的确定

收益额是运用收益法评估无形资产价值的基本参数之一。在无形资产评估中，收益额是指根据投资回报的原理，资产在正常情形下所能得到的归其产权主体的所得额。因采取的具体方法不同，无形资产的收益额的确定方式略有不同。

1）增量收益法的收益额。

根据前述，增量收益是通过未使用无形资产和使用无形资产前后收益情况的对比分析，确定无形资产带来的增量收益额，可分为收入增长型和费用节约型，详细介绍见表6-3。

表 6 – 3　增量收益法的收益额确定方法

收入增长型	单价提高型：指的是所生产的产品价格高出同类产品的销售价格，但销量和单位成本不变，其计算公式如下： $R = (P_2 - P_1) \times Q$，其中 R：无形资产增量收益额；P_2：使用被评估无形资产后单位产品的价格； P_1：使用被评估无形资产前单位产品的价格；Q：产品销售量
	销量提升型：使用该无形资产后，采用与同类产品价格相同的情况下，销售额大幅度增加，市场占有率扩大。假定单位价格和成本不变，其计算公式如下： $R = (Q_2 - Q_1) \times (P - C)$，其中 R：无形资产增量收益额；Q_2：使用被评估无形资产后的销售量； Q_1：使用被评估无形资产前的销售量；P：产品单位价格； C：产品的单位成本
费用节约型	是指应用无形资产后使得生产产品中的成本费用降低，从而形成增量收益。假定销售量和价格不变，其计算公式如下： $R = (C_1 - C_2) \times Q$，其中 R：无形资产增量收益额；C_1：未使用被评估无形资产的单位成本； C_2：使用被评估无形资产的单位成本；Q：产品销售量
与行业平均水平比较	在无法将使用无形资产和没有使用无形资产的收益进行对比时，可采用将该无形资产的经济活动综合收益与行业平均水平进行比较，计算公式如下： 无形资产增量收益额 = 企业收益额 – 净资产总额 × 行业平均收益率

2）超额收益法的收益额。

超额收益法的收益额，即超额收益，主要通过在主体的全部收益，扣除归属于主体其他资产带来的收益，以确定被评估无形资产所带来的超额收益额，其计算公式如下：

$R = P - T$，其中，R：被评估无形资产的超额收益额；P：主体的全部收益；T：主体其他资产的收益。

使用此方法时需要注意，在计算出 R 后，应判定该超额收益额是否完全由被评估的无形资产带来。

3）许可费节省法的收益额。

许可费节省法的收益额的确定关键在于分成率的确定。通过分成率确定无形资产收益是目前国际和国内技术交易中常用的一种实用方法。分成率法基本思路为：首先计算无形资产的总收益，然后再将其在目标无形资产和产生总收益过程中做出贡献的所有有形资产和其他无形资产之间进行分成，包括销售利润分成率和销售收入分成率两种。另外，分成率测算方法包括：约当投资分成法、经验数据法和要素贡献法等。其中，要素贡献法可视为经验数据法的一种特殊表现形式，在非专业的无形资产评估中，适用性简单、直观。中国通常将企业生产经营活动分成资金、技术和管理三大要素，企业总收益由资金收益、技术收益以及股份收益组成。一般认为技术收益是由企业无形资产的运用所产生的，运用要素贡献法，可粗略估算各种要素对企业收益的贡献程度，见表6-4。

表6-4   不同行业三种要素贡献程度

行业	资金比例（%）	技术比例（%）	管理比例（%）
资金密集型行业	50	30	20
技术密集型行业	40	40	20
一般企业	30	40	30
高科技企业	30	50	20

（3）折现率的确定

从本质上讲，折现率是一种期望投资报酬率，是投资者在投资风险一定的情形下，对投资所期望的回报率，由无风险报酬率和风险报酬率组成。无形资产的折现率需要在合理考虑无形资产运用风险的基础上进行适当测算和使用。无形资产运营中的风险包括因政策、法律、市场等引起的宏观风险和因主体研发失败、资产管理、财务管理和商业化等因素引起的微观风险。所以，在确定无形资产折现率时，应全面综合分析无形资产所处情形的具体风险特征状态。

通常情况下，无形资产折现率测算方法有风险累加法和回报率拆分法。风险累加法是指将无形资产的无风险报酬率和风险报酬率量化并累加，进而确定无形资产折现率的一种方法，其公式可表示为：

无形资产折现率 = 无风险报酬率 + 风险报酬率

无风险报酬率是在正常条件下的获利水平，是所有的投资都应该得到的投资报酬率，一般与同期的银行利率或国债利率相关。风险报酬率是指投资者承担投资风险所获得的超市风险报酬率以上部分的投资回报，在确定时，应特别注意分析被评估无形资产所面临的具体风险。

风险累加法是一种正向思维方式确定无形资产折现率的方法。但有的时候，很难确定具体的无形资产无风险报酬率和风险报酬率。此时，可采用逆向研究方式确定无形资产折现率，即回报率拆分法。该种方法是从主体整体回报率出发，对其他资产的回报率逐一量化，从而倒推出被评估无形资产的回报率。该种方法可按照下述公式推算出无形资产折现率：

$$\mathrm{WACC} = \frac{\text{固定资产市场价值}}{\text{全部资产市场价值}} \times R_f + \frac{\text{营运资金市场价值}}{\text{全部资产市场价值}} \times R_c +$$

$$\frac{\text{无形资产市场价值}}{\text{全部资产市场价值}} \times R_i$$

其中，WACC：整个主体平均投资回报率（税后）；R_c：营运资金的投资回报率；R_f：固定资产的投资回报率；R_i：无形资产的投资回报率（税后）。

在折现率确定的过程中，应特别关注的是：无形资产评估中的折现率一般高于有形资产评估中的折现率；无形资产评估中的折现率不同于主体整体价值评估中的折现率；折现率口径应与收益额口径保持一致。

6.1.3.2　市场法

作为无形资产价值评估的基本方法之一，市场法的关键是寻找可比交易案例。使用市场法对无形资产价值进行评估时，需要注意不同的价值计量方式，因为不同的价值计量方式会产生不同的评估技术思路。据此，无形资产价值评估市场法可分为总价计量方式评估法和从价计量方式评估法。

（1）总价计量方式评估法

总价计量方式评估法，是绝对值评估法，就是以一个总价值评估一项无形资产的价值。虽然该方法是目前国内资产评估界采用较为普遍的方法，但由于无形资产往往不能单独发挥作用，这就给采用该方法评估无形资产带来难度，并提出了特别要求。

采用该种方法的评估程序与一般的市场法基本相同，但其在可比对象选择上有其特殊要求：不仅要求无形资产对象本身之间具有可比性，还要求标的无形资产与可比无形资产两者的相关业务资产组具有可比性。同时，在差异调整方面，也需要对无形资产以及相关业务资产组之间的差异进行调整，以确保评估值的准确性。这就加大了找到合适可比无形资产的难度，几乎是难以实现的，该方法一般不具有适用性。

（2）从价计量方式评估法

从价计量方式评估法，也称为相对计量方式评估法，是指按照无形资产所组成的业务资产组可以获得的"单位收益"计量无形资产的价值的一种评估方法。该种计量方式来源于特定业务资产组，但又可以超出该特定业务资产组运用。所以，该种方法评估技术思路可只要求标的无形资产与可比无形资产相同或相似即可，不必要相关特点业务资产组也相同或相似。

该方法在实务中，可采用收益法中的许可费节省法的"入门费＋分成"的方式计量，其中入门费可以根据无形资产的转让方转让无形资产过程中所需要的成本估算。另外，可参照销售利润率差异，对标的无形资产与可比无形资产对各自产品收益贡献差异进行调整。此外，在使用权转让情形下，还需关注转让期限。该方法与收益法许可费节省法一样，分成率的测算是关键。通过市场途径测算分成率的方法主要有两种：对比公司测算法及市场交易案例测算法。在测算分成率时，需要注意无形资产相关资产组获利能力与无形资产的贡献率之间没有必然联系。

6.1.3.3 成本法

成本法也是资产价值评估的基本方法之一，是指首先估测被评估资产的重置或重建成本，然后估测被评估资产业已存在的各种贬值，并将其从重置成本中予以扣除而得到被评估资产价值的各种评估方法的总称。根据成本法定义，成本法计算公式可表述为：

被评估资产的评估价＝重置成本－实体性贬值－功能性贬值－经济学贬值

或

被评估资产的评估价＝重置成本×（1－贬值率）

采用成本法评估无形资产时，应注意其适用的前提条件：被评估对象能正常使用或者在用；被评估对象能通过重置途径获得；被评估对象的重置成本以及相关贬值能合理估算。只有同时满足上述三条时，资产价值评估才可以采用成本法。

从一般意义上讲，成本法的运用涉及两大类参数：重置成本和贬值。其中贬值又可细分为实体性贬值、功能性贬值和经济性贬值。由于无形资产没有实体，因此一般不适用实体性贬值概念，但是可能会具有功能性贬值和经济性贬值。功能性贬值是指由于无形资产无法完成其最初设计功能，随着时间的推移，由于设计或工程技术的改进或替代，效用降低，从而使其价值降低。经济性贬值是指由于无形资产现行适用以外的事件或条件以及无法控制的影响造成目标无形资产价值降低，如国家相关发展政策的影响、市场需求的变化等。因此，无形资产采用成本法进行价值评估时，相应的重置成本和贬值的确定有其本身的特性。

1. 无形资产的重置成本测算

由于无形资产成本不完整性、弱对应性和虚拟性，使其实际价值与重置成本之间可能严重脱节。所以在测算无形资产的重置成本时，要分清是自创无形资产还是外购无形资产。自创无形资产的重置成本根据无形资产生产过程所消耗的费用测算，外购无形资产的重置成本则根据购买的相关费用测算，二者所依据的数据信息来源不同。

（1）自创无形资产的重置成本

该类无形资产的重置成本由创制该无形资产所消耗的物化劳动和活劳动费用组成。因此，该类无形资产的重置成本参数测算有两种方法。

1）重置核算法。该方法是将无形资产开发的各项支出按现行价格和费用标准逐项累加核算，注意将资金使用成本和合理利润考虑在内。其计算公式为：

重置成本 = 直接成本 + 间接成本 + 资金成本 + 合理利润

其中，直接成本按无形资产发明创造过程中实际发生的材料、公式消耗量的现行价格和费用标准进行测算。由于无形资产是发明创造，无法模拟现有条件的成本费用，所以该法的直接成本消耗量应按实际消耗量计算。

2）倍加系数法。该方法适用于投入智力较多的技术型无形资产，其将无形资产创作过程投入费用分为活劳动费用和物化劳动费用。考虑到科研劳动的复杂性和风险，该法可利用以下公式测算无形资产的重置成本：

$$重置成本 = \frac{C + \beta_1 V}{1 - \beta_2} \times (1 + L)$$

其中，C：无形资产研发中的物化劳动消耗；V：无形资产研发中活劳动消耗；β_1：科研人员创造性劳动倍加系数；β_2：科研的平均风险系数；L：无形资产投资报酬率。

（2）外购无形资产的重置成本

对于外购无形资产来说，其取得成本一般都会通过账面反映出来，以实际取得成本作为入账价值，成本完整性好，其重置成本包括无形资产的购买价和购置费用。具体方法有市价类比法和物价指数法。前者测算思路是在交易市场中选择类似的参照物，再根据功能和技术先进性、适用性对参照物的价格进行适当调整，从而确定无形资产重置成本。后者测算思路是以账面历史成本为依据，用物价指数进行调整，从而测算无形资产重置成本。

2. 无形资产的贬值率测算

预测无形资产的收益时，其中一项很重要的工作是预测与之相关的产品/服务的生命周期，当产品/服务的生命周期结束时，无形资产的价值就会降低，如果无形资产未能有其他的用途，其生命将随之结束。因此，对于无形资产而言，一般是利用其效用随时间的变化来测算一个贬值率，具体方法有专家鉴定法和剩余经济寿命预测法。但对于某些无形资产来说，评估时可能不需要考虑贬值因素，例如商标资产，随着使用年度的增加，其"知名度"可能越来越高，从而提高了其价值。因此，对于一些无形资产在采用成本法评估时，应分析其是否需要考虑贬值因素。

6.2　知识产权资产价值评估

知识产权是一种无形资产，与其他无形资产相同，并不是其作为产权即都具备价值，其价值通常是由市场直接或间接决定的。但其又有别于其他无形资产，其实质是一项法律所赋予权利人的垄断权利。本节将在上一节介绍无形资产价值评估的基础上，重点介绍知识产权资产价值评估自身的特点。

6.2.1　知识产权资产价值评估概述

根据《知识产权资产评估指南》（中评协〔2017〕44 号）第 3 条之规定，知识产权资产价值评估，是指资产评估机构及其资产评估专业人员遵守法律、行政法规和资产评估准则，根据委托对评估基准日特定目的下的知识产权资产价值进行评定和估算，并出具资产评估报告的专业服务行为。执行知识产权资产价值评估时，应当关注宏观经济政策、行业政策、经营条件、生产能力、市场状况、产品生命周期等各项因素对知识产权资产效能发挥的作用，以及对知识产权资产价值产生的影响。综上所述，知识产权资产价值评估一般过程与无形资产价值评估过程相同，即评估范围—评估目的—评估基准日—评估依据—被评估的对象—评估方法的确定—评估计算结果。

1. 知识产权资产评估对象及范围

通常，知识产权包括专利、商标、著作权、商业秘密、集成电路布图设计、植物新品种和地理标志七类。由于地理标志的共有性和显著的地域性，其不符合作为资产的要求，因此，知识产权资产评估对象主要包括专利、商标、著作权、商业秘密、集成电路布图设计和植物新品种及它们的组合。

2. 评估目的

知识产权资产评估是对知识产权的价值通过货币单位的形式表现出来，其目的往往与商事活动密切相关。而基于不同目的，知识产权资产评估的侧重点是不同的，因此基于不同目的对同一知识产权进行资产评估的结果往往是具有差异的。根据《知识产权资产评估指南》规定，知识产权资产价值评估目的包括转让、许可使用、出资、质押、诉讼、财务报告等。

（1）转让

知识产权转让，是指知识产权出让主体与知识产权受让主体，根据与知识产权转让有关的法律法规和双方签订的转让合同，将知识产权权利享有者由出让方转移给受让方的法律行为。由于知识产权的转让形式众多，从大类上分为全权转让（所有权转让）和使用权转让，使用权可进一步分为独家使用权、排他使用权、普通使用权和回馈转让权。显然，不同的转让形式，其市场条件、收益获得情况以及收益分割情况也不相同，其评估结果也不相同。因此，此类价值评估时，除明确转让形式外，还应注意地域范围、时间期限，并约定法律和仲裁条款。

（2）出资

知识产权出资是指知识产权所有人将能够依法转让的知识产权专有权或使用权作价，投入标的公司以获得股东资格的一种出资方式。知识产权作为资产出资时，应特别关注其权利本身瑕疵、出资主题和价值评估的法律风险以及相关的商业风险。另外，根据最新的《公司法》规定，知识产权出资的最高比例已无上限，这说明法律鼓励以知识产权出资，但仍必须根据实际情况选择合适的出资比例。在确定出资比例时，应考虑以下三个参考原则：知识产权为公司所必需；知识产权与公司经营规模相适应；知识产权所评估出的价格要适格。因此，知识产权作为资产出资时，应同时满足确定性、现存性、可评估性、可转让性和合法性五个要件才可作为资本出资。

（3）质押融资

质押是一种权利质押担保，这种担保方式保证了债务人履行债务、债权人实现债权。知识产权质押融资是知识产权权利人同意将其合法拥有的且目前仍具有法律效力的专利权、注册商标权、著作权（版权）等知识产权出质，经评估作价后，借款人从金融机构获得所需资金，并按期偿还本息的一种融资行为，是中小企业（尤其是科技型中小企业）一种新的资金融通方式。由于知识产权质押融资客体的无形性和价值的不稳定性，造成知识产权质押融资程序复杂、成本高、风险高等特点。因此，中国的相关法律对用于质押的知识产权的出质人及质物的状态等都有相关的规定，如出质人对质物要拥有完整、合法、有效的财产权利；知识产权要在法律有效期内，具有现实或潜在的应用能力和前景，适应市场需求。

（4）企业重组

企业重组，是指企业在日常经营活动以外发生的法律结构或经济结构重大改变的交易，包括企业法律形式改变、债务重组、股权收购、资产收购、合并、分立等各种类型。在企业重组过程，需要对相应的企业资产进行整体性的评估，包括流动资产、非流动资产、无形资产等。然而，中国的知识产权评估制度尚不完善，且重组后文化理念不同、企业管理能力不同以及客户的重新认识，导致企业重组交易的知识产权纠纷屡见不鲜。因此，在企业重组过程，知识产权资产尽职调查的内容应包括但不限于：明确知识产权的权属关系、时效性、地域性、使用状况、历史期间的评估情况，类似知识产权的市场价格以及相关行业的发展状况等。

（5）财务报告

自2006年中国会计准则引入公允价值计量模式和2007年中国资产评估协会颁布实施《以财务报告为目的的评估指南（试行）》以来，以财务报告为目的的评估业务已经成为知识产权资产评估的重要服务领域。与传统的知识产权资产评估业务相比，以财务报告为目的的知识产权资产评估应先根据会计事项内容确定评估对象，再综合考虑公允价值的估算层级选择评估方法，其独特之处有业务类型及评估目的、评估对象、经济行为、准则要求、评估结论及评估报告使用者、价值类型、评估方法选择和报告披露要求等方面。

3. 知识产权资产价值评估依据

作为舶来品，中国企事业单位对知识产权资产的重视程度不够，如 1993 年，当时国内许多上市公司资产负债中无形资产几乎空白。1997 年，当时的中国专利局和国家国有资产管理局共同发布了一部《专利资产评估管理暂行办法》部门规章。但由于此仅涉及一种知识产权资产，所以 2000 年，在执行中国证监会 "人、财、物三分开" 的政策中，资本市场上出现了直接把无形资产评估值等同于集团公司欠上市公司的款项额。虽然中国证监会和会计师协会发现此行为是不合理的，尽管认为在无形资产评估过程中存在求证无形资产评估值的所谓 "循环论证" 的情形，但在判定、确定的过程中缺乏可依赖的依据，此问题最后就不了了之了。基于此，财政部和中国资产评估协会先后发布了《资产评估准则——无形资产》《专利资产评估指导意见》《商标资产评估指导意见》和《著作权资产评估指导意见》等。

在法律法规层面，国家先后颁布的《国有资产评估管理办法》《公司法》《证券法》《企业国有资产法》《资产评估法》等，对于知识产权资产评估都有直接和相关规定。尤其是《资产评估法》，不仅弥补了资产评估行业基本法的空白，还有助于规范知识产权资产评估行为，增强轻资产型、科技型企业的发展信心。另外，针对不同种类的知识产权资产进行评估时，还需要依据其特定的法律法规，比如在评估专利资产时，还应特别关注《专利法》及其相关细则、司法解释等。

4. 影响知识产权资产价值评估的因素

知识产权资产价值评估结果受到诸多因素影响，由于不具有实体形态，相较于其他资产，其评估过程更加复杂和困难。因此，进行知识产权资产价值评估，首先应明确影响其价值的因素，主要有知识产权资产的创造成本、机会成本、效益因素、使用期限、技术成熟度、转让内容等。另外，还需要考虑国内外该类知识产权资产的发展趋势、更新换代情况和速度，市场供需状况、同行业同类知识产权资产的价格水平以及评估师的评估技术水平等因素。

5. 知识产权资产价值评估的特征

作为无形资产的重要部分，知识产权资产除了具有无形资产的非实体性、效益性、公益性和非独立性等特征，其还在法律和价值上体现出自身的特性。在法律方面，其存在权利稳定性问题、权利具有明确限制条件以及制度环境动态变化等特性。相比其他资产类别，知识产权资产具有更多和更高的风险，比如刘华俊利用期权思想将知识产权的主要风险因素总结为三大类：法律风险因素、经济风险因素以及知识产权核心价值风险因素。其中，在不同的知识产权种类中，知识产权核心价值风险因素范围又有所不同，比如专利技术主要因素有技术的先进性、技术的适用范围和技术的可替代性等，而商标的核心价值因素主要为所在行业发展前景。因此，知识产权价值还表现出高不确定性的特性。

综上所述，相较于其他资产价值评估，知识产权资产价值评估的模型建立更困难、更复杂，比如以财务报告为目的的知识产权资产价值评估，市场法是其最理想化的评估方法，其次可使用收益法，但一般不适用于成本法。然而，知识产权资产价值评估方法选择的适用程度依次顺序是收益法、成本法、市场法。所以，将针对市场常见的三种知识产权的资产价值评估进行简单介绍。

6.2.2　专利资产价值评估

6.2.2.1　专利资产

专利资产，是指特定主体拥有或控制的，能持续发挥作用并且能带来经济利益的专利权益。要成为专利资产，相关专利应同时满足三个关键要素：能持续发挥作用，能带来经济利益，获利能力是通过法律保护获得的。但专利权的获取是一个漫长的过程，如发明专利，从提交申请到获得批准授权一般需要2年以上，程序上可分为申请、受理、初步审查、实质审查和授权发证阶段。另外，专利获得授权后，是否能发挥作用还受需要因素影响，比如其他行政法律法规的要求。因此，专利资产一定是已经经过法定程序审查批准并在专利保护有效期内持续发挥作用的一项专利权。

作为一项资产，专利资产体现出其特有的法律、技术和经济特征。专利资产的法律特征是由于专利资产是依专利权而形成的，依《专利法》而界定，具体可表现为时效性、地域性和约束性。发明和实用新型专利保护的对象是具有新颖性、创造性和实用性的技术方案，因此专利资产在技术特征上体现出技术公开性、技术可能存在不完整性及不成熟性。专利权是一种以公开换取法律保护的权利，在经济特征上主要表现为专利资产具有垄断收益、收益不稳定性、研发成本不易界定以及各专利资产之间的弱对比性。

6.2.2.2　专利资产价值评估概述

同一般资产相比，专利资产的价值内涵以及在市场上的价值表现形式均有显著的不同。专利资产价值评估过程，其关注点也与一般资产不同。本章节将就如何界定专利资产对象、评估参数确定的内涵、影响专利资产价值的因素以及评估过程中的注意事项进行阐述。

1. 专利资产评估对象

专利资产评估业务的评估对象是指专利资产权益。根据专利的特性，专利资产评估对象不仅包括某一件专利，还包括专利组合，以及某件专利权利要求书中的某项权利。因此，在确认专利资产评估对象时，需明确专利资产的基本状况并核实专利权的有效性。

专利资产需明确的基本状况包括：专利种类及名称、专利申请号或专利号、专利的法律状态、专利权利要求书所记载的权利要求、专利资产的权利形式、专利申请日和专利授权日。另外，还需特别关注的一种情况是带有有效的许可使用权协议的专利所有权。所谓带有有效许可使用权协议的专利所有权，是指专利所有人已经许可他人使用其专利，并且这种许可协议不因所有权转移而失效。因此，单独的一项专利所有权与带有许可他人使用协议的专利所有权应视为不同的专利评估对象，后者评估对象界定范围不仅包括专利所有权，还包括一个合同权益（合同义务）。

专利资产凭借法定的垄断权，为特定权利主体带来经济收益。对专利资产有效性的分析，就是判断专利技术是否享有法定的垄断权。对专利技术有效性判定包括：核实该专利是否为有效专利，著录项目是否属实；核实该专利是否具有专利性。在专利性方面，不仅需要关注仅实行初步审查的实用新型和外观设计的专利性，有的时候还需要核实发明专利实质审查过程，申请人答复审查员的意见报告。

2. 专利资产价值评估的内涵

专利资产价值，从不同的角度有不同的界定。比如，根据专利的期限性，提出了专利资产的时间价值概念；根据专利保护范围，从专利宽度角度界定专利价值。然而，专利资产价值是多方面影响的综合因素形成的结果，考虑单一变量的结果是明显不准确的。

专利技术的评估价值与其效用程度密切相关，而效用程度的大小则直接预示技术收益创造能力的强弱。相对于其他评估方法，收益法不仅可将专利技术不同形式的收益创造能力转化为评估基准日的货币价值表现，还可回避专利技术研发成本不易界定、各专利资产之间的弱对比性等特征对市场法和成本法应用的限制。评估对象特征是决定评估操作思路和参数选取方式的重要因素。参数确定方法可理解为基于评估实务操作层面而解决评估对象"价值不同论"的一种合理、有效的途径，因此评估参数的确定也成为专利资产价值评估体系中实现科学、合理评估结论的重要落脚点。据此，专利资产价值评估可分为两个阶段：首先，是针对被评估专利特征和价值实现方式等角度确定具体评估技术路线；其次，基于所细分的特定评估维度对所需评估参数进行具体确定。专利资产价值评估参数种类与无形资产价值评估参数一致，在此不做详细介绍。

3. 影响专利资产价值评估的因素

由于专利权具有时间性、地域性及瞬间消失性等不同于其他无形资产的特性，专利资产的价值确定也就比较复杂。根据专利资产价值评估的特点，影响专利资产评估价值的因素主要包括以下 6 个因素。

（1）专利权的类型

发明专利是对产品、方法或者其改进所提出的新的技术方案，通过形式审查和实质审查后，对符合新颖性、创造性和实用性的发明方能授予专利权，能得到牢固的法律保护，然而实用新型和外观设计仅进行初步形式审查。因此，一般发明专利价值大于实用新型和外观设计。

（2）专利权的法律状态

专利权是依法而获得的权利，而《专利法》《专利法实施细则》及审查指南等对专利权的获得及要求做了详细的规定。根据中国法律法规规定，专利技术方案的法律状态主要涉及下述几个方面：申请专利的权利、专利申请权和专利权，专利权的无效宣告、终止与恢复，专利权的对外许可情况。

（3）专利权利要求内容与保护

专利权利要求书是确定专利请求保护的范围，也是判定第三人是否侵权的依据。如果一项专利的保护范围恰当，则可以有效避免被竞争对手轻易"绕"过去，也就是可以有效保护专利技术方案的核心，因而增加专利应有的价值。另外，权利的稳定性也是十分重要的因素。

（4）专利的创新性及实用性

如果竞争对手可通过成本差不多甚至较低的其他技术途径或方法实现与专利一样的效果，则该专利经济价值不会很高，因为其创新性不够。另外，专利的实用性也会对价值产生影响。从市场来看，实用性体现在两个方面，其一是专利所保护的技术方案可靠，其二是实审该技术方案成本尽可能低。

（5）专利产品的发展前景

专利资产的价值是需要通过专利实施来实现的，因此专利资产的价值与可以生产的专利产品或提供的专利服务是否具有良好的市场前景密切相关，具有良好市场前景的专利产品其价值一定要高于不具有市场前景的专利。

（6）专利的应用领域与保护力度

根据时间和内容，专利可分为专利的保护期限的"长度"以及专利的应用领域和保护力度的"宽度"。专利宽度就是专利的应用和保护范围，也是对侵权行为的惩罚力度，专利的宽度可用侵权惩罚金或者在专利保护范围内权利人获得的超额垄断利润来表示。专利的宽度越大，其价值也越高。

4. 专利资产价值评估的注意事项

不同于其他资产价值评估，在对专利资产状况调查、分析和鉴定过程中，应关注与专利资产价值评估相关的注意事项。

（1）应关注专利资产价值评估目的

评估目的决定了资产价值类型的选择，从而影响最终的价值确定。由于《公司法》和《担保法》分别对可用于出资和质押的专利资产做了特别规定，比如专利资产的单独使用权一般不能出资。因此，在专利资产价值评估时，需特别关注出资目的和质押目的的专利资产评估问题。

（2）核实权属资料应注意的事项

需通过核实被评估专利的相关产权资料来确定该专利的法律状态，专利资产权属核实应利用证据链概念，不得仅用孤证确定，需核实多种指向相同的证据资料。比如，对于专利权属及其有效性证据，至少需要核实专利证书、专利维持费缴费凭证、专利登记簿副本等信息，实用新型和外观设计还需要核实专利检索报告结论。

（3）被评估专利资产实施的独立性问题

专利资产的实审涉及一个是否可自由实施问题，许多情况下，某件专利技术方案的实施可能会使用到其他专利技术方案。因此，当被评估专利资产实施需要使用其他专利资产或相关专有技术资产时，需要确认其是否已经获得许可，并确认被许可主体的变化是否会影响许可行为，同时将其他专利资产或专有技术资产等的贡献进行恰当扣除。

（4）共有专利资产的评估问题

专利共有是指一项专利权（申请权）的权利人包括两个或者两个以上的自然人、法人或其他组织。专利申请权或者专利权的共有人对权利的行使有约定的，从其约定，没有约定的，共有人可以单独实施或者以普通许可方式许可他人实施该专利；许可他人实施该专利的，收取的使用费应当在共有人之间分配。除上述规定情形外，行使共有的专利申请权或专利权应当取得全体共有人的同意。因此，对于共有专利资产，需核实其权利分配情况。

（5）专利资产"价值"问题

通常来说，专利资产价值仅涉及市场经济价值，不应该包括其他方面的价值，比如军事、国家安全、科技发展等方面的"价值"。

另外，对于企业内部专利资产价值评估，为了节约评估成本、提高效率，企业可以简化评估流程，先采用合适的方法对企业所拥有的全部专利资产价值进行粗略的估计和计算；然后，按照创造价值能力的高低，对专利资产进行分类；最后，结合企业自身情况，对不同类别的专利资产采取不同的处理措施，并总结指引公司发展方向，从而实现专利资产的价值。

6.2.3　商标资产价值评估

6.2.3.1　商标资产

商标资产是指由特定权利主体拥有或者控制的，能够持续发挥作用并且能带来经济利益的注册商标权益。作为资产，商标应能够通过营销在消费者意识中形成独特的联想并产生经济利益，并且以法律保护的形式将商标标识作用所带来的经济利益赋予商标所有者。不同于技术性的其他无形资产，商标资产是商品市场竞争程度不断加剧的结果，因此商标资产不是自其注册的那天就形成的资产，而是在经营过程中逐渐形成的。

一般地，商标资产的形成可划分为三个阶段。第一个阶段是普通商标阶段，消费者只是根据产品或服务本身的质量和功能来选购商品，而对其上所标识的商标毫无认识，商标不会给拥有者或控制者带来任何额外收益。因此，此时的商标不具有资产的性质，并不能作为资产。第二个阶段是指当一些商品或服务因其功能、质量上的明显优越性而使其商标逐渐为人们所熟悉，人们开始在意识中将商标与产品或服务的性质联系起来，并将商标作为这种优势功能的代表时，商标就进入了功能型阶段，即商标资产形成的初级阶段。第三个阶段是随着市场竞争的不断加剧，商标在具有功能优越性的基础上，又能在风格上满足消费者的感情和心理上的主观需求。这个阶段称为个性化阶段，商品成了商标个性的载体，商标本身具有创造收益的能力，成为一个成熟的商标资产。

因此，商标资产特征在形式特征、法律特征和价值特征上都体现出其自身特点。形式特征表现为，商标资产通常为商品商标权和服务商标权，主要为驰名商标，并且可以是独立的商标权，也可以是以商标权为核心的资产组合。商标资产在法律的层面上主要表现为注册商标，该特性包括了时效性、地域性和约束性。商标是用于商品和服务上的，起标识作用，其经济价值依附于所服务于相关的商标或服务的数量和质量，广告宣传和营销管理对其具有维持和主推作用，具有扩展能力，并需要相关技术和管理去支撑。

6.2.3.2　商标资产价值评估概述

商标资产价值评估对象是指那些受法律保护的商标（注册）资产权益，包括商标专用权、商标许可权等。商标作为一种无形资产，其经济价值并非简单地由创造、注册、宣传等费用组成，为了维护商标资产的形象，商标资产拥有或控制主体需斥巨资革新技术、改进产品等，这些隐形投入同样是商标资产的价值组成部分。因此，商标资产成本更难以界定，评估方法的选择难度更大。本小节仅从商标资产价值评估对象的界定、价值影响因素和注意事项上，让读者对商标资产价值评估有一定的认识。

1. 商标资产价值评估对象的界定

商标资产价值评估对象是指能获得超额收益、有约束条件受法律保护的注册商标权益。因此，商标资产价值评估对象界定涉及评估客体的界定和评估客体约束条件的界定两个方面。

商标资产的评估客体指的是商标权本身的特征，对其的界定主要包括：核实其法律状态，明确商标是普通注册商标还是驰名商标以及其盈利模式。不同于商标的法律状态和是否为驰名商标明朗化，商标的盈利模式多种多样，其在增加商品或服务超额收益中的作用也不完全相同。明确被评估商标的盈利模式有助于恰当选择评估方法，也有助于合理界定商标资产价值评估中的评估对象。因此，商标资产价值评估客体的界定重点和难点为明确其盈利模式。

评估客体的约束条件是指引起评估的经济事项以及这些经济事项涉及的相关法律法规、制度规定等对商标评估的条件限定或约束。其主要形成于引起商标资产价值评估的特定经济事项或经济行为，需要从引起商标资产价值评估的特定经济事项涉及的相关法律法规等对商标资产权属、评估结果用途和使用者等的约束方面，来分析确定其对评估客体的约束，主要工作包括：明确评估特定目的、被评估商标权形式、被评估商标使用对象范围与空间范围等。

2. 商标资产价值影响因素

商标作为一种无形资产，其经济价值并非简单地由设计、制作、申请、保护等方面的耗费而形成，广告宣传有利于扩大商标的知名度，并需要花费高额费用，但这些费用对商标资产价值起影响作用，而不是决定作用。商标资产的经济价值，是它所代表的企业的商品质量、性能、服务等效应因素的综合性、重复性的显示，也是对企业生产经营的素质，尤其是技术状况、管理状况、营销技能的综合反映。另外，商标资产的价值还与评估基准日的社会、经济状况以及评估目的等密切相关。因此，影响商标资产价值的因素可分为以下几个方面。

（1）商标的设计

商标的设计是取得商标资产的第一步，其优劣是商标资产价值的基础。一件好的商标要求设计美观、内涵丰富并能展示企业风格，而设计的基础则在于商标内容的创意和背后所蕴含的企业文化。通常情况下，设计比较好的商标的价值相对要高。

（2）商标的法律状态

在中国，商标专用权实行"核准注册为主，不注册使用与注册使用并行"的管理制度，经核准注册了的商标才有商标专用权。未经注册的商标，除个别驰名商标外，不受法律保护，不享有商标专用权，因而也就不能成为商标资产价值评估的对象。因此，商标资产价值评估首先要考虑其是否注册，同时也要注意其注册范围和权利人情况。

然而，商标获得注册后，不代表其专用权就稳定存续着。若商标权人是以非法手段获取的，不按照注册所规定的形式使用或没有正当理由连续 3 年不使用，则该专用权都有可能被宣告无效和撤销。另外，根据《商标法》规定，注册商标有效期满 10 年，需要继续使用的，商标注册人应当在规定期限内办理续展手续，若期满未办理续展手续的，注册商标将被注销。

因此，商标的法律状态根本性地决定了其是否可作为资产进行价值评估。

（3）商标所依托的商品及使用方式

商标权本身不能单独产生收益，必须依托作为商标权载体的商品来实现其价值。商标资产的经济价值是由商标所带来的效益决定的，带来的效益越大，商标资产价值越高。因而存在于商品之上的商标权的价值主要与以下因素有关：该商品所处的行业及前景、生命周期、市场占有率及竞争状况、获利能力，该商品经营企业的素质及管理水平。另外，商标的使用方式也影响商标资产的经济价值。

（4）商标的市场影响力及其维护情况

商标的市场影响力是影响商标资产价值最重要的因素，与普通商标相比，驰名商标不仅市场影响力大，而且受到法律更多的保护，其价值普遍更高。反映商标资产市场影响力的具体指标主要包括商标的知名度和信誉度。商标的知名度是指消费者对商标商品或服务的认知认可程度，其具体表现形式有驰名商标。商标的知名度越高，商标商品或服务就越受消费者的青睐，商标商品或服务进入市场的阻力就越小，商标商品或服务的市场竞争力越强，该商标的价值就越高。商标的信誉度是商标商品或服务的质量及其相关服务得到消费者肯定和信任程度的指标，其可能是与知名度相伴而生的，也可能是相关商品或服务长期良好的性价比或相关服务形成的。商标的信誉度也是商标资产具体价值的重要基础。

商标的市场影响力会随着市场的变化而变化，如果不持续维护商标的声誉，其价值就可能会贬值。商标的广告宣传是扩大商标知名度、影响力及维护商标的重要因素。对商标进行广告宣传能够提高产品销量，从而为权利人带来更多的超额收益。因而商标的广告宣传会对其价值产生重大影响。需要注意的是，虽然商标资产的价值与商标的广告宣传费有关，但商标资产的价值并不等于商标的广告宣传费用。

（5）市场上的其他影响因素

不同评估目的对评估对象的确定、评估范围的界定、价值类型的选择以及潜在交易市场的确定等方面产生影响，从而影响资产最终的评估价值。比如，同一商标在所有权转让和许可使用时，其价值应该是不同的。这就是评估目的对评估价值的影响。

整体宏观经济状况会对商品的市场表现产生影响。宏观经济景气时，消费者的购买力需要比较强，此时商标商品或服务的销量及需求量较高，带来的超额收益更多，因而商标资产的价值也会更高。

除成本法外，收益法和市场法的参数受市场上类似商标交易情况的影响，尤其是市场法的可比交易案例的来源。

3. 商标资产价值评估的注意事项

商标资产是无法独立存在的，其必须依附于相应的商品或服务，并且其目的是标识相应的商品和服务。因此，在确定商标资产价值评估对象时，应注意确认对象为单一商标权益还是商标组合权益，以及是否有在相同或类似商品和服务上注册的相同或者相近似的商标族。另外，商标资产价值评估时，还需要确定其他资产与商标资产共同发挥作用情况，以及商标注册人和使用者分离时，两者对商标资产价值贡献的情况。

6.2.4　著作权资产价值评估

近些年，在中国，以著作权资产交易为代表的著作权产业正处于飞速发展阶段，而著作权资产交易的前提是对著作权资产价值进行合理评估。然而，中国著作权产业链构建不成熟，著作权集体管理仍有待完善，以及对于不同的诉求缺少科学的价值评估体系，而且不同形式的作品价值评估标准也不同。上述原因造成著作权资产价值评估难度较专利资产和商标资产价值评估大，影响因素复杂。因此，本节仅从著作权资产定义、属性、特征以及评估等方面做简单介绍，望能起抛砖引玉作用。

6.2.4.1 著作权资产

著作权资产，也称版权资产，是指权利人所拥有或控制的，能持续发挥作用并预期能带来经济利益的著作权的财产权益和与著作权有关权利的财产权益。与商标资产和专利资产一样，并非所有的著作权都能成为资产评估中的著作权资产，仅能持续发挥作用并预计能为权利人带来经济利益的著作权才能成为资产价值评估中的著作权资产。同时，在评估实务中，应区分著作权资产与著作权载体之间的区别，严格区别出各自的价值。

任何事物从不同的维度看，都会有不同的属性，著作权资产也不例外，不同维度的著作权资产也具有不同的属性。归结起来，著作权资产价值的属性包括政治属性、文化属性、社会属性和经济属性等。绝大部分著作权作品是为社会意识形态服务的，承担着宣传和教化等功能，作者所处的政治环境会深刻影响创作背景，这体现出了著作权资产的政治属性。著作权资产的文化属性主要是作品所包含的文化成就、文艺表现手法、艺术流派和艺术理念等，它们能带来精神上的满足、愉悦和慰藉，陶冶情操，净化思想，提升意识等。著作权作品从帮助人们获得各种各样的关于社会和人生的知识、丰富人们的生活经验、对人们进行教化、影响人们的思维方式和具体行动等体现出其社会属性。上述三个属性体现了著作权作品的社会效益，但著作权资产还有一个至关重要的属性——经济属性。经济属性来源于著作权的财产权，其是促进社会文化和科学事业的发展和繁荣的关键因素。

另外，从著作权及其资产的概念，著作权资产在形式上和法律上表现出其自身特征。从形式特征来看，与其他无形资产一样，著作权资产一般也不能单独发挥作用，需要与其他资产共同发挥作用，比如与相关有形资产以及其他无形资产共同发挥作用、与演绎作品共同发挥作用、与著作权有关权利（邻接权）共同发挥作用。同样作为一项专门法律赋予的权利，著作权资产在法律层面上，主要表现为时效性和地域性两个基本特征。

6.2.4.2 著作权资产价值评估概述

根据《著作权法》，著作权涉及的作品具体至少分为八大类，比如文字作品、口述作品等；在权利分类上，有 4 项人身权和 12 项明确的财产权，从价值评估角度看，可分成与作品传播相关的权利和与作品使用方式相关的权利。同时，对于著作权资产的某些权益，其是完全不适合采用成本法评估其价值的。比如，对于一部小说作品的改编权，即便认为该部小说具有替代性，可以测算出其重置成本，但是该重置成本应该包含该部小说作品的全部著作权的财产权，而该小说的改编权仅是著作权的部分权益。与专利资产及商标资产一样，著作权资产价值评估整体思路及基本方法与无形资产价值评估的一致，因此本节仅介绍著作权资产价值评估对象的界定、价值影响因素及评估过程的注意事项等内容。

1. 著作权资产价值评估对象的界定

著作权资产价值评估对象是指《著作权法》中所规定的与作品有关的财产权益，包括自身权益以及邻接权权益。基于著作权财产权利类别和作品类别两个维度，可构建出一个"作品类别"×"权利类别"的著作权资产价值评估对象基本矩阵，其中的元素即为著作权资产价值评估对象，可表达为××作品××权。另外，按照不同类别作品的特征以及各种权利的概念，并不是每一类作品都具有全部财产权利。因此，在评估实务中，还需要通过分析每种作品不同权利的存在基础，确定最终的评估对象，构建出著作权资产价值评估的全部对象，目前已分出 140 项著作权资产价值评估对象，但与著作权资产价值实现最密切相关的是作品传播相关权利中的 61 项权利。此外，著作权资产价值评估对象的界定还需要关注权利形式和评估目的。

2. 著作权资产价值影响因素

著作权资产能为权利人带来经济价值，是因为法律保护所形成的垄断地位，并且其可传播性和有用性保证了其具有商品属性。不过，从不同的权利人来看，其价值关注点有所不同，从创作者角度考虑被评估著作权资产价值，主要是传播人或使用者获得了权利束中的哪些权利，进而考虑在这些权利下传播人、使用人所获得的经济利益及所使用著作权资产在其中的贡献；从传播人角度考虑其所拥有著作权权利的价值，则需要考虑其利用该著作权资产获得的收入和付出的成本及风险。因此，在评估实务中，可以从以下一些方面来考虑影响著作权资产价值的因素。

（1）著作权资产价值评估的外部影响因素

1）著作权资产所处的法律环境的影响。著作权的垄断地位是否会给权利人带来超额收益以及带来多少超额收益，取决于所处的法律环境以及法律保护期限。在著作权法律实施严格、法律保护到位、诉讼成本合理、诉讼结果公平、社会公众普遍具有著作权法律意识的环境下，著作权资产权利人的利益往往能获得充分保障，其价值也自然较高。

2）宏观经济状况的影响。除了完善的法律制度，一个社会的著作权意识也对著作权资产价值有重要影响。如在"窃书不为偷"的社会环境中，很难会有著作权资产价值的充分实现，著作权资产价值自然会比较低。著作权产业的发展与区域经济发展密切相关，因此，如果著作权资产交易发生在经济发达区域，其价值会高于经济落后区域。但是，文化消费又不同于实物消费，满足消费者物质需求的同时，还可以满足消费者心理的需求，因此其消费对外部经济环境的反应相对具有弹性。尤其在经济出现增长缓慢的时期，著作权产业可能出现逆势增长。此外，著作权作品作为一项特殊的消费品，参与市场交易时，其价值同样受到市场活跃程度及供求规律的影响。在著作权资产交易活跃的市场中，著作权资产价值就容易实现，如一些畅销出版物、音像制品等，发生市场交易比较常见。在著作权交易的供求关系层面，符合消费者的精神消费需求的著作权作品市场需求大，其价值一般较高。市场竞争程度也会影响到著作权资产价值的大小，同类作品的竞争激烈，作品的著作权资产价值实现也会受到影响。

3）作品所处产业及政策情况的影响。文学、作品作为文化产品的一部分，其受到产业政策的影响尤其明显。一方面，国家对文化产业大力扶持，出台了一系列相关产业发展政策；另一方面，国家对文化产品的导向作用也有明确要求，提出文化企业提供精神产品，传播思想信息，担负文化传承使命，必须始终坚持把社会效益放在首位、实现社会效益和经济效益相统一。著作权资产对应作品大部分都属于文学、艺术作品，文化产业政策对其价值的影响不可忽视。

（2）著作权资产价值评估的内部影响因素

1）著作权资产自身的影响。在著作权资产价值形成中，著作权资产即作品本身是其价值的内因，是著作权资产价值评估结果最重要的影响因素。作者知名度、作品类型和作品内容决定着作品初期被知晓的程度，进而影响该著作权资产价值。知名作家和刚涉足创作的人士相比，具有较高知名度，沉入作品的人力成本要高很多，所以创作者的知名度本身就是一种无形资产，其作品也就具有较高价值。由于不同类型的作品法律规定和传播方式不同，造成著作权资产价值有很大的差异，甚至同样的作品，其价值表现也存在很大差异。比如，同样是录音制品，流行音乐和经典音乐就有很大差异：第一是创作投入差异；第二是顾客对象差异；第三是寿命周期差异。作品的内容决定其使用价值，使用价值越大，相应著作权资产的价值也就越大，具体来说，作品的内容主要受其艺术性、时代性和技术水平的影响。

尽管按照《著作权法》规定，中国公民、法人或其他组织的作品，无论是否发表，均享受著作权。但是，著作权能否真正产生经济收益成为资产，根本在于它是否已经发表了。作品只有公之于众，才能被更多的受众接触，从而扩大其影响力，影响著作权资产能力带来的经济利益和其价值。作品是著作权资产的载体，这些作品的制作能力，决定了其供给量的大小，会影响到其传播范围，因此著作权资产价值评估需要关注实施或运用著作权资产的权利人供给能力的限制。作品已传播面越广，其社会影响力越大，从而其著作权资产的价值相对越高。此外，著作权资产登记备案记录可作为真实权利人的有力证据，可降低著作权人在维护合法权益或对抗诉讼中的成本，从而间接影响著作权资产的价值。

最后，不同的运营模式对著作权资产价值的实现有较大的影响。现实中，最优的著作权资产运营模式就是寻求实现从原始作品至全部衍生作品的全作品链的、各种财产权利价值最大化的模式。因此，对于产业链较长、作品著作权开发比较深入的模式，如果涉及著作权资产的全部财产权价值，需结合其运营模式，充分考虑各类权利收益的实现途径和金额，并且需要考虑衍生收益的价值。

2）具体交易行为的影响。由于著作权财产权类型和作品种类繁多，造成其权利束类型众多，对于具体经济行为，拟交易的条件是影响著作权资产价值的另一个内在的重要因素。影响著作权资产价值的具体经济行为包括：拟交易的权利种类、交易地域范围、交易权利期限以及对价支付方式等。另外，对于许可使用，还要考虑是否约定让渡第三人等因素的影响。

3. 著作权资产价值评估的注意事项

在评估实务中，由于著作权财产权类型和作品种类繁多，并且大部分作品包含政治、文化和社会属性，起传播思想作用，担负文化传承使命，并且绝大部分作品传播需要依附在载体之上，从而实现其经济价值。因此，在著作权资产价值评估实务中，应注意以下事项。

（1）关注评估对象的识别和清晰披露

形成著作权的作品类型多样，特征各异。著作权资产财产权类型较多，不同类型权益在作品的使用或传播方式上也都存在差异，造成著作权资产评估对象识别困难。因此，可从作品类别和财产权利类别两个维度来识别评估对象。再根据经济行为目的，对评估对象做进一步界定。对于著作权资产，作品的使用方式、使用区域、使用时间也会有比较详细的限制，评估对象识别时也需要关注这些限定条件。

（2）关注作品获取收益的方式

作品获取收益关键在于两大链条：一是内容信息向最终客户传递的信息流；二是客户支付向企业流动的现金流。在信息技术飞速发展的今天，互联网、移动互联网、计算机、移动终端、可穿戴设备给信息传递和支付提供了更多可选择的方式和途径，从而增加了作品的收益方式。也可以预见的是，未来作品的定位将更精准，收益剂量更精确，资金周转更迅捷，消费者购买支付更快捷，客户需求与作品创作结合得更加紧密，个性化作品定制会越来越多，盈利模式会更加多样化。因此，应关注作品的盈利模式。

（3）关注作品收益获取期限

文学、艺术作品是体验性产品和注意力产品，在信息处于买方市场的条件下消费者的注意力已经成为文学、艺术市场价值的决定性因素。这些特征决定了文化产品获益寿命期限较短，比如电影作品院线放映一般在 30～50 天。因此，在对著作权资产价值进行评估时，需要关注对应作品收益期限特征及其与传统物质产品存在的差异。

（4）关注著作权资产面临的风险

文化产品是一种满足消费者精神需求的文化消费品，具有主观性、易变动性、不稳定性特征，在快速变动的社会中对其的任职价值随时都可能改变。另外，对于一些影视作品，导演、编剧、演员等主创人员的某些行为违背了国家法律法规及文化政策，势必会不利于消费者对该著作权的态度，从而影响其市场收益。因此，在著作权资产价值评估实务中，需要关注相关的制作风险、内容风险、政策风险等方面。

（5）关注合理分割著作权资产贡献的收益

与所有知识产权资产一样，著作权资产的作品创作也是若干种资源共同作用的结果，在特征上体现出：创作过程使用到多种资源，不是各个资源的简单加和，具有不可分性。通常情况下，这些资源都不归属于同一个人所有或控制。因此，著作权资产价值评估中，在不能直接获取被评估对象著作权收益的情况下，需要考虑其他有形资产、其他无形资产贡献收益的分割，以确保不会对评估对象著作权资产价值多评或漏评。

6.3 医药专利权价值评估

随着国家鼓励医药创新、仿制药一致性评价、药品带量采购等一系列新政的出台，医药行业尚处于改革发展的变革期，"医药核心技术创新"成为医药企业发展的新引擎。近年来，随着医药专利交易活动不断增多，如何对其内在价值进行科学合理的评估，逐步受到大多数医药企业的重视。医药专利作为一种较为特殊的无形资产，可以进行抵押、转让、信贷等多种金融交易活动。此外，在企业重组、破产清偿、技术转让、企业并购，以及知识产权侵权诉讼中，都涉及一个至关重要的问题，如何准确评估相关医药专利权的价值。

本节将会在前两节的基础上，对医药专利特点及其价值评估特点等问题进行论述。

6.3.1 医药专利特点

专利的技术方案涉及我们生活中的方方面面，存在人类欲望的领域，就可能会产生专利。虽然，按照国际专利分类号标准，专利技术领域可分为八个，但专利专家认为，若把全球的专利分类标准稍微定得宽泛点，大多数专利技术领域都可以划分到两大类：信息通信技术领域和生物化学制药技术领域。通过分析，两者的不同可归类见表6-5。

表 6-5　信息通信技术领域和生物化学制药技术领域特点比对

特点	信息通信技术领域	生物化学制药技术领域	备注
基础科学	物理学	生物、化学	
系统特点	网络化或复杂合成的技术	非网络化或离散的技术	关键区别
技术标准	由公共实体或自发研讨会创造	通常无技术标准、由一家单位创造，需要政府批准	前者的共同所有和后者的单独所有，是两个领域的又一关键区别
专利交易	许可、交叉许可和出售	许可、交叉许可。对于已实现产品的，通常不出售	发生交叉许可时，通常涉及多家研发和制造公司
专利权利要求连接词	通常选择开放式连接词，如包括	可选择开放式或封闭式连接词，如包括、由……组成	
授权的发明类型	过程（方法）、机器（结构）、制造品以及它们的改进	除前者所提到的，还包括物质的成分及其改进	

上述 6 个不同点，反映到两个技术领域的专利技术方案以及专利的产生、拥有情况有本质性的区别，可体现在如下几点。

第一，这两个技术领域在其领域特点上有本质的区别。信息通信技术的主要特点是，一个产品或一个系统是由许多公司共同做出贡献的，属于专利密集型；而生物化学制药技术一般都是由某一家或者少数的几家公司发明创造出来的，一般不属于专利密集型。例如，在移动通信领域这个大系统中，可能一家公司制造前端消费品移动电话，另一家公司做移动设备接入互联网的接口设备，还有一家公司做网络控制器；甚至，可能多家公司分别做移动电话、接口设备和网络控制器的硬件元件或软件单元。

第二，这两个技术领域专利造成的影响也有本质上的区别。对于生物化学制药技术领域，会影响到一个产品的专利数量一般不会超过 100 件，甚至仅有几件，比如降血脂重磅药之一的瑞舒伐他汀钙，影响该品能否上市的专利仅其化合物专利。然而，对于信息通信技术领域来说，这种现象几乎不可能。所以在信息通信技术领域，通常使系统工作所需的各种技术并不是由一家单位拥有，而是由几十家或几百家单位各自拥有。因此，这造就了此类专利活动行为方式不同的生物化学制药技术领域。在使用过程中，为了给客户提供有意义的产品和服务，专利必须被买卖、许可、整体收购或基于特定目的收购，同时还可能会产生标准必要专利，形成其特有的许可方式和行业制度。

第三，这两个技术领域专利申请人类型不同。信息通信技术领域的专利可能由大公司、小公司、个人或各种各样的混合实体分别创造。这个特点造成了该领域的专利所有权碎片化。而在生物化学制药技术领域，个人通常不申请新药物的专利。

生物化学制药技术领域的离散性，造成了不同的产品其技术特点是不同的，难以兼容，两者的差异很大，比如传统化学药和生物制剂，两者的区别表现具体见表6-6。

表6-6　传统化学药和生物制剂技术特点对比

特点	传统化学药	生物制剂
来源	多源于化学合成	多源于活的有机体
复杂程度	结构较简单，容易确定化学结构	结构复杂，难确定具体的化学结构和空间结构
开发周期	周期较短	周期较长
成本投入	相对较小	一般比前者高20倍
治疗费用	相对较便宜，对医保方案带来的挑战较小	一般高于前者治疗费用的50倍以上，对医保方案影响大
仿制要求	证明与原研药品生物等效即可	难以建立等效性可能
专利补偿机制	全世界范围内，发达国家已建立一套较为成熟的制度	主要借鉴于前者，符合自身特点的机制尚处于探索阶段
专利价值	价值较大	价值较小

综上所述，相较于信息通信技术领域的专利，医药专利属于离散型分布，兼容性差、可比性弱，行业内部相互重叠性小，行业之间产品技术交流活跃度低，行业不属于真正的专利密集型产业。所以，在市场上寻找两个相同或者相似的医药专利难度大。

6.3.2　医药专利价值评估特点

正如上一小节所介绍的，医药领域专利非网络化决定了医药领域专利权价值评估难度大，鉴于编者水平有限，本小节主要就医药领域专利价值一般影响因素进行阐述。

医药专利价值评估是将知识产权元素融入医药市场的前提，是企业、高校、个人以及科研院所利用其拥有的有效专利，实现相关产权收益的基础。一般来说，医药专利价值体现在两个方面：一是利用此专利的技术方案生产某种药物，当专利获得授权后，该药物可享受一定时间和地域的市场垄断权；二是作为一种无形资产，进行专利抵押、转让、作价入股等市场交易活动。对于医药企业而言，在新药开发阶段，原研药厂家通常会布局以"化合物、晶型、合成纯化方法、剂型工艺改进、检测方法、临床新适应证"等为主题的专利进行组合保护，以延长药品在市场上的专利保护期限。而此时，大多数仿医药企业只能等到原研药厂家相关专利到期时，才能获批上市生产销售。因此，医药专利在药品研发、生产、销售中起到非常关键的作用。

医药专利权是一种特殊的无形资产，它的创造来自智力劳动，形成于药品研发、实验、生产以及临床各个阶段，是上述医药相关科研人员的智慧创新成果。由于医药行业本身具有投资大、风险高的特点，而医药专利权会受到权利保护范围、专利权稳定性、产业化程度、临床市场容量、专利技术的领先性等多种因素的影响，使医药专利具有自身行业的特点。

（1）价值评估影响因素多

医药专利价值同时还会受到医药行业外部市场环境、国家医药政策以及本行业相关技术发展等诸多因素的影响。以 PD - 1 靶标肿瘤抑制剂开发为例，近年来，新兴生物技术产业的代表，国内大型医药企业均有涉足。这势必会使该生物领域相关技术需求增加，其相关专利价格会随之上涨。但若医药专利技术中的某一领域技术更新较快，其技术可选择被替代属于大概率事件，则会引起该领域相关医药专利价值变小。此外，要评估医药专利权价值还需关注外部政策因素。如，国家为推进仿制药质量和疗效开展一致性评价工作，在药品集中招标采购环节中，试点城市的公立医院优先选用通过仿制药一致性评价的企业的品种，且在药品定价招标过程中享受一定的政策支持。因此，通过一致性评价且具有相关该类药品的专利价格就会随着医药新政采购政策的影响而随之上涨。

（2）评估难度大

医药专利权的形成需要长时间研发与反复的实验，从新药开发到上市，需要花费 10 年甚至更长时间。新药研发过程可以分为化合物筛选、化合物确定、工艺参数优选、临床前质量研究、临床实验研究、获得生产批件阶段，在不同临床研究阶段，医药专利权价值相差很大。对医药专利权价值评估，还考虑市场应用情况、医药产品工艺技术开发难度、未来临床患者的市场容量、再研产品研发情况及临床实验成功率等。这些因素都可能成为影响药品能否成功上市的关键环节，药品研发过程本身受到医药技术发展和应用、科研资金、药品相关政策的制约，因而对医药专利进行评估的工作较复杂。

（3）评估体系不完善

现阶段，由于中国还未形成系统的医药专利价值评估体系，并且专门从事医药专利价值评估的专业机构非常少，而且缺少大量的既懂医药研发、生产、临床的药学专业技术人才，又懂法律、专利、资产评估的专业评估的综合性应用人才。在实务操作层面，医药专利转让、许可等交易过程中，大多数通过买卖双方协商定价。由于专利交易技术双方认知能力的差异，以及所掌握的信息不对称性，会导致在市场交易中专利价格存在失真的现象。

6.3.3　医药专利权价值体系构建

一般地，医药专利价值评估是指具有特定资格的评估主体，根据医药专利的技术保护主题内容，按照一定的评估参考指标对专利价值进行评估，并形成相关评估报告的过程。专利权价值评估是一项系统性的工作，专利价值评估体系遵循系统性、可操作性、定性定量相结合原则，根据专利技术检索分析报告、市场销售情况及药品相关研发及审批等材料，由专业人员按照指标逐个打分，对专利进行统一衡量、标准化度量。

影响医药专利价值评估的因素有很多，可根据文献研究并结合医药专利的特点，建立专利价值评估指标。根据《专利价值分析指标体系操作手册》，专利价值度将从技术、经济、法律价值度三个方面分析评价。专利价值度（PVD）的计算方法是：PVD（专利价值度）$= \alpha \times$ LVD（法律价值度）$+ \beta \times$ TVD（技术价值度）$+ \gamma \times$ MVD（经济价值度），其中，α、β、γ 相加之和为 100%。

经过细化和拆分，并结合医药行业的特点，选取与医药专利价值评估相关的指标，以供医药相关人员参考，见表 6 - 7。

表 6 - 7 医药专利价值度影响因素分解

因素	一级指标	二级指标及参考评判要点
技术价值度	药品注册分类	1 类、2 类、3 类、4 类、5 类
	专利保护技术与药品注册工艺标准的关联度	相一致，关联度高。不太一致，关联度低。不相关，关联度极差。由于药品属于特殊商品，若生产企业将其专利技术保护内容上升为药品标准，其药品标准工艺参数落入专利权保护范围内，其相关企业按照颁布药品标准工艺生产，就构成专利侵权。在价值评估中，这类专利的价值较高
	专利技术在行业领域内领先程度	比较先进、先进、一般、落后、非常落后
	可替代性	不存在可替代技术，存在替代技术但本专利技术占优，存在替代技术且比本专利有优势
经济价值度	市场价值	本专利涉及药品上市前及上市后的市场价值，参考该同一或相类似品种的市场销售进行评估。一般指标可参考该专利技术或产品所对应的市场供求关系、市场占有率、竞争情况进行评估
	药品注册审批情况	本专利涉及药品国内已上市销售企业数量、国内注册受理情况以及本专利技术所涉及药品已准审批状况，以了解该药品的竞争情况
	研发状况	本专利所涉及的研发周期、研发成本及所具备的技术优势
	市场应用情况	专利技术已实施，其还需考虑实际生产成本。专利技术未实施转化，已实施代表其经济价值度相对高
	相关政策影响	国家政策鼓励、无明确要求、政策导向不明朗
法律价值度	专利分类情况	化合物专利、晶型、衍生物（中药处方专利），制备工艺方法（提取、纯化、合成）、检测方法、药品新用途或其他
	专利权稳定性	稳定性较好、稳定、不太稳定

续表

因素	一级指标	二级指标及参考评判要点
法律价值度	不可规避性	独立权利要求是否包含过多非必要技术特征、技术特征概况上下位情况，是衡量专利保护范围大小的依据
	专利侵权可判定性	药物组合物和治疗新用途专利侵权可判定性较高、制备方法类型专利由于取证难，侵权可判定性较弱
	专利有效期限	专利有效期（剩余年限）的长短决定专利药品所占有的市场独占权
	专利同族地域	同族地域是专利权利人针对同一技术内容在不同国家或地区进行专利市场布局，这与其潜在专利技术产品销售地区相关，布局国家越多，说明该技术市场前景空间越大
	专利相关组合	医药专利通过组合物、方法及用途组合能提升专利防御价值，延长专利保护年限，以阻碍竞争对手进行规避设计，巩固药品市场独占地位
	专利运营状况	专利有无许可，是否为独占、排他、普通许可

由于医药领域具有投资大、周期长、风险高等特点，在价值评估过程中不能完全照搬数学模型。对于影响医药专利价值较大的因素进行评判时还可结合以下几点考虑。

（1）技术角度

医药专利技术本身所承载的价值是技术价值，主要体现在专利注册分类、技术先进性、可替代性和行业发展趋势方面。在医药专利技术价值度评估中，首先要考虑的是专利技术的技术创新度。如：通过化学药品注册类别可以初步判断药品技术创新度等级，其中技术创造性 1 类（国内外均未上市创新药）>2 类（国内外均未上市改良性新药）>3 类（仿制国外上市国内未上市的原创药）>4 类（仿制国内已上市的原创药）>5 类（国外已上市申请在国内上市）。一般来说，药品注册级别越高，其专利价值评估值也相应越高。我们还需通过文献检索，查找并分析专利现有技术的技术发展脉络，以进一步分析专利技术的技术创新度。其次是可替代性，能否被替代与药品的临床治疗用途、治疗效果以及药品的市场销售价格有关。例如，针对治疗心脑血管的药物来说，同类具有相同疗效的竞争产品较多，因此该药品可被替代的可能性较大。而对于临床上紧缺的抗肿瘤和治疗乙肝病特效药物本身市场供应就比较少，该领域患者用药选择的可替代药品就很少，故该药品可替代性较小。再次是专利技术先进性。如果该产品所采用的技术在国际国内同行处于领先地位，其他公司想模仿突破这些技术还需一定时间积累才能完成，这就代表其专利技术先进性较高。此外，还应考虑核心发明人的行业权威性，其所发表的相关专利或论文的数量，相关类似技术或产品上累计取得的临床批件、新药证书、生产批件，以作为该评价技术先进性的辅助参考。最后，还应考虑医药专利所承载的技术信息与同类药物比较，是否具有明显的优势。比如，考虑专利技术所要保护药品的临床疗效、毒副作用、工艺技术稳定性、药理或药效，以及治疗临床适应证范围，是否具有显著优势，而这些技术信息都是影响医药专利价值评估的重要因素。

（2）研究开发历程

药品研发是一个周期长、成本高的过程，一种新药开发可分为临床前阶段和临床阶段，其中临床阶段一般又可分为一期临床、二期临床、三期临床和四期临床等。根据药品注册管理办法相关规定，只有在完成全部的三期临床研究后，该新药才可能获得上市资格。然而，一般情况下专利会在一期临床阶段获得授权，但该项专利未来是否可以持续发挥作用并能产生经济利益尚不能确定。此类专利一般称为或有专利资产，其价值比相应的专利资产价值低，评估过程需要采用一些特殊的评估方法。

（3）经济角度

医药专利经济价值度主要体现在：专利技术转化应用情况、注册审批进度、临床市场患者数、竞争情况、市场供求情况、药品技术效果方面。首先，专利技术应用转化情况是药品经济价值的核心参考指标。一般医药专利技术转化应用可分三类：一是产品已经上市生产销售；二是处于药品上市前准备阶段，该专利技术已获得专利授权和药品生产批件；三是该药品专利技术处于研发阶段，还未转化实际应用，其相应专利价值度评估较小。对于在研药品而言，其注册审批进度对专利价值影响比较大。从专利价值评估角度来讲，该药品获得生产批件的实际意义远大于药品获得临床批件，相应的专利价值的估值就会大幅度增加。其次，考虑该在研药品临床治疗适应证所对应的临床患者人数。临床患者人数一般是指该专利技术或产品在一定时间地域内的整体市场容量，其可以用该专利技术或产品近 5 年的销售总额来反映。再次，还考虑专利相关产品的竞争状况，其可分为内部竞争和外部竞争。就内部竞争而言，主要包括市场上是否存在与该专利技术拥有者形成直接竞争关系的竞争对手及其数量和规模。比如仿制药，国家试点实行"4 + 7 城市药品集中采购"制度，只有通过仿制药一致性评价（一般前三家）的品种才有资格入围竞标。因此，需对同品种药品上市厂家数量进行摸底调研，若市场中已存在较多竞争企业，那么在药品投资和并购时应慎重立项。外部竞争，是指该专利技术所对应的同类产品数量及供应情况。若其他同类产品较多，则表明专利技术所对应的产品的市场替代者越多，其专利的价值就越低。最后，考虑市场供求关系，供求关系是指市场上现有的专利技术方法或产品状况和对该专利技术方法或产品的需求程度之间的关系。例如，对于他汀类药物有阿托伐他汀、瑞舒伐他汀、辛伐他汀、普伐他汀等，其主要用于治疗高胆固醇血症和混合型高脂血症，而贝特类药物与其具有相同治疗效果，在降血脂市场上药品出现供求过剩的竞争格局，他汀类药物专利技术对应市场价值也比较低。

（4）法律角度

法律价值度主要是从医药专利权权利保护范围大小、侵权可判定性、权利稳定性等方面进行分析。一般医药专利权权利保护范围大小顺序为：通式化合物（中药处方组成和剂量配比）＞临床新用途＞化合物及盐＞晶型＞工艺方法＞药物新制剂。对于专利侵权判定来说，产品专利（包括含有马库式的化合物、中成药处方组成和剂量配比）比制备工艺方法专利更容易判定侵权。而医药专利的权利稳定性是专利价值评估的参考指标之一，可根据独立权利要求所包含的"必要特征数""非必要技术特征"及说明书文本撰写质量、技术方案的创新性等因素综合评判，也可参考该药品的法律诉讼状态情况分析，考虑该相关专利是否被无效、诉讼或专利在审批过程中被第三方提公众意见。一般经过无效官司纠纷后而确权的专利，其稳定性相对较强，代表法律价值度较高。

（5）医药政策等外部风险

主要包括国家药品新政策的出台、医药学新技术的应用等。比如，近年来，国家对抗肿瘤用药给出诸多利好政策，众多企业着手该类疾病用药的研发及相关专利布局。专利价值也会因科学技术的影响发生波动。例如，抗肿瘤免疫 PD－1 的研发已是肿瘤生物药物研究的热点，国内的君实生物、信达生物、恒瑞医药也投入大量研发资源并布局 PD－1 相关靶点专利。但随着抗体药的制备——"高通量技术"深度应用的发展，这类药物研发技术开发难度也会逐渐降低，其相关专利价值很可能随时间的推移不断下降。

医药专利在药品知识产权保护中发挥着极其重要的作用，如何在实践中更加有效、客观地评估其价值是医药企业共同面对的问题。从行业角度来看，除了探索医药专利权价值评估方式，还应积极构建医药专利权信息平台，使该医药行业中的相关技术专家、专利评估师以及市场销售职业经理人等都参与其中，唯有如此才能使医药专利交易更加科学、合理，并进一步促进医药创新技术转移效率的提升，推动医药产业的稳定健康发展。

6.4　本章小结

1）作为当今资产的重要部分之一，无形资产价值评估越来越重要，在其价值评估的过程中，除需要注意一般资产评估需要关注的事项外，还应重点分析其特征、评估方法适应性、评估对象的界定、评估过程所需信息收集与分析以及评估方法中评估参数的确定等方面。

2）知识产权价值评估需要在充分检索分析的基础上做出，必要时委托专业机构进行技术、市场、法律、成长性等价值分析，需要综合大数据信息进行评价，还需多种知识产权类型联合分析评价。另外，对于专利资产、商标资产和著作权资产价值评估，应重点关注它们的评估对象的界定、价值影响因素以及评估过程的注意事项。

3）由于医药行业技术非网络化的特点，不同的医药专利可比性差，评估该类专利价值时应从法律、技术和市场等方面综合考虑。

第7章　医药企业知识产权管理的思考

众所周知，知识产权是企业重要的无形资产。无形资产的特点在于，并不像厂房、设备、物品等有形资产一样可以通过货币直接标明其价值。企业知识产权如何进行管理，如何制定与企业实际经营现状发展相符的知识产权战略、规避知识产权风险、处理知识产权争议和纠纷，相信是企业产权管理者工作的重心。鉴于此，对相关问题逐一进行介绍和讨论。

7.1　企业知识产权保护战略

企业知识产权战略是指企业为获取与保持市场竞争优势，运用知识产权制度进行确权、保护与运用从而谋取最佳经济效益的策略和手段。随着医药产业在各国国民经济和社会发展中地位的不断提升，全世界的制药巨头们纷纷利用知识产权战略抢占全球的医药市场。而中国大部分医药企业还未实施明确的知识产权战略，导致企业产品的市场竞争力较弱。因此，制定适合本企业发展的知识产权战略显得十分必要。

7.1.1　企业专利战略

企业知识产权战略包括专利、商标、著作权等战略。一般来说，医药企业的专利战略可分为进攻型和防御型两类。企业通过对自身的经济实力、技术能力、市场经营状况以及专利技术的竞争和发展等诸多因素综合评判后，确定企业专利战略方针。从中国医药企业发展水平和知识产权保护现状来看，中国大部分医药企业在技术创新中的专利战略应以防御性的专利战略为主，以进攻性主动型专利战略为辅。

7.1.1.1　主动型专利策略

主动型专利策略主要包括：

1) 基本专利策略。该战略是基于对公司未来产品发展方向，为保持自己新技术以及新产品竞争优势，将其核心技术作为基本专利来保护。一般来说，医药企业对自己的核心产品会布局相应的基本专利保护，包括化合物分子结构式或中药组合物的核心专利技术保护，形成技术垄断，以获得最大的市场占有份额。如：诺华公司为甲磺酸伊马替尼（格列卫）的原创药厂家，并于 1993 年 4 月 2 日申请相关该药品的"化合物和盐"的专利申请，随后，通过对该品种的深入研究，1998—2011 年，又在"多晶型、临床新用途"等主题上进行相应的专利布局，构建对该产品完善的专利组合保护，以使得该产品的专利独占保护期得到有效延长。对于国内的中成药企业，如，步长制药的"脑心通胶囊"，以岭制药的"通心络胶囊"，以及天士力的"丹参滴丸"，上述企业对其重点产品以"处方组成配比"为核心专利，配合申请大量相关该药品"制备工艺方法改进、质量检测方法、临床新用途"方面等外围专利，通过多层级的专利保护，以达到延长该产品的独占保护期的目的。

2) 专利抢先策略。仿医药企业会针对自己的核心产品在原创药基本专利公开的基础上进行二次创新，布局相应的外围专利，通过外围和后续专利的布局可获得市场利益的最大化。例如，盐酸舍曲林为美国辉瑞公司开发的治疗抑郁症药物，该药品的核心专利保护于 2006 年 6 月到期。以色列提瓦公司对该产品进行仿制技术升级开发研究，为了打破原研厂对该药品专利权的垄断，该公司于 1999 年申请该药品"晶型、中间体制备方法"等方面技术的专利保护，这些专利成为该产品提前顺利上市强有力的保证。

3) 专利出售策略。受仿制药一致性评价、带量采购等一系列医药改革的政策实施以及面临药品专利悬崖等多重因素的影响，许多外资药企相继做出战略调整，通过出售边缘原创药资产等非核心业务，来降低成本压力，并将其战略集中在重点药物的研发上。如，中国泰凌医药集团有限公司（简称泰凌医药）收购诺华制药骨科品牌"密盖息"的相关知识产权，总共交易金额为 1.45 亿美元。

4）专利诉讼策略。医药企业在发生专利侵权纠纷过程中，要敢于提出侵权诉讼，通过知识产权诉讼策略维护企业产品的市场利益。如，2003 年赛诺菲 - 安万特以恒瑞医药涉嫌侵犯多西紫杉醇中间体合成的工艺专利为由，向上海市第二中级人民法院提起诉讼。2006 年 11 月，恒瑞医药一审败诉，并向上海市高级人民法院提起上诉。2007 年 6 月，恒瑞医药二审（终审）胜诉。2007 年，赛诺菲 - 安万特向北京市高级人民法院起诉恒瑞医药"多西他赛"侵犯其专利。2008 年，国家知识产权局专利复审委员会宣告赛诺菲 - 安万特发明专利权全部无效。2009 年，赛诺菲 - 安万特向最高人民法院起诉，要求对恒瑞医药"多西他赛制造方法侵犯专利权"及"不正当竞争纠纷一案"的再审申请进行立案审查，并要求撤销上海市高院关于恒瑞侵犯安万特指控不能成立的终审判决。2010 年，最高人民法院驳回了赛诺菲 - 安万特要求进行再审的申请。同日，赛诺菲 - 安万特撤诉。在这场持续近 7 年的恒瑞医药和跨国医药企业的知识产权诉讼争端中，江苏恒瑞利用技术创新竞争优势，同时利用药品领域知识产权诉讼规则，最终赢得专利侵权纠纷官司，给中国的化学仿制药树立了标杆和典范。给我们的启示为：在与国外制药巨头企业的专利侵权纠纷中，扎实做好药品基础研发的基本功，通过在技术研发过程中寻求对方专利技术的缺陷和漏洞，以此作为与竞争企业进行诉讼和谈判的筹码。只有不断提高国内医药企业自身研发水平，才能在充分激烈的医药市场中取得核心竞争优势。

5）引进专利策略。如，2015 年 8 月，恒瑞医药与美国 Tesaro 公司达成协议，引进其用于肿瘤辅助治疗的止吐专利药 Rolapitant，负责该药在中国的开发注册和销售。该公司通过专利药引进策略，进一步巩固其在抗肿瘤领域的强势地位，丰富该公司肿瘤治疗产品梯队力量。

7.1.1.2 防御型专利策略

防御型专利策略是为避免竞争对手的专利给本公司带来威胁及尽可能保护自身利益的策略。常用的专利防御策略包括：

1）专利技术公开策略。如，有医药企业从投入产出的经济角度考虑，认为自己开发的技术没有必要取得专利权，以免负担专利申请与维持开支费用，但又担心其他企业取得这一技术的专利权，从而给本企业带来威胁，那么可以将发明创造的技术内容进行主动公开，以破坏其新颖性，从而阻止别人获得专利权。

2）提起专利无效策略。通过专利无效，可以让更多仿医药企业赢得进入药品销售市场的准入权。如，替诺福韦用于治疗乙肝的抗病毒一线药物，该药品在国内的销售价非常高，由于原创药厂家吉利德制药拥有其多件核心专利，直接导致了许多仿医药企业无法进入该领域。为了突破原研厂"核心专利障碍"的瓶颈，国内医药企业经过多年对该产品技术研发的积累，利用专利无效策略试图打破其对市场的垄断权。2011 年，国内企业对吉利德"替诺福韦"的化合物专利、制剂专利及分案专利，相继提出了无效申请，北京市高院裁定吉利德科学股份有限公司用于治疗乙肝和艾滋病的专利全部无效。这场长达 5 年多的专利无效案件以吉利德公司败诉告终。上述案例的启示：对于替诺福韦等热点药物的开发，中国医药企业加大医药研发投入，通过技术创新和摸索转化为药品技术优势，再利用"专利无效规则"，撬开该药品市场的大门。该专利被无效后，原创药厂家被迫降低该药品的价格。未来医药产品的核心竞争力还在于药品技术创新，只有不断提高药品的内在质量，才能在日益激烈的市场中求得生存。

3）专利预警策略。医药企业在销售新产品之前，应通过检索"药品的处方组成及制法"以及"药品外包装图片"，结合专业知识，判定是否存在专利、商标、版权方面的侵权风险。若有，进行规避设计，以降低侵权风险。尤其在启动创新药物研制的项目之前，专利预警分析很有必要。通过专利预警分析可以完成以下工作：专利申请的授权可能性分析；技术实施后的侵权可能性分析；项目实施后的法律风险分析；专利申请文本撰写的技术指导等。通过专利预警分析，不但可以了解拟开展项目所处的外部环境以及自身的技术价值，而且能够尽可能地减少项目开展后所带来的知识产权风险。

4）专利规避策略。若通过专利预警分析发现存在障碍专利，可通过规避设计进行开发、设计，以规避侵权风险。企业可以针对不同的产品技术开发情况、市场销售情况，进行针对性规避设计。结合专利独立权利保护范围和侵权判定原则，以分析是否存在侵权风险；对核心专利的权利要求进行分析，结合说明书对技术特征的定义和解释，通过减少或替换技术特征的方式进行规避设计以形成新的技术方案。尤其对说明书中实施例中提及的技术方案，因其未在权利要求保护范围内，这类技术处于专利捐献原则范围内，因此企业可以无偿免费使用该项技术。

总而言之，医药企业针对专利规避设计首先要确定规避主题，并进行相应的专利和技术文献分析检索，了解现有技术发展和专利保护情况；其次提出差异化规避设计方案，经过分析评估最终技术规避路线。

5）专利公众意见策略。《专利法实施细则》规定：自发明专利申请公开之日起至专利授权公告前，任何人均可对不符合专利法规定的专利申请向国家知识产权局提出意见，并说明理由。对于药品创新技术而言，同一款热门的新药研发，可能会有不同的几家医药企业同时开展，这时，就存在各企业在该药品核心关键工艺技术研发方面展开激烈竞争的情况。为了能够将企业技术上的优势转化为核心竞争力，许多大型医药企业都会及时将其创新成果通过申请专利进行保护，获得市场的垄断地位。而这时，其他相关联医药企业在研发过程中，应及时跟踪竞争对手企业公开的专利及科技文献，适时掌握竞争对手研发进展状况。一旦发现竞争对手提出相关在研产品的专利申请，经比对分析，可通过主动提交该专利申请的"公众意见"，以阻止其专利申请的授权。专利公众意见与专利无效程序相比有较大优势，具有成本较低、审查周期相对较短、专利公众意见异议成功率相对较高的优点。一般专利公众意见提交后，专利审查员会在专利审查过程中相应地参考，该公众意见可以是经过企业产品研发相关人员和专利律师反复讨论形成的技术分析报告。该报告可以从技术角度阐述申请专利的技术方案发展脉络，并列出现有技术文献资料作为辅证，指明专利申请文件不符合专利授权的条款。一份较好的公众意见可能会影响审查员对该专利技术授权前景倾向性的判定，若审查员认同了公众意见中的技术观点，极有可能会驳回竞争对手的专利申请。企业提专利公众意见应尽量早，审查员在发出授权通知后，该专利公众意见将起不到任何参考作用。鉴于专利无效的成本远高于专利公众意见的异议，医药企业更应该充分利用专利公众意见策略，在药品研发过程中，及时跟踪竞争对手研发现状及行业技术发展趋势，通过该策略以阻击竞争专利获权。从而为本公司后续研究开发和顺利上市，起到保驾护航的作用。此外，其他防御策略还包括交叉许可策略、失效和无效专利使用策略、专利信息策略等。

7.1.2　企业商标战略

所谓商标战略，是指企业在产品销售和市场推广的商业活动中，制定一系列产品发展和保护的总体规划。它是对企业资源进行优化、品牌培育以及帮助企业在正常生产经营活动中积累商业信誉的市场经营策略。企业商标战略的实施是通过一系列商标的注册、使用、保护、管理等多种具体实施活动来实现的。科学制定商标策略对于企业的长远发展意义重大。

（1）商标先行策略

企业在相关药品进入市场流通领域或在新产品研制开发之前，就可提前进行商标注册，以防他人在相同或类似药品上注册相同或近似商标。商标注册中一般实行"申请在先"原则，一件商标从申请到注册核准大概需要 1 年半的时间，为了使产品在进入市场时使用的商标能获得法律的保护，故采用商标先行策略。

（2）统一商标策略

商品生产者或者经营者在其所有商品上统一使用一个商标，这一策略是商标权人商标权扩展和品牌培育过程中的必经阶段。比如，"天士力""步长""修正"等商标持有企业通过多年在医药产品销售和品牌培育上的不断积累，使得上述商标在消费者中建立了良好的品牌形象。中小企业建立初期建议在产品上申请并使用单一商标，通过企业常年商品销售和品牌的运营，有利于建立企业整体形象。但该策略的明显缺点是，若单一产品或一个商标名誉受损，对企业相关产品的销售也会产生负面影响。

（3）主副商标策略

企业可以利用其主商标的声誉和知名度来建立和提高产品的形象，在消费者对主商标有一定认知后，推出副商标向消费者暗示其特定产品的用途、功能等特点。该策略利用消费者对已有知名主商标的信任度，建立产品与消费者的购销关系的桥梁，让消费者认识并接触到企业多个副商标产品。采用该策略能快速占领市场，提高产品销售量并取得竞争优势。如，广州白云山制药经过整合企业内部抗生素的多个产品线后，形成多个头孢类、大环内酯类、喹诺酮类口服消炎制剂的系列产品，这些产品上印有"抗之霸"商标的标志，既能分享"白云山"主商标的影响力，又能展现白云山制药在中国口服抗菌消炎药市场的形象。

（4）多重商标战略

商品生产者为区分同一种商品的不同质量、配方及其特点，可在不同产品上使用多个不同商标。如：完达山乳业为中国乳品行业的重点龙头企业。在20世纪90年代，"完达山"商标被国家工商行政管理总局商标局认定为"中国驰名商标"，企业根据自己产品针对不同的消费人群特点，进行品牌策划市场定位。其中有针对婴幼儿的"元乳""优越金童"，针对中老年的成人系列产品"脂逸优""将军牧场"等，通过上述多重商标在不同产品上的使用，扩大了企业不同产品与消费者的接触面，经过长期的使用，不仅使产品的销售量有所增加，同时也促进了企业商标权这一无形资产的增值。

（5）商标异议策略

商标异议是给予注册在先的商标权人或利害相关人维护自身利益的机会。对竞争对手的申请商标，如果该商标与本企业所拥有的商标构成近似或相同，可在异议期限内提出异议。因此，符合条件的企业可在法定的期限内，提出异议事由，主张权利。通过该策略可以尽量阻止竞争对手商标获得注册，以保护己方商标权专用权不受损害。

（6）商标驳回复审策略

商标驳回复审是指在商标申请中，商标注册申请被商标局审查员依法认定为违反相关法规而不予注册，商标注册申请人对商标局的驳回理由及法律依据不服，申请人可在收到商标驳回通知书15日内向商标评审委员会提出对原案复查审议的民事法律行为，是商标法授予商标申请人的重要救济途径之一。商标申请驳回理由可分为违反绝对禁止条款及相对禁止条款。

对于违反绝对禁止条款被予以驳回，通常进行驳回复审取得成功的难度较大。《商标法》第11条第2款规定："所列标志经过使用取得显著特征，并便于识别的，可以作为商标注册。"这提供给企业可利用"商标"的广泛使用而获得显著性进而取得商标专用权的一个思路。此时应考虑：①使用证据的采信程度（涉及：该标志是否是商标法意义的使用；该标志使用的时间、地域、范围及销售规模等情况；该标志在相关公众中的知晓程度；该标志具备显著性的其他因素）；②使用证据的提交时间及证据本身时间问题。在司法实践中，许多当事人在评审阶段提交部分证据，大部分在诉讼阶段提交。因为中国商标注册采用在先申请原则，故需要注意保留使用证据，用于证明商标使用在先。

违反相对禁止条款被驳回时，可从以下方面考虑并尝试进行阐释：一是申请商标与引证商标本身的近似程度；二是申请人使用申请商标的原因；三是商标申请与引证商标指定使用商品或服务是否有区别；四是申请商标指定使用商品或服务是否属于申请人主营——以便审查员判断申请商标对申请人的重要性；五是申请人使用申请商标的情形，是否与申请商标建立密切的对应关系；六是引证商标与引证商标所有人及其主营业务的关系——以便审查员判断引证商标是否仅是引证商标所有人的防御商标。

企业在申请商标被驳回时，应针对不同情形采取不同的应对策略。若与主营业务密切相关，对于与企业生产经营活动相关联的重要商标，要勇于尝试进行复审。复审的理由应重点考虑商标的实际使用情况、在先企业商号、与主营业务的关系等。如果申请商标与多个近似商标相似，那么可以选择放弃相同或相似的部分类别，再去做复审，这样驳回复审成功的可能性会高很多；如果引证商标注册已满 3 年，可以申请"撤三"，撤掉在先引证商标后再申请商标复审；如果申请的商标是图文组合形式，因为图案近似被驳回，申请人可以选择性地将图案和文字分开，再进行申请。综上所述，商标驳回复审是法律赋予商标申请人的重要权利，在申请商标时应酌情采用不同方式积极应对商标被驳回的情况。

（7）商标无效策略

注册商标的无效宣告是指已经获准注册的商标，因为违反绝对事由或相对事由，被商标局依职权宣告无效或由相对人提出无效宣告请求，被商标评审委员会予以评审的民事法律行为。这也是中国商标专用权确权的重要体现方式。

《商标法》第 44 条规定：已经注册的商标，违反本法第 10 条、第 11 条、第 12 条规定的，或者是以欺骗手段或者其他不正当手段取得注册的，由商标局宣告该注册商标无效；其他单位或者个人可以请求商标评审委员会宣告该注册商标无效。第 45 条规定：已经注册的商标，违反本法第 13 条第 2 款和第 3 款、第 15 条、第 16 条第 1 款、第 30 条、第 31 条、第 32 条规定的，自商标注册之日起 5 年内，在先权利人或者利害关系人可以请求商标评审委员会宣告该注册商标无效。对恶意注册的，驰名商标所有人不受 5 年的时间限制。基于对法规的理解和认识及商标实务，有以下经验可供参考。

无效宣告的实施主体为国家知识产权局商标局，无效宣告请求的申请人为任意第三人或者在先权利人、利害关系人。①无效宣告的理由分为绝对事由和相对事由。绝对事由包括《商标法》第 10 条、第 11 条、第 12 条规定的情形及"欺骗手段或者其他不正当手段取得注册的"，由商标局依职权宣告无效或者由任意第三人向商标评审委员会提出无效宣告请求，不受时间限制；相对事由包括第 13 条第 2 款和第 3 款、第 15 条、第 16 条第 1 款、第 30 条、第 31 条、第 32 条规定的情形，由在先权利人或利害关系人向商标评审委员会提出注册商标无效请求，由商标评审委员会针对无效请求、事实及理由进行评审，通常在商标核准注册之日起 5 年内提出。②商标被无效宣告通常有以下几种情况：a. 注册的商标中含有不能作为商标使用的标志或者形状等的；b. 以诈骗手段或者其他不正当手段成功获得商标注册的；c. 注册商标与他人在先权利冲突、抢注他人未注册商标、侵犯他人驰名商标权的。《商标法实施条例》第 54 条规定：商标评审委员会审理依照《商标法》第 44 条、第 45 条规定请求宣告注册商标无效的案件，应当针对当事人申请和答辩的事实、理由及请求进行审理。因此，无效宣告请求人在提出申请前需结合商标法自行收集证据，以事实为依据，以法律为准绳，在恰当时间提出无效宣告请求。③商标局做出无效的决定，会书面通知当事人，当事人对商标局的决定不服时，应在收到通知之日起 15 日内向商标评审委员会申请复审；商标评审委员会自收到申请之日起 9 个月内做出维持注册商标或者宣告注册商标无效的裁定，并书面通知当事人。有特殊情况需要延长的，经国务院工商行政管理部门批准，可以延长 3 个月。当事人对商标评审委员会的裁定不服的，可以自收到通知之日起 30 日内向人民法院起诉。④一旦注册商标被提出无效，应积极应对。首先应根据通知书中提出的理由，从商标的音、形、义等方面对注册商标进行叙述。或者是从商品本身来说明两者的区别，尤其要体现出对消费者购买是否有影响，该注册商标与商标注册人是否建立了密切的对应关系，商标能否起到区分商品或服务来源的作用。其次如果商标有一定的独创性，或者有在先的其他权利，都会是有力的理由与论据。再次可以着重表述商标注册人在商标实际使用、商标推广、产品销售上所付出的努力及该注册商标的知名度，在法律框架内进行有理有据地辩驳。⑤法律效力明确：《商标法》第 47 条规定"依照本法第四十四条、第四十五条的规定宣告无效的注册商标，由商标局予以公告，该注册商标专用权视为自始即不存在"。宣告无效的决定或者裁定对于宣告无效前已经履行的商标转让或者商标使用许可合同不具备追溯力。总之，商标无效宣告是一把双刃剑，是中国商标确权的重要途径。

（8）商标的海外国际化注册

医药企业要有长期规划方案，充分考虑到未来公司产品今后可能进入国际市场和进行跨国经营业务，也应根据产品海外销售布局情况，制定与适合本企业经营发展相适应的商标海外布局策略，并委托适合的海外注册代理服务机构做好本企业核心主商标的国际商标预警监测工作，以规避商标遭抢注的风险，并通过企业积极维权措施和商标运营，提高本企业在海外的知名度。

（9）商标的宣传与广告

企业在使用商标时，通过扩大商标产品广告的宣传，以拓展本企业产品商标的影响力和知名度。如，杭州娃哈哈公司在多年的产品销售和品牌建立过程中，非常重视对商标的宣传和保护。"娃哈哈"商标其别出心裁的设计，赢得广大消费者的信赖和赞誉，现在已成为儿童营养品的代名词。由于强大的市场占有率，招来许多不法商家的模仿，导致其消费者的混淆现象严重。鉴于此，公司通过商品外包装的精心改进，将已获得注册的娃娃形象作为主要商标，图形与文字商标相结合，并占据整个包装的突出醒目位置，从而使"娃哈哈外观包装盒"整体设计风格给消费者留下深刻的印象。该企业便利用报纸、广播、电视等大众传播媒介，对其新包装进行大量的广告宣传，以强化公众对娃哈哈的品牌印象。该策略的使用，使娃哈哈在饮料制品的市场知名度大幅度提高，产品的销量也稳居同行的前列。

医药企业在实施商标战略中，首先应建立商标信息监测机制，并结合企业销售部门的市场跟踪调查，以自我防御保护为核心，同时利用行政保护手段，一旦发现自己企业受到侵犯，及时运用法律手段，保护本企业商标专用权。其次在进行企业产品的品牌建设时，应将含有企业独特文化内涵，且构思巧妙的图形或字母商标设计贯穿到产品包装之中，采用外观设计专利的形式进行保护，综合运用多种公权力救济途径，以维护公司企业的品牌和声誉。

7.1.3　知识产权综合保护策略

7.1.3.1　药品行政保护

药品行政保护条例是为了扩大对外经济技术合作与交流，对外国药品独占权人的合法权益给予行政保护而制定。与该制度相关的法规是 1992 年 12 月出台的《药品行政保护条例》，其主要内容涉及，美国、欧盟、瑞士等国家和地区的药品专利权人在 1986 年 1 月 1 日到 1993 年 1 月 1 日，对于其所在国/地区获得产品专利授权且尚未在中国上市的药品，可以在中国申请获得为期 7 年半的行政保护期。获得其行政保护的药品，未经药品独占权利人许可，相关卫生行政审批部门，不得批准他人制造和销售。这一行政制度是在特定历史条件下制定的，是一种补偿性和过渡性措施。由于该制度现今已废止，本文仅在此做以简单的论述。

7.1.3.2　中药保护品种

鉴于中国的国情考虑，在 1993 年之前，专利法不能给予药品完备的保护。为了解决中国中药品种标准不一、工业技术水平较低、产品质量参差不齐等问题，国务院于 1992 年 10 月 14 日颁布了《中药品种保护条例》，该制度对提高中药品种质量、推动中药现代化具有积极作用。对质量稳定、疗效确切的中药品种，可由相关中药生产企业向国家中药品种保护审评委员会提出申请，按照级别分别给予保护期限（中药一级保护品种分别为 30 年、20 年、10 年，中药二级保护品种为 7 年）。其他企业擅自仿制中药保护品种的，以生产假药依法论处。

中药品种保护制度相比专利、商标等法律具有权利独占性弱、政策性强等特点。中药品种保护制度的顺利实施，为中国培育了一大批年销售额可达数亿至十亿元的中药大品种，如复方丹参滴丸、养血清脑颗粒等。近年来，由于中医药企业可利用"专利和中药保护品种"相结合双重保护的优势，取得较长时间的市场独占权，并获得较高的年销售额，中药大品种受到越来越多药企的青睐。中药品种保护可视为对专利和新药保护的一种后续补充。以养血清脑颗粒为例，其为天士力第二大拳头产品，自 1996 年获得批准上市，截至 2014 年销售累计已达40 多亿元，产品深受医生和患者的欢迎，是目前治疗慢性脑供血不足的现代中药。该产品核心的处方专利 93100050.5，于 2013 年 1 月 9 日因专利保护期届满而失效。查询中药保护品种数据库可知，该产品于 2012 年 3 月 9 日又获得第二次中药保护品种的保护，保护期限为 7 年，终止日为 2019 年 1 月 25 日。由此推知，天士力制药对其核心产品养血清脑颗粒采用中药保护品种和专利组合战略进行双重保护，以延长该产品的独占保护期限。

7.1.3.3　知名商品特有包装和装潢

商品包装和装潢是识别与区分商品的不同厂家和品牌产品的标志，是商品或者其外包装上附加的文字、图案、色彩及其排列组合形成富有特定风格的图案。独特的商品包装及装潢对产品的销售会起到强大的促销作用。对于药品而言，尤其是临床疗效较好、质量稳定的常用药品，如在心脑血管领域的常用中成药脑心通胶囊，其具有独特的"心电图"和"心样"组合外包装盒，一般消费者在购买该产品时，对该药品包装盒会留下深刻的印象。企业经过 20 多年的经营和品牌效应积累，其独特的包装和装潢会逐步在心脑血管市场上具有一定知名度，相关产品也成为该领域相关公众所知悉的知名商品。

知名商品的包装和装潢在一定程度上反映出经营者的商业和商品声誉。《反不正当竞争法》中规定"擅自使用知名商品特有的包装、装潢或者使用与知名商品近似的名称、包装、装潢，造成和他人的知名商品相混淆，使购买者误认为是该知名商品的，可以认为是不正当竞争行为"。以步长脑心通胶囊为例，步长脑心通胶囊是心脑血管市场的畅销品种，消费者无意中在某药店看到与"脑心通"包装极为相似的同类活血化瘀中成药产品在售。经调查取证，发现吉林有两家医药企业假借步长脑心通在全国心脑血管的知名度，对其进行仿冒，诱导消费者购买其产品。步长制药经过与上述两家企业交涉，最终迫使上述企业停止侵权并及时更换其产品外观包装。

利用相应法律，判断商品是否"知名"是其前提。判断商品是否知名，需要在相关公众中考察，结合商品销售区域、时间、信誉和广告宣传量以及商品在市场上的占有率等因素综合进行认定。对于药品而言，还应考虑产品的功能、治疗疾病领域，以及对应的消费群体是否交叠。又如，2012 年 7 月，加多宝公司和广药集团互诉对方侵犯其知名商品特有包装装潢案。广东省高院合并审理了此案，判决加多宝公司停止侵权行为，赔偿广药集团经济损失 1.5 亿元,加多宝公司不服审判,遂向最高人民法院提起上诉。在此次装潢纠纷案件中,加多宝公司调整相应的应对策略,更换其外包装风格图案,以金色为底色、红色为字体颜色的新包装将取代当前使用的红罐黄字包装。然经过多次审理,最高人民法院最终判定,王老吉、加多宝公司对"红罐"包装装潢权益可以共享。由于红罐"王老吉凉茶"源于清代的创始人王泽邦,通过其高超和精湛的医术使其具有保健功效的该款凉茶在岭南地区具有一定的地区影响力。广药集团将自身的"王老吉"的品牌授权许可给加多宝公司运营并销售,双方均对"王老吉"涉案包装装潢权益的形成、发展和商誉品牌积累发挥巨大的贡献。鉴于此,最高人民法院作出了比较折中的判决,尽管"王老吉"和"加多宝"的品牌营销取得了一定的成功,双方都投入了大量媒体广告费用,但对凉茶的品质工艺技术研究甚少。这一案例也警示药品企业除了要注重外在包装,更要注重产品品质。只有在不断加大产品新工艺技术投入的同时,改善药品质量,才能赢得消费者的最终追捧和认可。

7.2　企业知识风险预警和争议处理机制

企业知识产权风险是指企业在生产经营活动中可能遇到的给企业所带来不利影响的知识产权事项。其内容涉及专利、商标、商业秘密、著作权等,它始终贯穿在医药企业研发、生产、经营过程中。随着整个社会的知识产权保护意识的增强,许多医药企业为了取得市场上的竞争优势,把知识产权管理作为提升企业核心竞争力的重要因素。

7.2.1　企业经营过程中知识产权风险预警

医药企业知识产权风险受到生产或研发涉及的技术、企业经营现状、管理现状等多方面因素的影响。知识产权风险涉及研发、采购、生产、销售、人事管理等企业生产经营活动中的各个环节。随着医药新政及"4+7带量采购"的影响,医药企业的核心竞争力在于核心产品的技术创新。企业只有将"核心技术"和"知识产权"相结合,才能在日益激烈的医药市场保持长久的竞争力。因此,对于医药企业而言,加强企业内外部知识产权风险的风险管控,显得尤为重要。

7.2.1.1　企业内部知识产权风险识别

风险识别是企业知识产权风险管理的基础，是指分类识别企业存在的知识产权风险的来源、影响因素，结合公司各部门经营业务操作实际考察，辨识出企业主要业务经营活动中涉及的知识产权内容，并归纳梳理成知识产权风险清单。为了方便医药企业根据自身的经营和业务范围的实际状况，查找经营过程中的知识产权风险，我们特此制作了企业在经营过程中的知识产权监控要点，以供参考，具体见表 7-1。

表 7-1　企业日常经营过程中知识产权风险预警管控要点

企业经营环节	监控要点	风险内容
研发过程	项目立项前技术检索	对立项技术进行相关专利、科技文献及知识产权信息检索，了解该领域现有技术发展现状及竞争对手状况，以规避低水平项目的立项和开发
	研发中关键技术跟踪	对该技术领域技术开发路线与竞争对手的专利保护状况，进行持续跟踪检索。关注其同类产品的市场调研信息，调整研发策略，以规避医药研发中的侵权风险
	项目完成后，明确知识产权保护方式	及时申请知识产权保护或采取相应商业技术秘密保护措施
采购过程	分析供货方产品知识产权情况	核实涉及采购的原料药、生产设备、办公软件、包装材料等产品相关专利、商标、著作权等知识产权信息，分析涉及侵权风险
	审核采购合同中的知识产权条款	规定供应方知识产权权利和义务条款，明确侵权法律责任和保密措施
生产过程	生产过程中涉及的知识产权	对药品生产工艺及设备装置改进技术创新方案或合理化建议进行管理，明确权利归属，选择以"专利"或"技术秘密"方式，形成产权保护
	委托加工中涉及的知识产权	对委托方企业进行知识产权状况审查，明确涉及知识产权归属。规定双方知识产权权利和义务，以及侵权法律责任和保密措施

续表

企业经营环节	监控要点	风险内容
销售过程	产品销售前，知识产权分析调查	对产品的知识状况进行调研，识别侵权风险，确定知识产权保护方式。对销售代理产品，开展委托代理企业和产品的相关知识产权分析调研，以排除销售代理中的法律风险
	产品销售后，市场监控机制	通过产品对外展览会、网络媒体、广告、药店以及医院等多种途径，监控产品市场销售情况。若发现涉嫌侵犯公司的知识产权，应及时核实产品信息和收集侵权证据，积极维权
人力资源管理	新员工入职	对核心技术人员开展竞业禁止调查，进行知识产权相关基础知识培训
	核心员工离职	涉及核心员工离职时，需签订保密和竞业限定协议，对企业员工进行约束，防止核心信息被竞争对手所利用
信息资源管理	对外知识产权信息	公司对外发布新产品上市信息、研发产品新成果、论文，加强信息准确性审查

7.2.1.2　企业外部知识产权风险识别

外部风险主要是指企业以外给本企业带来直接损失的风险，主要包括以下方面：

（1）知识产权侵权诉讼风险

随着国家大力加强知识产权保护的氛围和企业知识产权意识的加强，企业在生产运营环节所面临的专利、商标、著作权的纠纷逐步增多，尤其是医药企业在技术开发中所面临的侵犯他人专利技术权的风险、企业产品专利权不稳定面临被无效的风险，以及在公司"网站或微信公众号"上宣传产品所引起的字库侵权纠纷。这就要求企业在经营活动中的各个环节，制定相应的风险防范措施，以排除相应的侵权风险。

（2）在药品研发合作或委托开发中的与合作企业存在的知识风险

企业与科研机构或高校进行技术开发合作时，在签订相关技术开发合同中并未清晰明确知识产权成果归属和侵权违约条款，导致后续在成果归属分配中产生潜在的纠纷。若该项技术对企业生产经营非常重要，该类知识产权风险在初期应及时进行规避。

（3）知识产权相关法律、法规、规章制度变化

比如，对于商标法的修订，2014 年 5 月 1 日起，生产、经营者不得将"驰名商标"字样用于商品、商品包装或者容器上，或者用于广告宣传、展览以及其他商业活动中。这对于拥有驰名商标的药企来说，"驰名商标"作为企业对外广告宣传的名片，不仅为企业产品的市场推广起到关键促进作用，还间接增加了药品的产品外在附加值，给企业带来一定的经济效益。但由于该商标条款的修改，导致企业驰名商标的使用方面受到极大的限制。若有企业销售的产品在海外出口或销售，将对我们企业有更严格的要求，我们必须及时关注国内外政策法律环境变化，以及自身企业所在行业相关知识产权法律条款的修订或废止，及时评估并制定相应的预警防范措施，以规避其政策变化给企业所带来的经营中的知识风险。

（4）医药相关政策变化

对于药品企业来说，医药政策对企业生产经营会产生较大的影响。如，国家发布了"辅助用药监控""仿制药一致性评价"等一系列医改政策。许多中药注射剂，如参麦注射液、消癌平注射液等较多产品被部分省市列为重点监控产品，因此上述产品的市场销售额会受到较大影响，此时，各相关医药企业应采取相应的应对策略，积极开发推进相应的新产品及早上市，以减少上述品种销售下滑给企业带来的负面影响。

7.2.2　企业知识产权风险应对措施

1）建立相应的知识产权管理机构，以便联络企业包含业务部门（包括生产、研发、销售、采购、人事等），从而有效管理公司各类知识产权事务。根据企业自身管理架构的特点，合理配备相应知识产权专员，负责公司内部各类知识产权创造、获取、维护、管理、服务等工作，并做好企业员工知识产权培训工作，提高企业员工知识产权意识。

2）建立知识产权风险预警和应对机制。知识产权风险来源于企业经营管理中的不确定因素的影响，因此，企业应加强生产经营活动中针对研发、生产、销售、采购过程中涉及的技术和法律等知识产权风险，并依据企业生产经营实际，对各部门业务流程工作进行细化归类，梳理出重点环节。并在其中设

立知识产权风险监控点，做到主动防范，以降低风险。企业在研发立项前，应重点检索其技术方案相关的现有技术状况，以评估其创新性和可行性。在研究开发活动中建立知识产权跟踪机制，以便企业能及时规避研发过程中的各种风险。在采购过程中，核实供应方及采购原料或设备的知识产权信息的权属，并做到供方信息、进货价格和进货渠道的保密工作等。企业新产品上市前，应开展产品相关知识产权分析和调研，以确保其产品相关的技术方案、设计图案等，不侵犯其他第三方相关知识产权。有条件的企业可根据自己公司各部门所涉及具体业务流程，制定相应的知识产权风险监控要点，以供部门员工在实际工作中参阅。

综上所述，企业为提升自身竞争力，会加大对新技术、新产品的开发力度，其中无可避免地会遇到专利、商品外观等知识产权的保护问题。随着知识竞争的日益激烈，企业必须充分认识到知识产权的重要性，并积极应对生产经营领域的机遇和挑战。首先，企业进行相关经营活动时，必须采取相关措施规避过程中可能出现的知识产权风险，确保自身产品的专业性的同时，不侵犯其他公司的知识产权。其次，注重知识产权评估方式，多利用法律手段，保护公司整体权益。

7.3 古代经典名方的知识产权保护思考

近年来，"经典名方"的词语经常出现在国家颁布的政策法规中，如：2018 年 4 月，国家中医药管理局发布了业界翘首期盼的《古代经典名方目录（第一批）》；2018 年 6 月，国家药品监督管理局发布《古代经典名方中药复方制剂简化注册审批管理规定》，发布经典名方制剂注册管理的总体规定；2018 年 11 月 9 日，国务院发布《2018 年深入实施国家知识产权战略加快建设知识产权强国推进计划》，其中明确"加强古代经典名方类中药制剂知识产权保护，推动中药产业知识产权联盟建设"等。"经典名方类中药制剂"（下文简称"经典名方"）与"知识产权"这两个曾经陌生、没有交集的词眼，此番以官宣的格调扑入医药企业的眼帘。二者终究是"相克相杀"，抑或"相生相使"，有待进一步分析。遵照国际规则，"知识产权"是一种智慧成果所依法享有的专有权，与"经典名方"相关的有专利、商标、著作权、植物新品种、商业秘密等。当前，面临中医药产业的转型升级期，其核心要诀仍在于技术创新。

7.3.1 专利保护范畴及困局

专利是技术成果依法产权化的经济产物，其核心的法则就是"公开创新技术换取固定期限保护"，更确切来说，其是一种先给予私权，而后博得公权的积极进化法则，实属中药类技术产业化体制中保护的"芯片"。依据中国现行《专利法》之规定，可保护的中药类主题包含组合物、提取物、复方制剂、制备工艺、制药用途、检测方法等。纵观中国"经典名方"与"专利"各自发展的历程中，前者属于传统知识范畴，后者则属于现代经济产物，在这传统与现代的链接中，注定就会包含"经典名方"技术专利化进程中所面临的难解、误区、融合等问题。

"经典名方"，其技术的突出之处是源于公开的医药经典古籍，或是直接传承，如六味地黄丸、桂枝茯苓丸等，抑或是改进传承，如脑心通胶囊，该中成药产品正是从经典名方"补阳还五汤"改进而来的。依据现行的专利法及实施细则相关规定，并结合"经典名方"载有的技术信息，可予以专利保护的范畴有"新制药用途、新制备方法、新的组方增减、检测方法"等。另，由于"经典名方"具有"成分复杂、药效机制不明"等特点，难以用数据和确定的途径予以证实。对于"经典名方"而言，在专利授权的"新颖性、创造性"的条件上，就有了生来就有的弱项，这也就给现实中行政部门及学者探索"如何加强'经典名方'专利保护"埋下了厚实的沃土。对于"新颖性"来说，现行专利法要求所授权的中药技术在全球范围内未被公开或使用，简言之，此专利技术必须是发明者首次提出的。而至于"创造性"，则更是"经典名方"专利性的重中之重，亦即要求此技术须在行业内有实质性的创新高度。基于此类技术源于公开的医史古籍，故多可归于《专利审查指南》上的选择型发明创造，其与中国当前的专利审查标准相比较，即"经典名方"先天性地带有"创造性"不够高的底色，俨然成了此类技术难获专利权的症结所在。

7.3.2　专利审查与药政注册的融合链接

站在医药产业实践视角，可产业化的"经典名方"，其载有的创新技术所获得的专利权，可称为"经典名方"的高价值专利。为此，应有两重关卡需要通过，第一重关卡是通过当前"经典名方"的药政审批，成为合法、合规的市场化药品。药品关系国计民生之健康，并基于当前简化"经典名方"注册审批的东风，全国各大医药主体多摩拳擦掌。因此，若想突出药政审批设有的重围，应至少需要有"创新"的技术方案。第二重关卡则是符合当前专利法相关授权条件，获取法益性权利。专利权是经贸活度的无形表征，必须以产品为有形载体；贸易全球化互通的今天，有形产品往往得益于无形产权，对于"经典名方"更是深以为然。为此，培育"经典名方"的高价值专利，其所突破的两重关卡均实质以"创新"为评价指标，仅是遵从于不同的法律制度分别监管实施而已。当前行政职能调整的大布局，两重关卡分属于同一行政主体的不同分支管控，确有相辅相成，相互衔接、参照的根基，建议可借此机构改革时机而动，亦即实质性建立药品注册审批与药品专利审查链接机制。并且两者应在评价"创新"尺度上，充分考虑经典名方类制剂"公知""久传"及"疗效"等先天属性之前提，据此建立不同于其他药品"创新"的评价尺度。实践中，关于"经典名方"药政审批的特异性规定，已在《古代经典名方中药复方制剂简化注册审批管理规定》中阐明，此处不做赘述和解读。但是，针对"经典名方"的专利性审查尺度等规定或操作尚未显现，为此，建议尽快商定出台同步于"当前经典名方简化注册审批"的专利审查标准，特别是设立适宜"创造性"不够高现状的审查规程，以便最终通过两重关卡的有机链接，培育出可实际运营的"经典名方"高价值专利。

7.3.3　"秘密"保护维度

2018年1月1日起新修订实施的《反不正当竞争法》中明确规定："商业秘密，是指不为公众所知悉、具有商业价值并经权利人采取相应保密措施的技术信息和经营信息。"2017年7月1日起颁布实施的《中华人民共和国中医药法》，在第43条规定："国家对经依法认定属于国家秘密的传统中药处方组成和生产工艺实行特殊保护。"2010年10月1日及2014年3月1日起实施的

《中华人民共和国保守国家秘密法》《中华人民共和国保守国家秘密法实施条例》，其分别对于国家秘密的"密级、范围、保密期限、定密权限"等内容予以法定。2015 年 11 月 16 日，由科学技术部、国家保密局令联合发布了《科学技术保密规定》，其中，第 16 条规定："实行市场准入管理的技术或者实行市场准入管理的产品涉及的科学技术事项需要确定为国家科学技术秘密的，向批准准入的国务院有关主管部门提请定密。"第 39 条规定了"不同密级的国家科学技术秘密如何申请专利保护"等相关内容；另外，还对于国家科学技术秘密的"范围、保密期限、定密授权、解密条件"等给予规定。

为此，基于上述中国现行法规制度给予"保密"问题的规定，"国家秘密"代表公权的保护，"商业秘密"代表着私权的集约。因此，当前与"中药保密"相关的主题，在于明确了概念、范畴、基本要素等框架性内容，尚未形成实操性的指引。参照国际通用的知识产权保护范畴，与"古代经典名方保密"产生的交集主要包含"商业秘密、传统知识"等。实践中发现，当前对于"中药秘密保护"的各业态总体保护能力较为薄弱，实践的方式各有家规，合乎法益保护的举措较为欠缺，市场经济中依此形成运营利器的少之又少。

在经典名方商业秘密的知识产权保护中，关键的环节就在于：采取"相应"保密措施，对这一要素的证据证明力是司法维权实践中最难的一环。实践中，常见有这样鲜活的画面："一位耄耋之年的中医药老者，对簿公堂之时，愤愤不平抱怨法律不公，其所不平之处在于祖辈几代传承的'秘法秘药'被他人盗用，而法官却不能为之做主，不能将他人绳之以法。"技术秘密作为知识产权保护形式的一种，其核心点在于遵法，因此必须要符合法律证据链的逻辑运算，这位老医药企业的愤懑客观应验了"哑巴吃黄连"的古语所云，苦于自身难以呈堂证明所述的中药制剂采取了"相应"保密措施。那么，什么是保密措施的证据呢？譬如，"传男不传女、传内不传外"的家训；剂量、配伍有特殊的密码代号；前、后工序由不同的主体操作；重要区域有摄像监控；双人双锁管理；核心人员有相应的保密约定和补偿措施……中药在采用技术秘密的方式保护时，留足"已采取相应保密措施"的证据痕迹，是权利主体维护合法权益的制胜要素。至于如何把握保密措施的前缀修饰词"相应"，实践中，通常是考虑该中药技术主体的发展阶段、技术特点、管理架构、人员层级素养等因素，予以综合评定、动态施措。

　　创新是中医药领域亟须突破的瓶颈，是产业发展的活水之源，"真正的大国重器，一定要掌握在自己手中"。通常，人员的管控是医药领域风险最高、最难管控的点。现实中，因核心技术及管理人员的流动引起的保密纠纷案件层出不穷，给创新主体带来了较大的重创和损失。原因之一在于，当前中国的诚信体系仍尚未建立健全，惩治惩罚的法律法规亦尚未有明确规定；原因之二则是，绝大多数创新主体尚未有系统、全面的对于可能涉密人员的管控流程。因此，面对独到的技术秘密保护，核心人员的有效管控是摆在这种正当、合法保护方式面前亟须解决的第一要务。当前从事中药类产业主体，绝大多数人员管理理念较为落后，未有可操作、可落地、可奏效的管控措施，即便是与核心涉密人员签订的保密协议、竞业限制协议、劳动合同等当代契约，所达到的效果终究是形式工程，难以真正奏效。譬如，未兑现竞业限制协议已依法给予的补偿金额；未明确约定职务、非职务技术贡献的权益和奖励报酬等。契约仅是一种管控的手段，可以千变万化，然永恒不变的就是，中药类主体单元，针对人员所做出的风险防控措施及合法证据。结合实践操作经验，建议应该在核心人员的"入职、在职、离职"等环节中分别加以管控防范。譬如，入职阶段，要做充分的尽职调查，特别是与之前所服务企业或雇主存在潜在的侵权行为的人员，并与之约定相应的风险声明；在职阶段，应分步骤、分阶段进行相应的保密、职业操守等专题强化训练；离职阶段，可在劳动合同中约定特定岗位的脱密期，并分步骤完成去"秘密化"的岗位轮换，签订合法合规的竞业限制协议，并严格遵照法律规定兑现相应补偿酬劳，还需建立系统的离职人员追踪、跟进台账，动态监控潜在的泄密风险等。

7.3.4　商标品牌维度

　　知识产权是市场经济的产物，也只有在市场中才能最大限度地发挥其价值。为此，开展古代经典名方知识产权的强保护，必须重塑经典品牌，以市场效应为突破口发力。进而，在现代经济的活度下，古代经典名方在强知识产权保护的前提下推进，还应分步骤、区域、层级做好该商业品牌塑造工作，并对于所实施的能体现商业价值的素材，准确及时予以整理归档，打造经典品牌的证据链，最终为组合式、全方位保护格局做好铺垫。

7.4　医药高价值专利的概论

7.4.1　医药高价值专利的概念及获取途径

近年来，"高价值专利"的概念已被广泛提出，它通常是指能够带来较大商业价值的专利组合，目前业内比较认可的说法就是指具有"高""稳""好""强"特质的专利族群。其中，"高"指的是技术的研发创新难度高；"稳"指的是专利的权利稳定；"好"指的是专利产品的市场应用前景好；"强"指的是专利的技术竞争力强。从更专业的角度来解释，"高价值专利"应具备较高的技术价值、法律价值及市场价值，三者缺一不可。其中，技术价值是核心，是高价值专利存在的基础；法律价值是保护伞，能够对核心价值起到保护作用；市场价值是高价值专利在产品化、市场化、产业化过程中带来的预期收益，是我们培育高价值专利的目的所在。

目前，对于医药高价值专利的获取基本有两种途径：一种是挖掘高价值专利；另一种是创造高价值专利。"挖掘"是常规的、基础的做法，需要在全球范围内对整个技术脉络做充分的检索分析，并做相应的专利地图分布、专利技术层级分析、专利法律变革及稳定性分析、专利发明人研究状况分析、专利的经济价值和市场培育周期等系列研究。在进行了充分的调查研究都难以找到合适的高价值专利后，有些企业或投资者就会转而考虑自己创造高价值专利。"创造"是培育高价值专利比较深层次的手段，有些企业或投资机构在全球范围内招聘人才，制定一个研究方向后进行设计，并进行深入的研究，逐步产出高价值专利，同时力争培养成有广阔经济前景的产品投放市场。

7.4.2　药物高价值专利的思考

"中美贸易战、第四次专利法修订、最高人民法院知识产权法庭、知识产权局重组"等热词，再次印证了知识产权改革"风雨欲来风满楼"的主基调。加之医药领域波云诡谲，遭遇行业的颠覆性洗牌重组，充分体现了至理名言"真正的大国重器，一定要掌握在自己手中"，各医药主体对于创新板块下注的筹码持续增加。因此，在这场创新的竞赛中，拥有高价值专利药物这把重器，能够公平、合法地实现医药技术权利的公开贸易化发展，对于实现更高、更快、更优的全民健康发挥了显著的推动作用，促使"创新技术"在市场贸易中的护航、导航之力奏效。至此，"药物高价值专利"成为行业的热词，各家众说纷纭，但未有定论。站在医药实践视角，对于如何培育药物的高价值专利，建议可做以下几个方面的思考。

（1）药品高价值专利的内涵

高价值专利通常被理解为"核心专利""基础专利""高质量专利"等。对于高价值专利的内涵界定，目前国内学术界有狭义和广义两种主流观点。其中，狭义的高价值专利单指高经济价值的专利，广义的高价值专利则是指此专利的市场价值和战略价值均较高。目前，国内学术界关于高价值专利内涵的研究相对较少。有学者认为，高价值专利包括专利本身的客观价值和交易时买卖双方的主观价值两个方面。另有学者提出，高价值专利应具有技术、市场、法律、战略、经济五个维度。再有学者认为，高价值专利的内涵应从技术方案、专利申请文件、严格审查、市场价值等方面予以定位。不难发现，现阶段高价值专利的内涵释义尚未形成统一的认知，主要是围绕技术价值和商业价值等单一或综合方面予以论述，同时存在脱离具体产业、浮光掠影式的共性问题。根据通说理解，专利本质上内蕴着一种基于技术信息应用的赋权思维，其无疑是一种通过直接给予确定期限的私权从而最终间接实现公权福祉的工具。因此，技术信息被奉为专利权区别于商标权和著作权等其他知识产权类型的圭臬。同时，对于药品高价值专利应有动态变化的属性，其要求紧密结合当前药品领域发展水平，综合评判技术、法律、市场三个维度的集成价值，而不能囿于"就专利而论专利价值""就技术创新论技术价值"等单一维度。因此，药品高价值专利的实质内涵是以药品为技术边界、专利为权益内容、高价值为抽象结果的复合体。

需要注意的是，上述观点对于高价值专利的内涵界定仅代表主流声音，并非高价值专利评估范畴的全部内容。药品高价值专利理应是一个开放、发散的命题，墨守成规、循规蹈矩则是阻挡药品高价值专利精准评估的主观障碍。譬如，在数量上，药品高价值专利通常是单一数量的专利，但也可以是同族专利或者多件专利的组合；在类型上，绝大多数药品高价值专利是发明专利，但绝不等同于实用新型专利和外观设计专利一定会被排除在药品高价值专利的范畴之外；在技术类别上，原研的、基础的、核心的、技术含量高的药品专利往往是高价值专利，但外围、辅助的药品技术也有可能成为一个药品主体的高价值专利的潜在客体。

（2）专利保护客体应去除主观的限定

所谓客体，在《现代汉语词典》中有哲学和法律两种解释范畴，遵从专利的法律权益外衣，因此，药物高价值专利的客体应取后者之义，亦即"法律上是指主体的权利和义务所指向的对象"。进一步来说，对于无形的专利权利，其无形的权益载体在中国仅有 3 种，即"发明、实用新型和外观设计"。实践中，多数实践主体过高地估算了"高价值"这个修饰词的份额，自主地据此限定了一定范畴，譬如，高价值专利应必须是发明专利；高价值专利应必须是较高创新性的技术方案等。或许，医药之外的其他领域的高价值专利可以做如上的限定，然而对于医药产业来说，实践的信息反馈，否定了此种自主的限定范畴，给出了 3 种类型皆有可为的开放式答案，其与医药产业的市场化特征基本吻合。药物是一个承载着生命安康的特殊商品，赢得市场份额需要塑造持久的声誉，因此，"老药老包装、新药仿老药包装"现象较为突出。特别对于仿制品种繁多的化学药及"六味地黄丸"等经典名方类中药制剂，其品牌中的商品名称、商标标识组成的经典包装，在实际的商业活动中的正向效应不容小觑。从而，药物高价值专利不应直接根据技术方案的有无，而排除药物包装盒所享有的外观设计专利，而应遵从专利价值的高低源于市场贸易活动中的作用去评判。

（3）专利权应经得起市场纠纷的确权

医药领域与国计民生极为密切，典型具有"高投入、高风险、高收益"等特性，成了社会经济贸易活动中摩拳擦掌、刀光剑影的重地。随着贸易全球化的飞速推进，专利这个西方舶来品，日渐在中国的经济活动中成为利器，公开统计的数据足以印证"专利"这一词的热度：中国连续多年专利申请量位居世界第一，甚至超过美、日、德、英、韩等主要国家的总和。但是，这仍不能遮挡现实中"多而不强、劣而不专"的真实面容，这也是专利地域性和权利特性的基本折射。因此，所谓的药物高价值专利，必须要经得起在市场纷争中"确权"这一金标准的锤炼，能在残酷市场竞争中的各种经济和法律纠纷中幸存下来，并且对竞争对手来说是一个威慑所在，因此不能只是花拳绣腿样的假把式，更不能是当下"自杀式"的专利圈怪胎。在药品的商业博弈中，经得住竞争对手的无效挑战，在市场纠葛中获得权利确认，最终实战化地形成了阻碍的防线，抑或是据此赢得了与对手商业合作的筹码。

（4）专利应与实施主体的经营战略相匹配

专利是市场贸易的法定工具，加之药品又是一个监管极为严格的商品，"一品一厂"的现象较为普遍，无论是管理的链条，还是技术的脉络，亦多是围绕主打药物展开的。因此，从该专利的实施主体角度来看，药物高价值专利应从中反映实施主体的商业或技术占位意图，能够充分与之经营战略相匹配，将可预期的药品商业化价值尽显其中。

总之，创新药品技术与药品高价值专利之间存在着"皮之不存，毛将焉附"的辩证关系。其中，创新药品技术是"皮"，而"毛"则是指药品高价值专利。由此可见，创新药品技术是高价值专利评估的先决条件。同时，对于专利而言，具有代表性和影响力的学术观点主要有"天赋人权说""劳动报酬说""社会契约说""促进经济说"四种。其中，"社会契约说"更为准确地揭示出，专利制度实际上是一种社会契约关系的客观本质。试想，若没有"公开换保护"为主旨的法律契约精神，药品高价值专利就没有其产生的适宜土壤。因此，法律权利是药品高价值专利评估的关键载体。此外，无论价值程度高或低，药品专利价值都要通过市场商业化的实际运营予以体现，进而使得市场商业化成为药品高价值专利评估的根本特征。亦即药物高价值专利其外延的指标必须是商业化价值的彰显，绝非仅仅是技术创新性高低的一言堂，摒弃形成空架子式的高价值专利，而应是立足产业实际，遵从"技术、市场、法律"等多维度综合评判，最终铸就"战之能用"的专利型坦克。

7.5　本章小结

医药企业应根据行业特点和市场情况来制定符合本企业实际情况的知识产权方针、战略，在此方针和战略的指导下进行各类知识产权运营。知识产权运营起来才能体现价值，转让、许可、质押融资等都是常规运营方式，企业可根据具体情况选用，但应做好监控和维护，以及风险预警和识别工作。在与合作方进行合作时，应以合同签订等书面形式来明确知识产权条款，运用法律的手段来避免权益受损和争取最大的利益。

"经典名方"要想在专利保护方面破局，必须重视和提升对承传技术的改进，在解决或克服"经典名方"原有的难题或不足之处、疗效明显提高、工艺更加先进、治疗范围更加广泛、不良反应更少等方面下功夫。

培育高价值专利是延长药品市场生命力的有效手段之一，一个产品的"高价值专利"应该是一个组合或族群，不是单一专利就能形成的，因此需要对现有产品不断地进行研究开发，或是对未来技术发展有一个清晰的认识，并已着手定位和追逐，在此基础上进行合理、明智的布局。

第8章 医药知识产权运营

8.1 医药知识产权运营概述

实现知识产权经济价值是知识产权工作的终极目标，要实现这个终极目标，就需要进行知识产权运营。知识产权运营是以市场化运作为手段，将知识产权的创造、布局、运用嵌入企业的产业链、价值链和创新链的企业日常生产经营活动过程中，促进企业优化资源配置，从而实现知识产权市场经济价值最大化的交易行为。

党的十八大以来，党中央、国务院对知识产权工作做出了一系列重大部署。十八届三中全会提出"要加强知识产权运用和保护"，四中全会强调"要完善激励创新的产权制度、知识产权保护制度和促进科技成果转化的体制机制"；十八届五中全会在"十三五"规划建议中明确要求，"深化知识产权领域改革，加强技术和知识产权交易平台建设"；知识产权保护和运用规划列入国家"十四五"重点专项规划。面对新形势、新任务和新要求，国家知识产权局高度重视知识产权运营业态的发展，不断优化知识产权公共服务，加快构建知识产权运营服务体系，同时提出"平台＋机构＋产业＋资本"四位一体的知识产权运营发展新模式。

在新商业环境中，基于知识产权的竞争逐渐从幕后走向台前，成为企业间相互角力的重要竞争形式。近年来，随着医药技术创新需求增加，医药知识产权转让、许可、出资等交易呈现日益活跃迹象。因此如何通过知识产权运营加快医药行业科技成果转化，发挥其经济价值，保持企业竞争优势，已成为当前医药企业知识产权管理需要解决的重要问题之一。本章将围绕医药知识产权运营相关内容展开，针对运营模式进行详细介绍和讨论。

8.1.1　医药知识产权运营目标

《国家知识产权局战略纲要》明确提出要"促进自主创新成果的知识产权化、商品化、产业化，引导企业采取知识产权转让、许可、质押等方式实现知识产权的市场价值"。这就明确提出了知识产权运营的总体目标，是以市场化运作为手段，通过转让、许可、诉讼、投资、融资、质押等多维度、多层次的方式，使智力无形成果实现其有形价值，并使其社会价值和商业价值最大化，从而获得市场竞争优势。

8.1.2　医药知识产权运营意义

医药产业具有高度知识技术密集、高度资金密集、高附加值、社会效益好、风险大、增长快、产品寿命周期短等高技术产业的基本特征。

为规避医药产业可能涉及的风险，通过有效的知识产权运营，既能为企业带来许可费、损害赔偿金、资本收入和技术报酬等直接的多元利益，也可以实现获得股权、控制权、限制竞争对手竞争、独占某领域市场、扩大品牌影响力、实现研发自由、突破竞争对手设置的贸易壁垒等商业目标，协助企业借由技术和资本竞争优势间接主导产业链和价值链。

8.1.3　医药知识产权运营现状

知识产权运营的目的是实现特定知识产权的经济价值，或者保持市场竞争优势，为运营主体创造利益。知识产权运营不应是只针对成果的运营，而应该从创意产生到创造、管理、运用、服务，最后到保护，一个知识产权全生命周期的运营。同时不仅要通过知识产权保护自己的利益，也要用其获得更大的市场利益。这就需要具备两个基础条件：一是知识产权需具备多维度的价值，二是多样化的运营手段。这两个基础条件也是现在知识产权运营的两大主要问题，表现为知识产权质量不高、运营意识欠缺、运营手段单一。

首先，知识产权要具备多维度价值，需要注重高价值培育，以专利为例，前期开展专利导航分析，从宏观和技术两个角度，对专利概况、竞争趋势、技术分布、研发团队，以及竞争对手重点技术布局情况进行分析；随后依据分析结果，同时结合本行业或本企业的自身专利情况，确定专利挖掘布局策略，最后通过高质量撰写完成高价值专利申请。医药领域专利有研发周期长、研发成本高、产品更新迭代速度慢、专利数量少等特点，因此更应该注重高价值专利培育，避免时间以及资金成本的浪费。

其次，不同的运营者出于不同的商业目的，可能采取不同的运营手段。特定的运营主体、特定的商业目的以及特定的运营手段相结合即构成特定的运营模式。从知识产权运营实务的角度，主要分为两大类运营模式：单一运营模式、综合运营模式。单一运营模式主要包括实施、转让、许可、投资、融资、保险、证券化、诉讼。综合运营模式主要包括产业联盟知识产权运营、产业园区知识产权运营、平台知识产权运营、其他知识产权运营模式。

知识产权运营在中国仍处于刚起步阶段，还在不断探索，但经过近几年的发展也取得了显著的成绩。

"十三五"期间，联合财政部支持37个重点城市开展知识产权运营服务体系建设，布局建设13个知识产权运营平台（中心）。知识产权质押融资总金额达到7095亿元，比"十二五"期间翻了一番。知识产权使用费进出口额由2015年的231.1亿美元提升到2019年的409.8亿美元，年均增长15.4%。评选出中国专利金奖130项，创造新增销售额超1万亿元，其中医药领域专利17项。

2020年，全国知识产权系统共处理专利侵权纠纷行政裁决案件超4.2万件，同比增长9.9%。全国专利商标质押融资总额达到2180亿元，同比增长43.9%，质押项目数超过1.2万项，同比增长43.8%，实现了"十三五"时期最大幅度的增长。同时，知识产权保险的保障金额突破200亿元，惠及4295家企业。全国新增发行12单知识产权证券化产品，计划融资规模69亿元，实际募资超过33亿元。

对医药领域来说，专利实施是专利运营的主要方式之一，例如氟替卡松为葛兰素史克的独家品种（商品名：舒利迭），2015年销售额高达55.8亿美元，瑞舒伐他汀为阿斯利康的独家品种，2015年销售额为49.18亿美元，国内如丹红注射液、脑心通胶囊、稳心颗粒等中药产品也是步长制药独家品种，其上述产品均有核心专利保护，已获得市场独占权，其年销售额也达数十亿元以上。

在 2020 年，也有多个证券化产品发行，助力知识产权运营。7 月 16 日，由深圳市市场监督管理局与坪山区政府战略合作，深圳市高新投集团有限公司、长江证券、中国（南方）知识产权运营中心等单位联合推动全国首支聚焦生物医药领域的知识产权证券化产品成功获批。

8 月 31 日"粤开—广州开发区金控—生物医药专利许可 1-5 期资产支持专项计划"知识产权证券化产品正式发行，产品发行总规模为 5 亿元，首期发行规模为 2.03 亿元。广州华银健康科技公司作为国内在病理学、精准医学和远程病理方面领先的高科技企业，近年来保持每年 40%~50% 的快速增长，对资金持续投入的需求很大。2019 年，该公司获得黄埔区、广州开发区第一批知识产权证券化产品的融资。今年，该公司再次以核心专利权为"知本"，成为本次发行的生物医药知识产权证券化产品首批获益企业，获得 1000 万元融资款项。

质押融资方面也与产业园区政策联动，2020 年 11—12 月，国家知识产权局运用促进司会同银保监会法规部，指导支持北京、浙江、湖南、广东和重庆五省市举办了知识产权质押融资"入园惠企"系列活动。自 11 月中旬启动以来，5 个省市知识产权部门、银保监局面向国家级高新区等产业园区，陆续举办了 22 场内容丰富、形式多样的活动，共覆盖了 53 个产业园区，参与企业达 1400 家，银行等金融机构超过 220 家，线上线下活动参与人次达 47 万，促成现场签约融资金额 7.1 亿元。

广州开发区作为首批国家知识产权投融资试点，生物医药产业是其支柱产业，在 2020 年的抗疫工作中也发挥了重要作用。2020 年 1—5 月，该区生物医药产业产值同比增长 45%，关于新冠肺炎疫情的检测试剂日产值约占全国总产值的四分之一。

除此之外，全国还在医药领域建立了多个医药产业园区、多家知识产权产业运营中心及知识产权交易平台/中心，形成了多维度合作、立体的知识产权运营模式。例如，2017 年横琴粤澳中医药科技产业园与横琴国际知识产权交易中心有限公司达成合作意向；中国医药城医药创新成果产权交易中心坐落于中国医药城，是隶属于"国家专利技术展示交易中心"的中国第一个生物医药专利展示交易的专业市场；2020 年生物医药基地与全国医药技术市场协会签署全国医药知识产权服务中心战略合作协议；落户于中国药科大学的南京市生物医药产业知识产权运营中心以及落户于成都中医药大学的医药知识产权运营中心。

广州知识产权交易中心有限公司（以下简称广知中心）在科技成果转化和科技金融上推出了多项创新。例如在科技成果转化方面，广知中心联合各大高校、科研院所共建科技成果转化平台，建立科技成果库、挂牌交易系统及科技成果成交公示系统，让科技成果与技术需求对接。在科技金融业务方面，疫情期间广知中心联合建设银行广州分行推出知识产权低息快贷融资产品"广知快贷"，为受疫情影响企业纾困解难，助力企业顺利复工复产。截至2020年9月底共计办理质押融资项目63笔，质押融资额达7.97亿元。

在高校中，中国药科大学在专利运营模式上进行了多样化的探索。一方面，注重专利运营的规范化服务，重视吸取基层院部师生的意见，更新和完善工作流程，努力在专利许可转让等环节提升效率和强化服务，先后成立了南京市生物医药产业知识产权运营中心、中国药科大学知识产权信息服务中心。另一方面，拓宽和巩固专利运营的渠道和平台，在线上专利推介方面，持续纵深各级门户网站、微信公众号、江苏省技术产权交易市场平台及"我的麦田"等手机App网络推介空间；在线下对接方面，通过走访对接广大药企、举办专利洽谈会、参加各类专利展览会等途径，提高专利展示实效。

纵观医药产业知识产权运营发展，知识产权运营模式多样，运营平台遍地开花，但项目落地后，具体执行成效方面不是很明显，这也是今后知识产权运营的重要关注点。

8.2　医药知识产权的一般运营模式

8.2.1　知识产权转让

8.2.1.1　知识产权转让模式的含义

知识产权转让是知识产权运用的重要形式之一，它是指出让方和受让方签订转让合同，将知识产权所有者的权利转移给受让方的法律行为。知识产权转让有其自身的特点。首先，知识产权具有无形性、专有性、时间性与地域性特点。中国颁布的《专利法》《商标法》《著作权法》等法规都明确记载了相应转让规范。其次，知识产权转让属于权利转让，其会发生权利主体的变更行为，因此双方必须依法签订有效转让合同。转让合同必须由主管机关或其他组织进行登记。

知识产权包括专利权、商标权、著作权等受知识产权法保护的种类。根据知识产权种类的不同，知识产权转让包括专利权转让、商标权转让、著作权转让等形式：①专利权转让是专利权人将其专利所有权转让给受让方的法律行为，受让方通过专利权转让合同取得专利所有权，成为新的专利权人；②商标权转让是商标权人将其合法拥有的商标专用权按照法定程序转让给受让方的法律行为；③著作权转让是著作权人将其著作的全部或部分财产权通过买卖、互易、遗赠等方式转让给受让方的法律行为。

知识产权是一种法定财产权利，知识产权转让与许可的区别是，知识产权转让是所有权转让，转让一旦生效，原权利人就丧失其所有权，因此知识产权转让费用比许可费用高。就企业知识产权管理来说，通过知识产权转让，权利人能够获得高额的转让费用，并能继续新产品技术研发、优化产权管理、提高经营效益，进一步增强医药企业核心竞争力。

8.2.1.2　知识产权转让模式的类型

中国知识产权转让模式包括知识产权转让基本模式、企业并购转让模式和知识产权拍卖模式。

（1）知识产权转让基本模式

权利人将其知识产权所有权转让给受让方从而获得收益，而受让方可在短时间内获得所需知识产权以改善自身知识产权缺乏的困境。以小米为例，为开拓海外市场发展国际化业务，2018 年小米从荷兰飞利浦公司购买约 350 项全球专利，截至 2018 年 3 月底，小米已在海外申请了 3500 多项专利。

（2）企业并购转让模式

企业通过并购目标企业从而获得该企业的相关知识产权与核心技术，同时接收目标企业研发、销售、售后等渠道，可迅速进入相关市场。以中国化工集团收购瑞士先正达为例，2017 年 6 月中国化工集团以 430 亿美元收购全球第一大农药、第三大种子农化高科技公司瑞士先正达，从而获得先正达的研发、渠道、产品及其所拥有的大量高端市场用户。通过完成此次收购，中国化工集团迅速跻身成为由巴斯夫、陶氏杜邦、拜耳组成的世界四大农业化学品和农药巨头之一。

（3）知识产权拍卖模式

权利人将其知识产权通过市场竞价交易的方式实现知识产权所有权的转移，知识产权拍卖模式具有覆盖面广、公开透明等特点。2018 年 12 月 13 日，广州文化产业交易会·粤港澳大湾区版权产业创新发展（越秀）峰会中，以获得第 15 届中国动漫金龙奖最佳剧情漫画奖铜奖的漫画《寂寞口笛手》为代表的多项知识产权授权项目参与竞拍，促成成交额超 600 万元。

8.2.2　知识产权许可

8.2.2.1　知识产权许可模式的含义

知识产权许可是权利人将其知识产权中的全部或部分使用权授予被许可人的法律行为，知识产权许可包括专利许可、商标许可、著作权许可等形式。

专利许可即专利许可证贸易，是专利权人以许可合同的形式授权他人在固定期限及范围内以固定方式使用专利权人所拥有的专利，被许可人支付相应使用费用。

商标许可是商标权人通过签订商标使用许可合同，许可他人使用其注册商标的法律行为。

著作权许可是著作权人许可他人在固定期限及范围内以协商的方式行使著作权利的行为。

8.2.2.2　知识产权许可模式的类型

知识产权许可是知识产权权利人与被许可人依法签订书面许可合同，由权利人授予被许可人知识产权使用权的法律行为。知识产权许可模式包括普通许可、排他许可、独占许可及专利组合许可等。

（1）普通许可

权利人允许被许可人在合同规定的期限及地域内行使知识产权使用权，同时保留权利人自身使用该项知识产权及就该项知识产权与第三方签订许可合同的权利。因此在同一地域范围内，存在多个被许可人使用同一知识产权的情形。以肯德基为例，百胜餐饮集团提供肯德基商标使用权，授权加盟商在特定地域以加盟形式经营肯德基门店。

（2）排他许可

权利人允许被许可人在合同规定的地域范围内独家行使知识产权使用权，并不再就该项知识产权与第三方签订许可合同，但仍保留权利人自身使用其知识产权的权利。2010 年 4 月，新加坡纳米材料科技公司（以下简称 NMT）与北京万生药业有限责任公司（以下简称万生药业）签订排他许可协议。根据协议条款，万生药业支付关于使用 NMT 专有的超重力可控沉淀技术在中国国内进行药品生产及销售的费用，NMT 负责向万生药业提供药品配方且其自身拥有该配方的使用权。

（3）独占许可

权利人允许被许可人在合同规定的地域范围内，可独占该项知识产权的使用权，包括权利人自身在内均无权使用该项知识产权。2015 年，北京华素制药股份有限公司（以下简称华素制药）与中国人民解放军军事医学科学院放射与辐射医学研究所（以下简称军科院二所）签订独占许可合同，华素制药以 6000 万元购买军科院二所拥有的国家 1 类新药知母皂苷 BII 原料药、胶囊、国家 1 类新药知母皂苷 BII 注射用原料药、注射液及相关保健品智参颗粒相关专利的独占许可使用权。

为了更加直观方便理解，将上述三种许可的类型、方式及相关权利等进行比较，见表 8 - 1。

表 8 -1　普通、排他、独占许可相关权利比较

许可类型	权利人是否可以自行实施	专利权人是否可以许可	被许可方是否可再许可	被许可人诉讼权利
普通许可	是	是	否	无
排他许可	是	否	否	有
独占许可	否	否	否	有

在医药企业的经营过程中，随着我们国家与外部的交流合作日益增多，知识产权的运营方式逐步在改变。以专利为例，以前的企业间或是企业与研究机构、高校间的合作方式主要是专利的转让模式，以直接获取专利的权利为合作

的基础和目的。但近年来，中国企业与外国企业间的合作，专利方面主要以"独占许可"的方式为主，以利益共享、风险共担的心态实现双方的共赢。这种合作既有利于双方对项目的积极推进，又可以降低专利被许可方前期的资金投入，以较低的成本来实现合作。一般来说，许可人和被许可人在合作中会达成一种真正的合作状态，许可人会要求被许可人签订明确的进度承诺，并根据进度来分享项目里的收益提成；同时被许可人也会要求许可人确保被许可专利的稳定性以及积极应对有可能出现的相关专利纠纷等。因此在合作过程中，双方实际是利益共同体，互相促进、互相监督，比纯粹的技术转让更有积极性。

8.2.2.3 知识产权使用许可合同

通常来说，按照知识产权的种类可将许可合同分为专利许可合同、商标许可合同和著作权许可合同。

（1）专利许可合同

专利权人将其所拥有的专利技术许可给他人，并以约定时间、地域或一定的实施方式所订立的合同。通过实施专利许可，权利人可获得相应专利许可费收益。被许可方不得自行许可第三方实施该专利，企业办理专利许可事宜，须签订书面合同。合同应写明授予专利号和发明名称以及明确的许可使用范围和期限。在专利许可中，许可给对方的是专利使用权，如制造权、使用权、销售权和进口权，保留专利所有权。

签订专利合同应注意以下事项：第一，被许可范围，合同须明确专利许可时间、使用地域、许可权利范围。对于药品领域而言，通常专利权利要求保护的范围相对比较宽，其绝大部分主权项包含多种不同的剂型的制备方法，但我们在现实中，可能仅许可专利权项下的其中一种药品剂型的制备工艺技术（如颗粒剂、胶囊剂、片剂），其企业由于被许可范围相对较小，所付的专利许可费自然应少些。第二，专利法上有相关医药专利技术实施许可后，应给予发明人相应的奖励和报酬规定，一般来讲，其上述相应的费用应约定由许可方承担。第三，对后续改进技术的知识产权成果归属和使用进行约定。第四，由于医药专利涉及的经济利益较大，存在被许可专利被无效或被许可方面临侵权纠纷的知识产权法律风险，因此应在合同中明确双方所承担的违约赔偿责任或纠纷解决措施。

（2）商标许可合同

商标权人可以将其注册商标许可给他人使用，对此商标权人可以获得一定的商标许可使用费。商标法规定商标许可双方应签订商标许可合同，并向国家商标局登记备案。商标权许可实施合同生效后，商标使用许可合同的标的为商标"使用权"，而并非"所有权"，因此许可方仍为注册商标的所有权人。

商标使用许可有独占许可、一般使用许可和排他许可三种方式。商标在许可授权前，一定要严把被许可方资格的审查关，对被许可人的履约信誉能力、生产管理水平、产品质量等进行综合考察。商标许可人在商标许可过程中，应密切关注和监督被许可人许可产品的内在质量，避免被许可方在产品质量、售后服务等方面损害被许可商标信誉的现象发生。但许可人也有义务维持被许可使用的商标权的稳定性，按照法定期限进行商标续展，使得商标处于有权状态。同时，许可使用商标应以注册商标为准，不得擅自改变其文字、图形以及核准产品的范围。被许可使用的商品上应标明被许可人的名称和商品产地，以防给消费者带来误解，并维护企业被许可商标的品牌和信誉。

（3）著作权许可合同

指作者或其他著作权人通过约定将著作权中的部分财产权授予被许可人行使所签订的一种许可使用合同。被许可人可以在一定范围内按双方协商一致的方式和条件使用著作权人的作品，但必须向著作权人支付使用费。著作权的使用许可，是把著作权人著作权的使用权让与他人行使，保留所有权。应当注意的是，著作权许可是针对著作权中的财产权许可而言的，著作权中的人身权是不能许可和转让的。

此外，作品的作者死后，其著作权将由其继承人继承，继承人在著作权保护期限内享有著作权财产权中的一切权利，他人如要使用该作品，必须取得该著作权继承人的许可。著作权许可按同一使用权被许可人是一人还是多人，可分为专有使用和非专有使用。

8.2.3　专利作价投资

8.2.3.1　专利作价投资概念

专利投资是指专利权人以专利作为资本投入企业，与企业其他资本共同经营、共担风险、共享利润，形成新的经济实体的过程。

8.2.3.2　专利作价投资法律依据

依据《公司法》第 27 条规定："股东可以用货币出资，也可以用实物、知识产权、土地使用权等可以用货币估价并可以依法转让的非货币财产作价出资；但是，法律、行政法规规定不得作为出资的财产除外。对作为出资的非货币财产应当评估作价，核实财产，不得高估或者低估作价。法律、行政法规对评估作价有规定的，从其规定。"专利权作为知识产权的一种，同时满足可用货币估价并可依法转让的特性，因此可以用于作价出资。

近年来为鼓励专利技术转化运用，各省市、高校纷纷出台政策促进专利作价入股。例如，2016 年河北省出台《专利权作价出资入股补贴（试行）办法》，对以专利权作价出资入股的企业，补贴评估费的 50%，最高不高于 2 万元；补贴专利权作价金额的 1%，最高不高于 8 万元。上海交通大学出台的《上海交通大学医学院促进科技成果转化管理办法》中明确规定，科技成果由科创平台公司向企业作价投资，从科技成果形成的股份中提取不低于 70% 的比例的股权用于激励项目团队。

8.2.3.3　专利投资特点

专利是一种无形资产，其价值与技术先进性、权利要求保护范围、市场前景、保护期限等因素密切相关，因此在作价出资之前相比于货币资产要对其进行价值评估。

8.2.3.4　专利投资流程

以专利出资入股，需要特定的资产评估机构进行评估。专利作为一种知识产权，可以通过货币估价作为企业设立的一种出资形式，必须按照规定的流程办理：

1）股东共同签订公司章程，约定彼此出资额和出资方式。

2）由专利所有权人依法委托经财政部门批准设立的资产评估机构进行评估，并办理专利权变更登记及公告手续。

3）工商登记时出具相应的评估报告，有关专家对评估报告的书面意见和评估机构的营业执照，专利权转移手续。

8.2.3.5　专利价值评估

专利价值评估是专利作价入股的基础，与有形资产相比，专利价值受到更多不确定因素的影响，主要包括技术、法律、经济等方面因素。其中，法律因素主要包括专利类别（发明、实用新型、外观设计）、专利剩余期限、专利权实施类型（转让、独占许可、排他许可、普通许可）、专利权保护范围、专利诉讼情况等；技术因素主要包括技术可替代性、先进性、成熟度等；经济因素主要包括专利获取成本、专利技术获利能力、市场控制力等。

专利价值评估方法主要包括成本法、收益法和市场法。

1. 成本法

专利评估的成本法又称重置成本法，是以重置与被评估资产具有相同用途和功效的资产的成本为计价标准，以重置全新资产所需的完全重置成本（重置全价）减去被评估资产已发生的各种损耗或贬值来确定被评估资产的价值的方法。成本法的基本公式：专利资产评估值 = 专利资产重置成本 × （1 - 贬值率）。重置成本指现时市场条件下重新创造或购置一项全新专利所耗费的全部货币总额，分别对应自创专利和外购专利，但专利资产的成本具有不完整性（开发成本是否全部计入）、弱对应性（成果具有较大随机性和偶然性，投钱不一定就能出成果）和虚拟性（因前两点，导致专利的成本往往是相对的），所以成本法有较多争议。

2. 收益法

专利评估的收益法全称为收益现值法，又称收益还原法、收益本金化法或收益经济法，是以专利资产的未来收益作为计价标准，通过预测专利资产在未来经济寿命周期内可获得的收益，选择适用的折现率进行折现求和，以确定被评估专利资产价格的方法。此方法针对已经产业化的专利比较适用。

3. 市场法

专利评估的市场法是指利用市场上同样的或者类似专利资产的近期交易价格，将评估对象与作为参考物的与评估对象相同或类似的已交易资产相比较，从而调整参照物的交易价，并按照公式计算出被评估专利资产的价格的方法。市场法是最简单、最有效的方法，但因专利资产具有非标准性和唯一性，因此市场法受到很大限制，只有在充分、活跃的市场交易情况下，市场法的公允性才被认可。

由于每种方法均具有一定的局限性，因此在实操过程中经常采用多种方法同时进行评估，最后综合不同评估方法的结果作为最终评估结果。

8.2.4 专利融资

广义的专利融资包括债权融资即专利质押融资和股权融资，本节内容主要介绍专利质押融资业务。

8.2.4.1 专利质押融资概念

专利质押融资是指债务人（专利权人）将其所拥有的专利经过价值评估后质押给银行等金融机构以获取贷款并按照合同约定的利率及期限偿还本息，如债务人无法偿还债务，则债权人有权将出质专利权进行处置，并优先受偿。

8.2.4.2 专利质押融资发展

专利质押融资可扩展企业融资渠道，充分利用专利权的资产属性，促进中小企业尤其是科技型企业的发展。近年来，中国从国家到省市不断推出各类政策措施，鼓励商业银行、企业、担保机构开展专利权质押贷款业务。

2008 年，国家知识产权局在全国开展知识产权质押融资试点工作，2008—2011 年，国家知识产权局先后批复了三批共 16 个城市开展知识产权质押融资试点工作。

2010 年，财政部联合六部门发布《关于加强知识产权质押融资与评估管理支持中小企业发展的通知》。2013 年，银监会联合四部门发布《关于商业银行知识产权质押贷款业务的指导意见》，促进知识产权质押融资工作，为建设知识产权质押融资服务体系、完善风险管理机制、评估管理体系、建立流转管理机制提供指导性建议。

在国家出台各类政策文件后，各省市纷纷出台知识产权质押融资相关政策，对质押贷款利息、担保费、评估费给予补贴，并积极探索建立质押融资风险补偿机制，政府出资设立质押融资风险补偿资金池。

2008 年中国专利质押融资额为 13.84 亿元，在各类政策支持下，专利质押融资工作蓬勃发展，到 2020 年中国专利质押融资额达到 1558 亿元，质押笔数达到 10232 笔，涉及专利 39470 件。

8.2.4.3 专利质押融资流程

专利质押融资一般包括专利价值评估、担保、质押登记、放款、还款、解除质押等环节。

专利价值评估。由具备资质的评估机构评估专利权价值，作为确定贷款额的重要依据。

担保。在涉及担保的专利质押融资业务中，由银行认可的担保机构为企业提供担保，企业以专利权作为反担保质押给担保机构，再由银行与企业签订贷款协议进行放款。

质押登记与放款。专利质押手续办理需要向国家知识产权局提交办理专利权质押登记的备案材料，质押关系方可正式生效。办理专利质押登记所需材料一般包括专利权质押登记申请表、专利权价值评估报告、专利权质押合同、担保合同及出质人、质权人、代理人身份证明文件及委托书等。

8.2.5 专利保险

专利保险主要是指投保人以授权专利为标的向保险公司投保，在保险期间，保险公司按照合同约定向投保人为专利维权而支出的调查费用和法律费用进行赔偿。专利保险作为知识产权保护的重要方法和保障机制，能够为权益人承担一定的防范知识产权运营风险，帮助权益人站在事先保护的主动方更好地维护其合法权利，提升知识产权的使用效益。

在所有技术领域之中，通常新兴的领域，如计算机、通信、生物医药，新技术处于持续不断研发状态，因而"圈地"运动较为活跃，从业者之间可能同时研发某项技术、推出类似产品，其专利侵权、被侵权的可能性较高；而很多传统领域从业者的格局分明，现有成熟技术较多，侵权风险较小。

医药领域具有研发成本巨大、周期长，并且成功率低、失败率高的特点。对于企业而言，只能通过药品成功上市后专利期内的自主定价独家销售收回成本。故而对于如何保证药品研发成功后企业的合法专利权益是尤为重要的，有效的专利保障对于医药领域而言必不可少。

在美国，为了有效保障专利所有人的权益，避免其在被侵权时遭受巨大的经济损失，保险公司推出了知识产权保险，主要包括知识产权声明保险、知识产权侵权辩护费用补偿保险、多风险因素知识产权保险附加、非授权泄密保险、法律责任管理和早期干预五大险种。

而中国也正在由相关部门牵头，联合国内大保险机构，大力推进知识产权保险市场化。在中国，专利保险目前主要分为专利侵权责任险和专利执行保险。其中，专利执行保险属于"攻击性"的保险，适用于专利诉讼案件中专利权人为除去其执行专利权所受到的阻碍及可能的损失所投保的险种。这一险种是知识产权质押融资保证保险，面向轻资产企业，对知识产权进行价值转化，帮助其以知识产权作为抵押从金融机构获得贷款资金，引导企业对知识产权的运用与创造。

专利侵权责任险则是围绕知识产权遭受侵害行为进行保护的保险产品，以责任险为主，也是目前知识产权保险的主要类别。目前中国侵权类知识产权保险产品主要有侵犯专利权责任保险、知识产权海外侵权责任保险、境外展会专利纠纷法律费用保险。

从市场情况看，目前专利保险整体面临参与主体稀缺、产品相对有限、承保范围不够广以及自身风控难等问题。以目前国家知识产权局一直在推广的专利质押融资保险为例，这类产品需要跨越的最大障碍是保险价值的确定问题，也就是要评估知识产权的价值。而知识产权价值是一个动态变化的过程，目前没有统一的标准，这给该种保险产品的深入开发造成困难。

总体而言，中国专利保险在相应的市场需求下，已经孕育出雏形，但显然还不够成熟，政策上的鼓励有望把此类险种推向最好的发展时机。经历了60多年发展的中国保险业，2019年保费收入达42645亿元，同比增长12.17%，位居全球第二。在这样的基础上，还处于萌芽阶段的专利保险无疑是一片诱人的蓝海。

8.2.6 专利证券化

专利证券化是近年来从欧美国家兴起的一种新的融资方式，以专利可产生的预期现金流为支持，通过结构化等方式进行信用增级，在此基础上发行资产支持证券。与传统的转让许可相比，专利证券化具有融资额大、权利不转移等特点，更有利于专利权人在短期内筹到资金进行后续开发和产业化。

8.2.6.1　国外专利证券化发展背景

美国是全球资本市场最发达的国家，也是最先开始实行专利证券化的国家。2000 年，美国耶鲁大学开始在医药领域试点专利许可费证券化。黄家医药公司以 Zerit 专利许可费为基础资产，但由于 Zerit 药品用户的变动、市场份额和价格的下降以及三种新药的出现，无法按照合同约定支付利息，最终以失败告终。黄家医药公司从此次专利证券化中吸取了教训，2003 年 7 月，又实施了另一次专利的证券化。与前一次不同的是，此次实施证券化的专利不是单一的专利，而是由 13 项专利形成的专利池，以此作为证券化的基础资产，并由相关保险公司提供担保，确保了此次专利证券化的顺利实施，为黄家医药公司创造了巨大的收益。

2003 年，日本的 Scalar 公司也进行了专利证券化的尝试，将光学领域 4 项专利的未来收益作为基础资产发行债券，规模达 20 亿日元。在此次专利证券化过程中，Scalar 公司作为一家 1985 年成立的中小企业，于 2003 年 3 月首先将其拥有的 4 项专利权许可给 PinChange 公司，专利许可费构成了专利证券化的基础资产。后期 Scalar 公司将专利的未来应收许可费转移给一家特设机构（SPV）。在专利的证券化阶段，特设机构（SPV）向投资者发行了特殊债券，并通过信用增级方式发行了优先出资证券。同时，还发行了特殊份额受益证券。Scalar 公司共进行了两次融资，发行了 3 种证券，突破了当时日本《资产证券化法》的规定，成为亚洲专利证券化的典型案例。

从国外的实践来看，美国、日本等资本发达的国家在专利证券化试点中，发起主体均为市场化企业，并没有引入政府信用进行增信，是纯市场化行为，在专利证券化领域尚处于探索发展阶段。虽然目前专利证券化在整个资产证券化市场中所占的份额还很小，但是它已经显示出巨大的发展潜力和态势，未来在医药领域、半导体芯片等领域都会是一个向上的趋势。

8.2.6.2　中国专利证券化发展现状

作为名副其实的知识产权大国，中国目前已经积累了大规模的高质量专利。但是作为专利创造和运用实施的主体，很多企业仍没有摆脱融资困境，影响了企业的研发投入和长远发展。在政策保障和制度合理安排下，通过专利证券化发挥企业专利资产的融资功能，降低融资成本，可有效缓解企业融资压力。

意识到专利证券化的重要性后，中国先后颁布了《关于进一步推动知识产权金融服务工作的意见》《关于新形势下加快知识产权强国建设的若干意见》《促进科技成果转移转化行动方案》等相关政策。2018 年 12 月，终于在政策驱动和市场培育的影响下，中国首个知识产权证券化标准产品"第一创业文科租赁一期资产支持专项计划"在深交所成功获批。北京市文化科技融资租赁股份有限公司作为原始权益人，以 51 项知识产权（含专利权、著作权等）为底层资产，发行规模 7.33 亿元，其增信机构为北京市文化投资发展集团有限公司，实际控制人为北京市国有文化资产监督管理办公室，一个 AAA 级国有主体。这是促进中国知识产权与金融资源深度、有效融合的一次全新尝试，实现了中国专利证券化的零突破，它标志着中国知识产权融资开始从质押走向证券化。

相隔一周后，"奇艺世纪知识产权金融资产支持专项计划"也在上海证券交易所成功获批发行。该产品由中国信达海南分公司牵头推进，基础资产债权的交易标的物全部为知识产权，总规模为 4.7 亿元。原始权益人为天津聚量商业保理有限公司，核心债务人为北京奇艺世纪科技有限公司，计划管理人和销售机构均为信达证券股份有限公司，评级机构为联合信用评级有限公司，法律顾问为北京市竞天公诚律师事务所上海分所。联合信用评级有限公司对全部"奇艺世纪知识产权金融资产支持专项计划"优先级证券的评级为 AAA。这是中国首单知识产权供应链资产证券化。

2019 年 10 月，国内首单以纯专利许可为底层资产的知识产权证券化项目——"兴业圆融—广州开发区专利许可资产支持专项计划"在深圳证券交易所成功发行设立。原始权益人是凯得租赁，大股东为广州开发区金控集团，实际控制人为广州经济技术开发区管理委员会。广州开发区金控集团也是本次证券的增信机构，AAA 级的国有主体。该项目获得了国家知识产权局、广州开发区管委会、广州开发区知识产权局的大力支持，服务机构包括兴业证券、金杜律师事务所、北京中金浩资产评估等，底层基础资产为广州开发区内科技型中小企业专利许可费债权，涉及区内高新兴科技、万孚生物等 11 家科技型中小企业，底层知识产权包括 103 件发明专利和 37 件实用新型专利，通过该项目每家企业能够获得 300 万至 4500 万元不等的融资款项。

这是一种不同于纯市场化的组合模式，底层资产是中小民营企业的知识产权，发行主体是国有企业。金融机构看中的信用主体仍然是国有企业或者政府信用，受国内金融市场发展阶段的限制，这种风险控制逻辑在短期内很难改变。而通过"国有＋民营"的模式，将国有企业的强信用传导到底层资产中，与中小企业的创新能力绑定在一起，在一定程度上降低了金融机构对信用风险防范的难度，给企业融资开辟了一条道路。不失为经济过渡阶段的一种创新融资方式，真正能够给企业谋取福利。

8.2.6.3　专利证券化实施难点

专利资产证券化的本质是专利权人把专利未来产生收益的权利转移到特殊目的的载体（SPV），由此发行可流通的权利凭证，为专利权人融资，投资人根据专利运营的现金流来获取收益。在这个过程中，最大的难题是对专利的价值评估和风险控制。

专利的价值评估不同于对一般资产的评估，单独的专利权价值有限，且无法直接体现现金流情况，也难以预估未来现金流的稳定性。目前，知识产权交易市场尚未成熟，专利权无法在二级市场中流通和变现。另外，中国知识产权相关法律制度尚不健全，著作权采用自愿登记的方式、共有知识产权主体划分等问题，加剧了资产证券化过程中对所有权确权的难度。

专利价值的实现依托于企业的运营能力，是对企业强依附所产生的价值弹性，真正的底层资产仍然是企业本身。就如科创板一样，虽然采用的是注册制，鼓励中小科技创新企业申报，但主流标准仍然和企业经营情况挂钩。专利证券化也要与企业成长相关联，所以无论是对专利的价值评估还是风险控制，都离不开对企业的认知。筛选"专利的企业"比"企业的专利"更有价值，所以第一笔专利证券化产品中增加了国企增信。

在风险控制上，资产证券化实际上是将权利人与资产分离，避免权利人破产影响到分离出来证券化的资产，进而维护投资人的利益。但专利资产证券化中，一旦权利人破产或发生较大运营风险，意味着专利价值将急剧萎缩，专利所产生的现金流急剧下滑。因此，专利资产证券化的底层资产不能是单一专利，这正是耶鲁大学首次进行专利许可费证券化失败的原因，单一专利权的抗风险能力太弱。

专利资产证券化的底层资产将是一个资产池，有多个能够产生稳定现金流的资产主体，且分布在不同行业，避免集中于某个行业而遭遇行业周期性风险。同时，资产池中的专利权有时间周期更替或新入池专利的循环，降低到期错配的风险。

8.2.7　专利诉讼

随着国内企业专利申请量的增加及专利保护意识的逐步提升，专利侵权诉讼作为常用的商业竞争手段和策略，其数量也随之呈逐年递增之势。在医药领域，由于产品利润率高，产品技术开创性革新的周期相对较长，知识产权纷争更容易一触即发。但是由于药品专利侵权判定具有区别于其他产品领域的特殊因素，而这些特殊因素往往决定诉讼的结果，导致原告胜诉难度更大。

8.2.7.1　专利侵权判定的一般规则

专利侵权是指在专利权有效期限内，行为人未经专利权人许可以营利为目的实施其专利行为。其中，"未经专利权人许可"和"以营利为目的"是判断专利侵权是否成立的法定形式要件。在形式要件满足的基础上，判断专利侵权是否成立的关键在于判别行为人的实施行为是否落入专利权的保护范围。如果该行为落入专利权的保护范围，则可认定侵权。反之，则不能认定侵权。由于所有建立专利制度的国家都规定以载有发明创造技术特征的权利要求书为确定专利权保护范围的依据，所以从理论上讲，权利要求书使专利权保护范围这一不确定因素有了客观准确的评定标准。现在各国采用的判定被控侵权产品或方法是否落入涉案专利的保护范围的步骤一般是：先确定涉案专利的保护范围，再将被控侵权物的技术特征与涉案专利的保护范围比较，来看前者是否落入后者的保护范围，从而得出是否构成侵权的结论。对是否落入涉案专利的保护范围存在两种比较标准，即全面覆盖理论和等同侵权理论。

全面覆盖原则又称全部技术特征覆盖原则或字面侵权原则，即如果被控侵权物（产品或方法）的技术特征包含了专利权利要求中的全部必要技术特征，则落入专利权的保护范围。

等同侵权原则是指被控侵权物（产品或方法）中有一个或者一个以上技术特征与专利权利要求中的对应技术特征相比，尽管从字面上看不相同，但实质上属于相等同的技术特征，都应认定落入专利保护范围。等同技术特征的判断标准即是指与专利权利要求中记载的技术特征相比，属于以基本相同的手段，实现基本相同的功能，达到基本相同的效果，并且本领域的普通技术人员无须经过创造性劳动就能够联想到的特征。

8.2.7.2　适用于医药领域专利侵权的特殊问题

1.　"Bolar 例外" 原则的引入与发展

"Bolar 例外" 原则是一项专门适用于药品和医疗器械等相关领域的专利侵权豁免原则，因 20 世纪 80 年代初期发生在美国的罗氏（Roche）公司诉 Bolar 公司药品专利侵权案而得名。"Bolar 例外" 是指在专利法中对药品专利到期前他人未经专利权人的同意而进口、制造、使用专利药品进行试验，以获取药品管理部门所要求的数据等信息的行为视为不侵犯专利权的例外规定。

2006 年 12 月 20 日，北京市第二中级人民法院针对日本三共株式会社诉北京万生药业有限责任公司 "奥美沙坦酯片" 药品专利侵权案作出一审判决，认定万生公司为了获得临床试验用药而使用三共株式会社的专利方法生产药品，以及使用这些药品进行临床试验和相关申报注册活动的行为，不构成专利侵权。该一审判决因当事人未提出上诉，现已生效。这是中国第一个真正意义上的 "药品专利侵权例外" 判例。

2.　适用全面覆盖原则的例外

全面覆盖原则中封闭式权利要求的使用不同于开放式权利要求的使用，主要体现在医药领域组合物权利要求的表达方式及保护范围不同。组合物权利要求应当用组合物的组分或者组分和含量等组成特征来表征，分为开放式和封闭式两种表达方式。

开放式权利要求常用的措辞如下："含有""包括（含）""主要（基本上）由……组成""主要（基本）成分为"等，表示组合物中并不排除权利要求中未指出的组分。

封闭式权利要求常用的措辞如下："由……组成""组分为""余量为"等，表示组合物中仅包含所指出的组分而排除所有其他组分（但可以带有杂质）。

在开放式权利要求的全面覆盖原则使用时，只要被控侵权产品全部具备了权利要求书里面的所有技术特征，无论被控侵权产品是否具备其他多余的特征，都可以认定侵权成立。但是在封闭式权利要求书的情况下，被控侵权产品只具备封闭式权利要求书里面所限定的所有的技术要素时才构成侵权成立，不能有多余的要素。

在封闭式权利要求侵权的场景下，如果被控侵权产品还具备了封闭式权利要求里面所限定的技术特征以外的其他要素，比如药品的组成成分、其他的产品的结构，或者其他的方法、步骤，那么在这种情况下就不能认定侵权成立，这主要是由封闭式权利要求的特性来决定的。

其次，方法权利要求在全面覆盖原则适用的时候，也具有一定的特殊性。被控侵权产品在实施方法时，必须按照权利要求书撰写的顺序去实施。如果没有按照撰写的顺序去实施，一般情况下也不能被认定是构成全面覆盖的，也就是并不构成侵权。

此外，中药制剂的专利由于终产物的组分是不清楚的，依靠现有技术手段不能准确地进行定性和定量。因此在适用全面覆盖原则时应当注意：

1）因增加原料组分而导致药物配比关系发生本质改变的，不宜按全面覆盖原则认定为侵权。

2）在缺少一项或者多项原料组分时，也不宜一概按全面覆盖原则认定不侵权。

3）在进行技术特征之间的比对时，应注意似是而非的术语（"当归"与"土当归"，"三七皂苷"与"三七皂贰"）。

3. 适用等同原则的一些特殊考虑

等同原则是专利侵权判定的一项重要原则，科技的飞速发展使得侵权人在侵权策略上做出了重大改变，即由原来的简单相同侵权转变为目前常见的等同侵权，而等同原则就是判定一个行为是否构成对专利的等同侵权的重要原则之一。

（1）药品组分的比对

关于药品的各组分对比，如果药品的构成组分在数量上基本相同，但是部分组分的内容不同，则明显属于以新的组分替换了权利要求记载的组分。当该替换能够被认定为等同替换时，也就是新组分可以看成是权利要求中对应组分的替换物时，则可判定构成侵权。

（2）组分用量的比对

在药品专利中，组分用量的微小变化都会影响到药效，甚至产生新的处方。因此在进行药品的侵权判断时，必要时应依靠实验验证来判断相关技术特征是否等同，如果这种用量的不同导致被侵权物药品的疗效有统计学意义的显著提高，则属于实质性差异，不能认定为等同，不属于专利侵权。

（3）其他因素对等同特征判断的影响

除了上述组分种类和组分用量的不同影响等同特征的判定之外，仍存在其他因素，例如药剂类型的不同。相同的药物在不同的组合中所处的位置不同，所发挥的作用也不同。由于化学药品本身之间可以发生化学反应，而在不同的环境下又可能产生不同的效果，导致两种药物组分在这一药品方案中构成等同特征，但是换一个方案就可能不再是相互等同的技术特征。这是等同原则适用于药品专利侵权领域时的特点之一。因此在适用等同原则时，还应结合药品的具体剂型、给药途径等因素进行具体分析。

8.3　医药知识产权综合运营

8.3.1　产业联盟知识产权运营

中国国内企业正面临核心技术储备不足、支付的专利许可费不断升高、遇到专利诉讼常常孤军奋战、缺乏谈判经验等问题，因此产业内类似知识产权联盟的组织应运而生，为知识产权运营形成合力。

为鼓励、规范产业知识产权联盟组建，2015 年 4 月国家知识产权局出台了《产业知识产权联盟建设指南》（以下简称《指南》），明确了产业知识产权联盟的定义、工作原则以及主要任务。

根据《指南》的定义，产业知识产权联盟是以知识产权为纽带、以专利协同运用为基础的产业发展联盟，是由产业内两个以上利益高度关联的市场主体，为维护产业整体利益、为产业创新创业提供专业化知识产权服务而自愿结盟形成的联合体，是基于知识产权资源整合与战略运用的新型产业协同发展组织。

截至 2018 年 1 月，中国共有 105 家产业知识产权联盟在国家知识产权局备案，其中涉及医药领域的有 13 家，主要位于北京、菏泽、深圳、佛山、广州、海南。分别为北京新型抗生素行业知识产权联盟、北京市抗肿瘤生物医药产业知识产权联盟、中药大品种知识产权联盟、微创伤类医疗器械专利联盟、新医药技术创新知识产权联盟、菏泽市生物医药产业知识产权联盟、深圳市医疗器械行业专利联盟、佛山市医疗智能科技专利联盟、生物医药产业知识产权联盟、广州医药产业知识产权联盟、海南省南药产业知识产权联盟、海南省医疗健康产业知识产权联盟、超声治疗医疗器械产业知识产权联盟。

但同时通过国家知识产权局信息得知，根据各地区报送的联盟 2019 年度运行情况进行排查，共有 15 家联盟暂停运行，3 家联盟无法取得联系。产业知识产权联盟的运行情况并不如成立时那般喜人，这也是现在需要解决的一个重要问题，只成立，没有后期有效运行，将无法实现为维护产业整体利益、为产业创新创业提供专业化知识产权服务的目的。

1. 产业知识产权联盟的主要任务

《指南》中明确的产业知识产权联盟的主要任务包括以下三个方面：

1）加强产业关键领域知识产权运营：建立订单式知识产权研发体系，构筑和运营产业专利池，推进知识产权与标准的融合，共同防御知识产权风险。

2）支撑成员单位创新发展：开展产业专利导航分析服务，构建以专利池为基础的产业发展核心要素池，搭建知识产权产业化孵化体系。

3）服务知识产权创新创业：创新知识产权创新创业模式，开展具有产业特色的大众创业服务。

2. 产业知识产权联盟的分类

从知识产权运营角度来看，产业知识产权联盟根据目标和任务不同，主要可以分为联合创新型、专利池构建型、标准共建型、共同防御型。

（1）联合创新型

联合创新型主要表现为相关高校院所、科研机构和产业上下游企业的联系与合作。在产业知识产权联盟成立前，国内的相关产业一直存在着高校科研成果转化率低、企业实际专利需求无法满足的问题。产业知识产权联盟的出现，在一定程度上缓解了这些问题，并在企业和高校之间搭建起了合作共赢的桥梁。

2005 年，首家医药知识产权联盟"长春医药知识产权保护联盟"在长春成立，由"长春·中国医药"知识产权信息中心、长春医药集团、长春生物制品研究所、长春三九生物制药等多家单位联合发起。联盟特点在于利用了长春拥有良好的信息平台——"长春·中国医药"知识产权信息中心，为知识产权运营提供信息支持。

2015 年 4 月 26 日，中国知识产权运营联盟在北京成立，这是中国首家知识产权运营联盟。该联盟在国家知识产权局支持下，由中国专利保护协会发起，联合全国重点知识产权运营服务机构以及高校、科研院所、企业、银行、投资公司等，整合国内外知识产权资源，促进相关政策、机制和模式创新，为建设知识产权强国、推动创新驱动发展做出贡献。联盟加入了银行、投资公司，为知识产权运营质押融资等提供资金支持。

2017 年 11 月 13 日，北京市成立全国首个军民融合知识产权协同创新联盟，据统计，首批军民融合知识产权协同创新联盟成员单位共有 118 家，涵盖了中国人民解放军总医院、军事科学院系统工程研究院后勤科学与技术研究所等 17 家驻京部队单位；航天科工集团、航天科技集团、中国兵器集团公司等 8 家军工集团单位；北京航空航天大学、中国科学院计算技术研究所等 7 家在京高校院所；涵盖了一批以中钢集团、神华集团、东土科技集团为代表的北京"民参军"企业和一批知识产权服务机构。联盟成员中知识产权服务机构的加入使联合创新链更加完整，使知识产权运营更专业、更有效。

很多联盟通过对内部成员单位定期开展专利检索、分析、课题撰写、讲座等培训，有力促进了联盟成员的产学研结合。

2020 年 11 月 12 日，启迪之星（菏泽）联合菏泽市生物医药产业知识产权联盟、菏泽高新区科技局（知识产权局）以及山东步长制药股份有限公司共同主办"联盟企业知识产权培训会"，山东希力药业、睿鹰制药、方明药业、丹红制药等 10 余家医药企业负责人参加培训。菏泽市生物医药产业知识产权联盟，是由山东步长制药股份有限公司发起，菏泽市 30 余家医药企业和相关大专院校、科研院所申请加入的非营利性合作组织。

云南生物医药和健康产业知识产权联盟为提升联盟成员单位知识产权创造、保护、运用和管理能力，举办知识产权综合能力提升培训班，围绕专利无效程序及攻防技巧、企业知识产权管理与知识产权战略、专利相关政策及专利申请实务、企业自主创新与专利权形成和运用等主题进行培训。

（2）专利池构建型

根据产业发展需要，面向核心技术和产品联合进行多类别、多地域、多层级、多用途的知识产权布局，全面覆盖和有效保护产业创新成果和成员单位合法权益。按照"自愿参与、互利共赢"的方针，围绕产业链上下游核心技术和产品，构建若干个集中许可授权的专利池，形成专利池之间相互支撑的专利集群，分别制定合理的许可政策并开展商业运营，支撑联盟成员与产业共同发展。组建知识产权运营机构，通过专利的转让、股权化、资本化等方式提升知识产权资产收益。

专利池最早出现于美国，据统计，自 1993 年以来，全球较为著名的专利池超过 30 个，中国专利池的建设起步较晚，基本是从 2000 年之后开始的。专利池的初衷是加快专利许可，促进技术应用。

国际上有很多可以借鉴的专利池运营方式。在医药领域，2010 年，在国际药品采购机构 UNITAID 的支持下，药品专利池（Medicines Patent Pool，MPP）在日内瓦成立。MPP 通过与原研药企就药品专利的自愿许可进行谈判，原研药企将其药品专利放入专利池中，仿制药企向 MPP 申请获得专利池中的专利实施许可，生产并向中低收入国家供应仿制药。

MPP 采用自愿许可方式，但由于其公共健康导向的商业模式而具有普通自愿许可所不常见的特点：广泛的地理范围，现有的 MPP 许可覆盖共达 131 个国家；药品质量有保障，专利权人通常要求 MPP 将其专利分许可（sub-license）给有能力通过 WHO 预认证或者 ICH 认定的"严格监管部门"（如 FDA、EMA）标准的仿制药生产企业；鼓励仿制药竞争，所有 MPP 许可都不是独家的排他许可，有意向并符合条件的仿制药厂都可以申请 MPP 许可；专利信息的披露，将某个药品的专利实施许可授权给 MPP 的专利权人需披露该药品的专利信息，放弃数据独占权，专利权人将药品专利许可授权 MPP 需承诺放弃其享有数据独占权；透明度，所有 MPP 许可信息均对外公开，MPP 的所有许可协议均在其网站可查。

除以上外，MPP 也在一定程度上鼓励创新，这一点比较突出地表现在儿科剂型和固定剂量组合制剂（FDC）的开发上。MPP 会通过仿制药企在 EOI 中提交的信息考虑申请人对生产药品所需剂型的准备程度，包括 FDC 和儿科剂型，因为 MPP 许可允许仿制药企开发 FDC 和儿科剂型。这一点对于艾滋病治疗极为重要，有效的鸡尾酒治疗方案通常都需要 3 ~ 4 种药物的固定剂量组合。而很多情况下，组合制剂中仅一个单药的某个专利就足以阻止仿制药企开发 FDC。

不仅模式上可以借鉴，MPP 对提出申请的仿制药企的筛选标准、对药品质量的要求等为中国医药企业提高研发生产能力试水国际市场搭建了良好的平台，也提供了与优秀跨国医药企业开展技术合作的契机。中国可以着重建立本土专利池，也可以通过 MPP 等类似平台，寻求合作，实现专利运营的目的。

在国内方面，也建立了多个专利池，中国彩电行业合建专利池由长虹、康佳、海信等 10 家中国彩电骨干企业合资组建，名为深圳中彩联科技有限公司（下称中彩联）。从 2007 年 3 月 1 日起，美国联邦通信委员会对外规定进入美国市场的电视均须符合 ATSC（美国先进电视系统委员会）标准的技术规范后，中国彩电企业出口到美国的数字电视，每台要向汤姆逊、索尼、LG 等跨国企业累计交纳 20 多美元的专利权许可费用。中彩联建立完成中国彩电专利池，并于 2010 年 1 月 22 日正式在北京宣布开始运营管理。专利池拥有彩电专利 2000 余项。

中国空调领域专利池在 2019 粤港澳大湾区知识产权交易博览会上正式发布。中国空调领域专利池已汇集了 10 家中国空调产业知识产权联盟成员单位共计 547 件专利。中国空调领域专利池的组建，将有助于提升联盟内企业的竞争优势，有利于专利技术的推广应用，降低专利许可中的运营成本，有效化解"专利丛林"造成的技术风险，减少专利纠纷，降低诉讼成本。

2015 年，北京新型抗生素行业知识产权联盟组建了全国首个新一代抗生素专利池，主要由畿晋庆三联（北京）生物有限责任公司等企业的 150 件专利构成。

虽然目前国内专利池数量不少，但真正实现专利价值、推动产业发展的并不多，相关机构通过运营专利池实现盈利的就更少。主要存在专利池本身质量不高、运作难度大、运营模式不清晰、向下游企业运营推广难等问题。

（3）标准共建型

根据产业发展和市场竞争需要，制订标准制修订计划，积极参与和主导国家及行业技术标准制修订工作，推动建立标准制定和专利池构建的良性互动机制。联合开展定向化、系统化的知识产权前瞻布局，制定并推行产业核心产品与关键技术相关标准，推动相关必要专利纳入产品和技术标准，形成知识产权与技术标准的有效衔接和捆绑运用，促进知识产权、标准与市场活动的紧密融合。

在全球一体化的大背景下，技术标准的竞争成为世界产业竞争的制高点。现代产业技术标准往往同专利结合在一起，技术标准的形成过程也伴随着专利池的形成过程，一项技术标准一旦确立，标准中所含大量专利的许可问题可能变得错综复杂，成为标准推广的绊脚石。无论是 MPEG–2、DVD 还是 3G 等标准，结成专利池成为标准推行中不可或缺的重要一环。

MPEG–2 标准的核心技术来源于 10 多家高校和企业的专利技术，其中包括加州大学、飞利浦、索尼、东芝、法国电信公司、富士通、佳能等。为此，MPEG–2 建立了一个"专利联营"性质的专利集合体，取名为 Patent Portfolio，汇集了各国 394 个"必不可少的发明专利"，以这些专利技术为依托，构建了 MPEG–2 标准技术体系。MPEG–2 标准体系对外技术许可的特点为：①MPEG LA 只负责许可标准体系中的已被认定的"基础专利"；②MPEG LA 在对外实施统一许可的同时，也允许 MPEG–2 标准体系的"基础专利的"贡献人以自己的身份向任何第三人许可自己的专利技术，其中包括 MPEG–2 标准已经采纳的专利技术；③MPEG LA 承诺对许可对象不歧视；④MPEG LA 的许可费率特点：a. 对于经许可后，被许可人制造出来的基于 MPEG–2 技术标准的解码产品、解码软件的最终产品，许可费用是每件 4 美元；b. 对于经许可后，被许可人制造出来的基于 MPEG–2 技术标准的加密码产品、加密码软件的最终产品，许可费用是每件 4 美元；c. 对于经许可后，被许可人制造出来的基于 MPEG–2 技术标准的既包括加密码又包括解码的最终产品，许可费用是每件 6 美元；d. 对于基于上述技术开发出来的电影等，象征性地每部电影收取 2～4 美分；e. 关于付费周期：第一次付费是许可协议双方签字后的 30 天内；以后付费是每 6 个月一次。

国内具有代表性的是 AVS 产业联盟，2002 年，国家信息产业部科学技术司批准成立数字音视频编解码技术标准工作组（简称 AVS 工作组）。2007 年，AVS 视频编码标准被 ITU–T 确定为 IPTV 国际标准。作为中国牵头创制的第二代信源编码标准，AVS 标准达到了当前国际先进水平。

2005 年由 TCL、创维、华为、海信、海尔等国内 12 家企业发起成立了

AVS 产业联盟，在 AVS 专利池中，90% 以上的专利由中国会员贡献。最终确定采用 1 元人民币政策作为目前阶段 AVS 专利池的许可基础，并起草 AVS 专利池相关许可协议。

（4）共同防御型

建立产业知识产权侵权监控机制，对主要竞争对手知识产权布局情况进行有针对性的跟踪分析，预判知识产权风险和威胁。建立产业知识产权风险应对机制，主动采取知识产权联合布局、防御性知识产权收购、知识产权许可谈判和启动专利权无效程序等多种形式，共同应对可能发生的产业重大知识产权纠纷与争端，增强风险防范和处置能力，保障产业发展安全。

以深圳市医疗器械行业专利联盟为例：从 2011 年 4 月开始，国内知名医疗器械生产企业深圳迈瑞生物医疗电子股份有限公司（以下简称迈瑞）对深圳市理邦精密仪器股份有限公司（以下简称理邦）发起知识产权诉讼，前后历经 5 年多，双方爆发的知识产权纠纷，最终结果是两败俱伤。为减少医疗器械行业发展中的行业纠纷，避免内耗，2015 年 4 月，迈瑞、理邦、开立、信立泰等 14 家深圳医疗器械行业龙头企业作为创始发起单位，共同组建深圳市医疗器械行业专利联盟。

医疗器械专利联盟为行业企业搭建了便利的交流与合作平台。联盟在知识产权工作层面为企业提供帮助，促进企业专利的开发和申报，进而提高深圳医疗器械行业整体的知识产权保护能力。联盟不收取会费。日常工作中，不定期组织开展培训，对新政策开展解读学习、研究行业最新案例。联盟建立了有效的联络机制，构建了成员内部的信息交流平台，有效降低了成员间的专利纷争，提升了行业的整体竞争力。针对国外大型医疗寡头企业，该联盟通过团结国内主要企业，为联盟成员提供信息和资源服务，做好潜在风险的预防工作，有效降低知识产权风险。

《指南》中虽然给出了明确的产业知识产权联盟的主要工作及任务，但医药产业联盟在具体运行过程中还是存在不少问题，且考虑到医药领域的特殊性，首先需要完善联盟运营管理体系，提高医药领域知识产权质量，参与药品等标准的制定，明确专利池入池、许可标准等，同时利用联盟优势，从研发、人才、资金等方面，综合助力医药领域知识产权运营。

8.3.2　产业园区知识产权运营

"园区经济"是改革开放以来中国经济发展的重要经验，包括高新技术产业开发区、经济技术开发区及各种产业开发区，不仅成为中国经济的载体和平台，也为中国的产业经济发展探索了成功经验与模式。

经济技术的发展离不开知识产权的保驾护航。2012 年，《国家知识产权试点示范园区管理办法》发布施行，园区试点示范工作逐步规范化和体系化。通过国家知识产权试点示范园区建设，引领带动知识产权工作，大力培育发展知识产权密集型产业，支撑创新驱动发展的园区。国家知识产权局主要面向省级以上各类园区开展知识产权试点示范工作，分为试点、示范两个层级，称号分别为"国家知识产权试点园区""国家知识产权示范园区"。经过几年的稳步发展，共有国家知识产权试点示范园区 80 家，其中，示范园区 24 家，试点园区 56 家。经过专项研究和调研，2016 年对《国家知识产权试点示范园区管理办法》进行修订，修订后的办法中提出，试点园区的工作内容包括基础工作和特色工作，基础工作要求优化知识产权政策体系，强化知识产权质量和效益导向等，特色工作根据园区类型提出不同的工作要求，但宗旨都是促进专利技术转移转化、加强创意和设计成果的知识产权综合保护和组合性运营，以实现知识产权的运营保护为深层目标。

8.3.2.1　中国医药产业园整体概况

中国医药产业园建设从 20 世纪 90 年代起步，至今已发展培育出一批优秀的产业园，北京中关村国家自主创新示范区、上海张江药谷、苏州工业园、武汉光谷生物城、广州国际生物岛和成都天府生命科技园等是国内生物医药产业园区的典型代表。中国生物医药产业三大区域产业聚集明显，主要体现在环渤海、长三角、珠三角三大区域集聚化发展，但东中西部区域发展不平衡。除东部地区保持强势外，中西部五省的生物医药产业规模壮大形成，其他地区的发展则相对较为缓慢。具体来说，2018 年东部沿海省份生物园区产业总产值占调研园区总产值的 75.34%。中关村、上海张江、苏州工业园区等为第一梯队；中关村国家自主创新示范区的综合竞争力、技术竞争力均位列第一；上海张江高新区龙头竞争力位列第一，产业、环境和技术实力强劲；苏州工业园区的产业竞争力位列第一；武汉东湖高新区的人才竞争力位列第一；深圳高新区的环境竞争力位列第一。

8.3.2.2 全国优势生物医药产业园区介绍

1. 苏州医药产业园区

苏州高新区是江苏省"一区一战略产业"中唯一重点支持发展医疗器械产业的地区。近年来，为鼓励企业集聚、促进产业发展，高新区不断加大载体建设、加强资源整合，依托大院大所，构建渐趋完善的创新生态圈，建成医疗器械创新服务体系，助力企业加速成长，打造江苏医疗器械科技产业园，大幅提升医疗器械产业竞争力。产业园陆续获批国家火炬特色产业基地、国家级创新型产业集群试点、国家"十百千万工程"示范产品基地和国家级科技企业孵化器等。2019 年 4 月，为了给苏州医疗器械产业创新发展注入新的动力，充分发挥知识产权在医疗器械产业发展中的引领导向性、安全保障性以及资源战略性作用，提高医疗器械专利技术的转化效率和转化质量，深化医疗器械的知识产权运营，苏州市医疗器械产业知识产权运营中心建设在苏州高新区启动。苏州市医疗器械产业知识产权运营中心由江苏医疗器械科技产业园的实体公司——苏州科技城生物医学技术发展有限公司为项目运行主体。平台以政府扶持、国资主导、市场化运作为主导方针，结合医疗器械产业属于知识技术密集型产业的特征，整合产业内重点企业、高校及科研院所、知识产权服务机构资源，采取线上线下相结合的形式，完善组织管理运营体系，有效集聚产业资源、创新资源和服务资源，打造一支具有丰富专利运营实战经验的人才队伍。平台面向医疗器械几大细分领域——心脑血管用介入式高值耗材、家用电子、微创外科、IVD 及诊疗设备等，有重点、分层次地开展专利运营工作。以区域产业战略和专利导航工程为指引，将专利运营工作与产业生态实际紧密结合，通过平台建设、公共服务、投融资等多项举措，实现专利运营与产业发展的良性互动。同时，依托医疗器械产业园资源整合的优势，结合医疗器械产业属于知识技术密集型产业的特征，积极吸纳行业龙头企业参与共建，有效集聚产业资源、创新资源和服务资源。以知识产权运营为手段，汇聚全球知识产权资源，促进知识产权与实体产业融合发展。

苏州生物医药产业园位于苏州工业园区，是苏州工业园区培育生物产业发展的创新基地。苏州生物医药产业园目前已聚集了 430 余家高科技研发企业，形成了新药创制、医疗器械、生物技术等产业集群，并成为近 15000 名高层次研发人才集聚、交流、合作的创新产业生态圈。

2. 泰州医药高新区

泰州医药高新区是 2009 年 5 月 29 日正式获批挂牌的全国首个国家级医药高新区，其原属省级的泰州医药高新技术产业开发区经国务院批准，升格为国家级医药高新区，又称中国医药城，下辖 7 个功能性园区。截至目前，已集聚国内外医药企业 1000 多家，包括阿斯利康、雀巢、武田、勃林格殷格翰等 13 家全球知名跨国医药企业，形成疫苗、生物制药、诊断试剂及高端医疗器械、化学药新型制剂、中药现代化和保化品 6 大特色产业集群。在 2019 年中国技术创业协会发布了中国生物医药园区创新药物潜力指数，泰州医药高新区以 964.7 的创新药物潜力指数位于全国生物医药园区第三名。泰州医药高新区自 2009 年正式挂牌成立以来，生物医药产业在中国医药城快速聚集，形成了生物医药产业集群。作为首个国家级医药高新区，泰州医药高新区的建设发展获得了国家和省市各级政府政策的支持，园区内的企业享受国家、省市对高新技术企业、高新技术产品的各项优惠政策。企业入驻园区后不仅获得减税降费的优惠政策，还可以根据企业行业类型、纳税金额等情况给予不同幅度的扶持资金、财政补助等奖励。在企业研发、注册、临床、生产等系列环节均能获得便利。为给园区内企业提供知识产权服务，2011 年开通了"中国泰州专利信息综合服务平台"，该平台是国家知识产权局、江苏省知识产权局及泰州市三方联合共建的全国第一家以专利为核心的综合性专利信息服务平台。

泰州医药高新区从酝酿申请到建立健全，始终突出园区产业专业特色，泰州作为江苏沿江开发重点，优化沿江产业结构，把做大做强泰州生物医药行业作为努力目标，从启动建设到国家级医药高新区正式挂牌 10 年来，始终围绕"医"和"药"主题，致力打造国内规模最大、产业链最完善的生物医药集聚区，经过十多年的努力，园区已经成为具有专业特色鲜明的医药创新基地。园区坚持以国际通行的美国 FDA 为标准，做到技术水平与国际同步、在国内领先。高点定位的医药产业研发创新的追求，必然促进医药知识产权的创造与发展。生物医药企业拥有自主知识产权是自身发展的关键，也是生物医药产业可持续发展的需要。作为在区域内集聚了近千家医药企业，产业经济规模近期内将达到近 2000 亿元，区域内有如葛兰素史克、阿斯利康等一大批国际知名跨国药企的国家级高新区，目前有权、实审、公开的专利有 1632 件，这个专利数据量并没有将生物医药领域的知识产权优势体现出来，特别是发明授权的专利，2019 年仅有 26 件，提示区域内专利技术的发明创造积极性并不高，技术的自主研发还有欠缺，医药高新区企业的创新科技水平，还有非常大的进步空间。

3. 济南高新区迪亚生物医药产业集聚区

山东省发改委发布《关于公布 2021 年山东省现代服务业集聚示范区名单的通知》，济南高新区迪亚生物医药产业集聚区凭借产业优势明显、集聚效应突出、有较强引领带动作用等优势，成功获评 2021 年度山东省现代服务业集聚示范区，成为高新区首家省级现代服务业集聚示范区。迪亚生物医药产业集聚区由济南迪亚实业有限责任公司投资建设并运营管理，建设了完整的生物医药全产业链孵化载体，拥有创业孵化面积 28.3 万平方米，为医药企业提供全产业链孵化服务。集聚区通过搭建"医药研发服务平台"等五大平台，助力提升生物医药产业集群整体竞争力和发展水平。目前已集聚区内生物医药相关企业 164 家，累计研发各类科技项目 1396 项，申报知识产权 1080 项。高新区发展改革和科技经济部将充分发挥现代服务业集聚示范区的示范引领和集聚效应，强化平台支撑，重点培育一批以信息科技、文化创意、医养健康、现代金融、商贸商务等领域的现代服务业集聚示范区，带动和培育一批在国内外有一定影响力的龙头企业，推动高新区现代服务业高质量发展。

8.3.2.3　医药产业园区知识产权运营模式的一些思考

从生物医药产业园区的现状及国家知识产权示范园区的相关政策来看，基于产业园区的知识产权运营模式，其核心应该是高质量创造、高水平管理、高价值运营。围绕这个核心，做好医药产业园区知识产权运营应注意以下几方面。

1. 知识产权提升

围绕医药产业核心关键技术或"卡脖子"技术，开展产业专利导航工作，加强专利信息利用，提前识别风险，开展基础专利和产业技术领域核心专利前瞻性布局，建立医药产业专利池、培育高价值专利组合。

鼓励园区内企业建立规范的知识产权管理体系，开展企业专利导航，找准重点产品技术的发展方向。

园区引入专业的知识产权代理、咨询、金融、运营、法律等机构，为园区企业的知识产权工作提供优质服务。

2. 技术成果转化

建立符合医药产业规律、具有产业特色的知识产权成果转化体系，建立省部级重点实验室或工程中心，依托科研院所技术实力解决核心专利产出来源；建设医药公共技术服务平台；搭建线上线下一体的知识产权成果转化交易服务平台；最终形成线上线下融合、针对医药产业关键环节的知识产权成果转化体系。

3. 产业氛围营造

通过各种优惠政策引入高新企业、高层次研发人才、知识产权人才。活跃产业氛围，促进资源共享，举办知识产权或产业相关活动。

4. 基金设立

设立医药知识产权专项基金，提升知识产权运营水平，拓宽中小微企业融资渠道，切实解决中小企业融资难、融资慢的问题，助力产业升级。

8.3.3　平台知识产权运营

8.3.3.1　知识产权运营平台

信息不对称是阻碍知识产权运营的重要影响因素，知识产权运营平台的作用就是汇聚知识产权、资金、服务、人才等知识产权运营要素，为知识产权供需双方搭建对接渠道。

8.3.3.2　知识产权运营平台类型

知识产权运营平台可分为综合性平台、专业性平台等。

综合性知识产权运营服务平台不受行业领域的限制，通常包括各类专利技术、商标、软件著作权的运营，较有代表性的平台有全国知识产权运营公共服务平台。专业性平台一般是专注于某一领域的知识产权运营，如中国汽车产业知识产权投资运营中心、中国生物医药知识产权国际运营平台等。

自2014年以来，按照国家知识产权局会同财政部以市场化方式开展知识产权运营服务试点规划，在北京建设全国知识产权运营公共服务平台，在珠海建设七弦琴国家知识产权运营平台，在西安建设军民融合知识产权运营平台，并通过股权投资重点扶持 20 家知识产权运营机构，目前已初步形成"1 + 2 + 20 + N"的知识产权运营服务体系。

8.3.3.3　各类平台简介

1. 全国知识产权运营公共服务平台

国家知识产权公共运营平台（简称国家平台）2014 年由国家知识产权局牵头、会同财政部共同发起，是第一个全国综合性知识产权运营平台。由国家知识产权局中国专利技术开发公司、知识产权出版社、中国专利信息中心共同出资成立华智众创（北京）投资管理有限责任公司，负责平台运营工作。国家平台的总部设在北京市昌平区 TBD 云集中心，2017 年 4 月 26 日上线，主要支持专利转移转化、收购托管、交易流转、知识产权金融、知识产权保护、专利数据等业务，服务内容涵盖知识产权创造、保护、管理、运用全领域。

2. 美国国家技术转移中心

美国国家技术转移中心（National Technology Transfer Center，NTTC）是 1989 年美国国会同意拨款成立的非营利性机构，其为国家综合性技术交易平台，形成了由联邦实验室和大学研究机构、企业、专家网络、6 个地区技术转移中心组成的技术转移网络，也是美国政府支持的规模最大的知识产权管理服务机构。

NTTC 曾在促进由美国政府资助的科技成果转化方面发挥了重要作用，在其 20 多年运营过程中，共出具 4000 多份深度技术评估报告，培训技术转移专家 6800 多人，发布 40000 余项政府项目技术。

3. 日本生命科学知识产权平台基金

日本生命科学知识产权平台基金（Life Science IP Platform Fund，LSIP）成立于 2010 年 8 月，主要投资方是由日本政府支持的创新网络公司（基金公司）。日本政府发现企业感兴趣的专利通常分属于不同大学，且大学的专利一般都是基础研究成果，距离产业化、形成产品还有很长的路要走。在此背景下日本政府建立了 LSIP，旨在促进生物医药专利技术产业化。

目前，该平台重点关注 4 个生命科学研究领域：生物标记物、干细胞、癌症和阿尔茨海默病，均为日本优势技术领域。其运营模式主要有两种：

1）将大学和研究中心的专利捆绑组合，评估其潜在价值，在某些情况下将它们从市场上购入的其他专利组合构建专利池再许可给企业，与发起人分享利润，由此也可以防止专利技术流失。

2）开展知识产权孵化，投资基金获得开发专利的专有权，并以支付申请费、国际专利申请费和二次研发成本费用等来优化现有专利作为回报，专利被许可后，基金再收取许可费中的一定比例。

4. 中国生物医药知识产权国际运营平台

中国生物医药知识产权国际运营平台（重庆）于 2017 年 12 月 1 日在重庆正式揭牌，平台将通过资本聚集为生物医药产业知识产权运营提供强大的资金池和综合金融支持，推动产业转型升级。

2016 年，在国家知识产权局的指导下，重庆市通过国家财政支持、市级财政配套和引进社会资本的模式，组建了重庆钨石生物医药知识产权国际运营基金（下称钨石基金），钨石基金的运营主体即为中国生物医药知识产权国际运营平台。平台整合生物医药产业领域政、产、学、研、金、用、介等系统资源，聚焦生物医药知识产权国际运营，用中国市场对接全球优质生物医药技术，助力生物医药产业实现跨越式发展，打造一个从创新到市场的共生生态圈。

钨石基金首期发起的规模 3.05 亿元已经到位，其中包括中央财政金 4000万元，重庆市政府财政资金 5000 万元，区县财政资金等其他社会资本 2.15 亿元；目前，二期规模 10 亿元的资金募集工作已展开。平台通过知识产权大数据分析，服务定位全球生物医药创新技术，预测产业投资趋势，通过发现、运营高价值专利，帮助生物医药技术"走出去"和"引进来"，并将项目推介给平台用户，解决项目的投资和产业化问题。希望平台能以知识产权为纽带，将生物医药界人士凝聚在一起，实现抱团发展、风险共担、利益共赢。

8.3.4　孵化器知识产权运营

除前面介绍的产业联盟知识产权运营、产业园区知识产权运营、平台知识产权运营模式外，还存在多种多样的运营模式，如孵化器知识产权运营。

1959 年，孵化器贝特维亚工业中心诞生，这是世界上第一个孵化器，主要目标是缓解社区的高失业率的状况，主要功能集中在场所和基本设施的提供、企业管理职能的配备以及代理部分政府职能（如一些政府优惠政策的诠释和代办）。经过几十年的发展，孵化器已经具备更完善的管理模式、能够提供更齐全便利的服务，更关注孵化器内企业的知识产权运营及经济增长。中国孵化器的功能也从提供场地、后勤等最原始的孵化器服务形式，向提供技术支持、培养专业人才、建立企业制度和培育企业文化方向发展。

北京市注册的科技企业孵化器有 61 家，数量占全国总数的 15%，生物医药专业孵化器目前已有北医孵化器、海银科、海淀园、中关村生命科学园四家专业生物医药孵化器，其规模、运行模式各有不同。

国内的生物医药孵化器根据投资主体类型分为三类：政府投资、投资机构或企业创办、大学研究所创办。

政府投资的孵化器有海淀生物医药孵化器、上海张江生物医药孵化器等。政府投资的孵化器贯彻国家或地方产业发展战略，向创业者提供低价的场地、多种咨询服务，为创业者创造便捷的创业通道、提升效率。政府创办的孵化器在专利运营服务方面，更多的是通过培训，提高企业的知识产权意识和知识产权管理人员的技能，并通过出台相关政策、开办对接会，帮助企业获得投融资机会。投资机构或企业创办的孵化器有海银科生物医药孵化器、北联生物医药孵化器等，该类孵化器一般都是以参股并推动企业股权融资与上市为目标。大学研究所创办的孵化器有暨南大学生物医药研究所，该类孵化器的主要目标是孵化科技成果、促进科研成果的转化。

中关村生命科学园孵化器成立于 2003 年，专注服务生物医药产业创新创业生态环境的打造，为小微企业提供创新创业所需的软硬件条件，降低创业门槛，提升创业成功率，生命园孵化器不仅创造了孵化成功率 80% 的业界传奇，更为行业培育了包括贝瑞基因等 10 家上市公司，为"健康中国战略"贡献着自己的力量。截至 2017 年年底，中关村生命科学园孵化器内企业累计申请知识产权 6699 项，包括专利申请 3404 项，注册商标 3062 项，软件著作权 233 项。知识产权是推进"高精尖"项目成功孵化、转化发展的主要动力。孵化器高度重视原创技术及其保护、高度重视科学家原创能力、高度重视细分领域成果转化，历经 15 年的发展，摸索出了一套知识产权驱动的创新孵化模式。孵化器帮助创业者和科学家在创业之初确认技术和模式，客观分析技术和模式所面对的市场细分领域，使其对自己的创业活动合理定位；对创业者和科学家拥有的知识产权进行确认和规划，并开展相关法律法规辅导，降低企业知识产权风险，有效保护专利技术和创新模式；对创业者股权规划和财务计划提出合理化建议，让他们更容易获得天使投资和风险投资；无偿对创业者进行国家政策辅导，申报政府支持资金，便于企业得到政府相关支持，并在发展过程中顺势而为。

8.4　本章小结

1）无论采取何种运营方式，知识产权本身的价值是最核心的。以专利来说，从技术研发开始，即应该引入专利分析工作，推行研发专利一体化，将专利分析工作贯穿于整个研发过程，提高专利信息的利用程度，促进研发，通过专利分析，发现研发风险，提前进行规避，及时调整研发方向。在这种研发和专利紧密结合的情况下，最终能得到高技术价值的技术方案，从源头上提高价值，最终进行专利运营时，才能获得高经济价值。

2）知识产权运营模式多种多样，各运营主体在制定运营方案时应根据自身所处竞争环境、未来经营战略、自身知识产权现状及规划，选择不同的运营模式，切不可生搬硬套。

第9章 中国域外中医药知识 产权保护制度掠影

中国医药保健品进出口商会公布数据显示，2018 年中国医药保健品进出口总额达 1148.51 亿美元，伴随着贸易全球化，国内众多医药企业纷纷进军国际市场，由于各个国家对医药的知识产权保护制度各不相同，为了减少乃至避免医药产品进出口的知识产权风险和纠纷，需要对国外医药知识产权保护制度有初步的了解。

本章将从知识产权保护的角度出发，论述日韩、欧美国家或地区对中医药产业所采取的相关规定或制度。

9.1 日韩中医药国际化知识产权问题

在世卫组织发展传统医药的指引下，东亚的日本、韩国由于受到地域文化、资源的多重限制，采用引进西方先进技术、进行本土消化吸收的策略。其纷纷开展对传统中医药的研究，即后来在日本兴起的"汉方制剂"，韩国被推崇的"韩医学"，并已逐步形成适合本国国情的传统医药发展和保护的特色之路。

9.1.1 日本汉方研究知识概况

日本汉方药是基于中国中医在日本发展的传统草药，经过历代医家长期临床经验积累，将经典方与临床上所对应的病证，通过西医现代理论学说解释中医理论，其采用"西医病名"作为在主治证候治疗中的应用。目前，日本汉方制剂的品种大约有 20000 多种，但被收载于医疗保险药价目录中的方剂数量仅有 233 种。日本国内企业和研究机构对汉方制剂的基础研究尤为重视，其中，绝大部分汉方制剂有明确的有效成分标准、药理研究及临床试验数据，且还对生药质量及提取工艺技术标准都有严格要求。鉴于此，这使得日本汉方制剂的内在质量及稳定性得到有效保障。

日本汉方药的审批来源主要基于《一般用汉方制剂承认基准》，其基准收载的中药处方绝大部分出自《伤寒论》《金匮要略》《千金方》等中医经典名著。该基准共收载处方 294 个，包括成分分量（中药组方剂量配比范围）、用法用量（剂型和用量）、功能主治（治疗对应的西医疾病名和主治范围较宽）等内容。日本汉方药研究的主题内容基于上述汉方制剂基准，且提取溶剂只能以水为溶剂，企业可自主选择上市剂型、制定汉方制剂内控制备工艺及相对应的质量标准，经药监局审核批准，就可免除药理和临床研究，申请上市生产。对于汉方制剂如采用其他工艺路线或未被基础所收录，则药企不仅需要提供制备工艺及质量标准研究内容，还必须提供处方变更的合理性依据，以及药理毒理学和临床研究结果。

日本汉方制剂的特点如下：

1）汉方制剂中药材质量标准高，日本重视对汉方制剂的基础研究，对药用中药材的选种、栽培、种植、田间管理、采收、加工等过程进行严格的 GAP 质量控制，还对中药材农药残留、重金属含量等种植过程污染因素进行质量控制，以确保原材料内在质量。日本汉方制剂所用到的绝大多数中药材都不经过炮制工序，仅有极其少量药材（如附子）需炮制，这与中国经典方中的药材都需炮制的理论有明显不同。

2）汉方制剂剂型种类，其主要以颗粒剂为主，该剂型保留了原方有效物质成分，具有易贮藏、携带、服用方便的优点。其他还包括散装、片装、胶囊等。一般药厂只生产一种制剂，倘若要申请多个剂型，须开展生物等效性实验研究。

3）汉方浸膏中间体质量控制，日本汉方制剂依照中医古籍中的水煎方法制作混合煎液，制成标准汤剂，通过各领域专家确定影响有效物质成分"加水量和煎熬时间"等关键参数指标，质量标准中对浸膏中药材成分和含量有严格规定，汉方制剂中的指标成分不能低于标准汤剂下限的 70%，对于各药材含量的变化范围不能低于或高于标准汤剂平均值的一半，同时尽量控制在30% 以内。日本多方位、多环节对汉方进行质量控制，这使得企业在生产过程中须严格规范执行设定的工艺参数，以获得质量合格的产品。

4）其功能主治采用症状加西医对应的疾病名称进行描述，治疗病名非常宽泛，这与中国中成药所用中医术语限定的功能主治有明显不同。日本在 20 世纪 90 年代后，启动汉方制剂上市产品有效性和安全性再评价工作，根据开展临床试验结果，修订并规范其汉方药的功能主治用语。

5）汉方制剂安全性要求较高，日本对上市产品的监管最为严格，药企要持续对上市产品在临床用药中的不良反应信息进行收集，并完善修改药品说明书中的临床用药禁忌，以降低患者用药风险。

日本于 1885 年建立了初步的《专卖专利条例》保护制度，在 1889 年，加入巴黎公约，颁布专利法。在 1959 年，对专利制度进行修订完善基础上颁布特许法，引入创造性评审要求的规定。日本对实用新型和外观专利另行颁布《实用新型法》和《意匠（外观设计）法》进行立法管理。与中国不同的是，日本外观专利保护期限为 20 年。日本外观设计包括成套物品、类似外观设计、保密外观设计和部分外观设计四种类型。日本的专利转化规定中，发明专利、实用新型、外观专利在满足一定条件下及规定时间内可以互换，这点对于申请人而言，根据需要选择保护的类别，对于其他专利保护制度更显灵活方便。在专利保护客体方面不同的是，"动物和植物新品种"和"用原子核变换方法获得的物质"在日本可以获得专利保护。

1976 年之前，日本仅对药品制备工艺方法给予专利保护。1976 年起，日本扩大了药品专利保护客体，包括：新化学物质、新化学物质的医药用途、新化学物质制备方法、药品的外观包装、生物制品、制药设备、药用植物单体提取物、药用植物提取物的组方（限于基准收录的 294 个经典汉方）等，与中国专利法不同的是，日本不保护中药复方组合物专利。日本汉方制剂大多来源于中国中医药古典，是古典上明确记载的中药复方制剂，即构成了现有技术，为公众所知，想要申请这方面的专利，则会遇到技术方案不满足新颖性的问题。

为了鼓励企业创新药的研发，日本在 1987 年，建立药品专利期限延长制度。此法用于补偿因获得上市审评或临床试验而无法实施专利的时间。研究显示，日本近年来，上市销售的 21 个重磅畅销药品中，其中 15 个来源于日本企业生产的药品，这些药品都因药品专利期限延长制度，从而获得市场的独占垄断权及高额的利润。2002 年后，日本颁布《知识产权战略大纲》并正式确立"知识产权立国"的方针策略。

日本汉方药知识产权保护重点在专利战略上，企业围绕中药经典古方布局申请大量改进工艺制备专利以及成分检测、临床新用途等外围专利。据日本特许厅调查表明，日本专利技术平均实施率为 52%，远远高于其他地区。这与日本药企的发明专利保护内容大多是围绕产品的基础研发、生产形成的技术成果，通过专利运营融入企业实际生产经营中的策略相关。

传统中医药文化对日本汉方医学有深刻影响，但因汉方制剂的处方来源于中医经典方剂中，其药企对汉方制剂的开发也就局限在"中药材工艺、提取、纯化"等制备技术改进中。自 1970 年以后，日本汉方制剂迎来了高速发展的黄金期 30 多年，其利用现代先进提取、纯化、干燥技术，结合先进的质量检测体系，融合形成符合日本汉方制剂体系模式，得到国际上广泛认可，在国际中草药市场上，汉方制剂的市场占有率已远超过中国。日本汉方制剂优势在于：对中草药源头把控、生产过程中多指标成分的质量监控等。

目前，日本汉方制剂的生产企业 18 家，其中，津村药业占了近 80% 的市场份额，处于行业垄断地位。津村株式会社始创于 1893 年，该企业汉方药不仅供应本国国民用药，其还将产品出口到美国、韩国、新加坡、中国等地区。获得海外销售市场的高度认可，这当然也与津村制定技术含量较高的汉方药质量标准极为相关。从建立生药种植和采集、饮片加工、生产过程中标准化的追溯体系，保证生药、中间体、汉方制剂的内在质量。津村开展了大量汉方制剂在药理、毒理、剂型、成分分析上的标准化研究内容，并结合工业化生产实践，改进汉方生产设备，引进先进管理理念，形成一种质量稳定可控的生产管理体系。

截至 2020 年 11 月 30 日，津村制药有效发明专利 147 件，其专利保护涉及的主题大多集中在"人参、甘草、猪苓、茯苓等中药材栽培方法（原料生药的栽培技术）、配制多组分药物的方法和设备、物料浓缩输送装置、多成分药剂的评价方法、含中药提取物片剂组合物、微生物检测、草药样品中残留农药的方法（重金属、微生物等质量检测技术）"等。由于上述专利技术为在经典名方基础上的二次开发，技术本身的创新性较低，其上述专利保护范围也相对较狭窄。鉴于日本国内汉方审批政策及产业研究现状，这也就导致日本国内企业对汉方制剂的研究侧重点集中在质量检测技术和质量评价方面。

由于中国是中医药的起源地，依据中医药"理法方药，君、臣、佐、使"的配伍理论，加之中国拥有众多临床经验丰富的中医大师及众多的医学经典古籍，以及众多道地中药材资源优势，这些是日本不具备的先天优势，这也使得中国中医药知识产权的布局申请主题大多集中在"组方改造、合方化裁、药味增减、提取纯化、剂型改进"等方面。然而，日本医药企业重视对药物科研的投入，引进先进制药工艺技术后，并基于本国国情，消化吸收，探索创新，制定出独具特色的汉方制剂研发及审批流程。日本药企对中国传统的经方、组方配伍、化学成分、药理活性、作用机理、药物代谢等进行深入研究，并制定出更加细化的工艺参数和质量检测标准。正是通过这种"产品技术升级开发"，建立知识产权防御策略，在新产品上市前，企业都会申请在"关键设备及组方工艺"改进方面的相关专利，通过获得知识产权，使产品的效益最大化。

从日本汉方知识产权保护的经验出发，在专利保护方面，日本企业制定"海外拓展，专利先行"战略，形成产学研结合，促进"技术开发与产权保护"相结合运用的良性循环模式。中国要利用知识产权体系保护和发展中医药产业，促进行业技术升级改造，提高产品内在科技含量水平，将技术优势成果通过产权保护，形成未来竞争利器。

对此，中国医药企业可以在以下几个方面持续探索中医药发展道路：

1）中国中医药行业应建立一个明确规范的行业质量标准，不能简单仅通过检测中药复合组合物中的一个单一指标成分的含量来判断药品的合格与否，药企自身也要结合实际大生产要求，进行多批次质量稳定性考察，建立多指标成分指纹图谱检测体系，对产品上市销售过程中的质量进行持续跟踪，通过现代检测手段，鉴定出更多的有效物质成分，通过临床试验，开展相应药代动力学试验，尽量建立符合与药品疗效相吻合的药效指标成分，通过中国中医药企业对自身产品持续深入的研究，制定一个统一细化的中成药质量标准，来规范和引导行业的发展。

2）中国中医药企业利用产学研合作模式，可以将国内中医药院校及其研究院所的科研成果进行转化，企业通过出资金，高校提供技术升级改进的支持，促进中药产品的升级改造。

3）建立中医药系统数据库，内容涵盖专利、非专利、古代经典名方等，通过数据库平台收集中药数据，整理登记和保存，建立相对应的文档数据库。专利审查时，国家知识产权局审查员也通过登录上述中医药数据库，进行检索分析，提高中医药专利申请现有技术查找的准确率，以供审查员做出准确的授权评判。中医药研发人员也可以通过上述数据库，进行检索查询，通过大数据的信息归纳总结出相应的技术变革发展规律，为后续产品的升级改造提供相应的技术参考。

4）中国中医药企业应加强利用专利情报的作用，紧跟国外医药行业技术更新研究动态，结合企业产品本身的特性，引进提高产品内在质量的可工艺化生产技术，消化吸收，实施产品技术创新，及时通过专利申请保护，制定与生产经营相结合的专利保护策略。

9.1.2 韩国传统医药学知识产权概况

韩国的传统医药（简称韩医）经典代表作主要有《东医宝鉴》《乡药集成方》和《医方类聚》等，上述书籍由朝鲜医学家吸收中国古代中医书经典为基础，并集合高丽民族针灸术、药物疗法、医学研究成果和医疗经验编撰而成，其从中医药文化的根源来看，韩国的传统医药受中国中医药学影响非常大。

韩国在最初没有正式的专利法律制度，而是采用工业产权制度保护专利技术。韩国直接引入日本的法律体系《特许令》（专利令），于1908年制定并公布了该项法令，初步奠定了该国专利法的基础。在1946年，韩国制定了第一部专利法《特许法》。韩国知识产权相关的法律与日本大部分相同，《特许法》对应保护类型为发明专利，《实用新案法》对应保护类型为实用新型专利，《意匠法》对应保护类型为外观专利。上述三种法有相应的施行令和施行规则。1977年，韩国将特许院改设为特许厅，主要负责专利和商标申请的受理、审查和批准的相关事务。韩国发明专利保护期限为20年，在一定的条件下，对于农药或医药领域的发明可以申请延长5年。实用新型保护期限为10年，特殊情况下可延期5年。2006年起，韩国对实用新型专利实施实质审查制度。

韩国外观设计保护期限为 15 年，其外观设计申请包括：复数外观设计、类似外观设计、秘密外观设计和部分外观设计。其中，秘密外观设计申请是针对申请人对外观设计的产品尚未完成或未做好实施准备情况下，防止公布的外观设计被他人仿造、盗用，请求专利局在自授权之日起 3 年内不公布其外观设计的情况。若秘密外观设计自授权之日起满 3 年后必须公开，这种差异化的外观专利制度，也更加满足不同创新实体企业的需求。

韩国将传统医学教育纳入正规大学教育，1948 年，举办东医学教育，1951年，韩医学获得合法地位后，原东洋大学馆升级为汉医科大学。在同年，韩国就颁布《国民医药法令》，进而确定韩医药在医疗健康中的重要地位。1962年，韩国政府将《国民医疗法》做了全面修订后更名为《医疗法》，废除了韩医师制度。但在韩医学界的极力反对下，韩国政府遂又于第二年修订《医疗法》，韩医师制度这才得以发展至今。韩医药产业发展以及科学研究得到韩国政府财政大力支持。韩国对传统中医药以药品监管方式进行管理。1993 年，韩国制订"进口中药材供需调控运行方针"，调控和保护国内中药材产业实施进口限制。1998—2010 年，韩国政府斥资 1.6 亿美元用于传统药物的研究。2000 年，韩国制定了"天然物新药研究开发促进计划"。2003 年，出台《韩国韩医药发展法案》，目的是支持并资助发展"韩医药"，促进其现代化和国际化。2006 年，《韩医药发展第一个五年综合规划》，该规划包括促进韩医药服务水平、提高韩药材质量标准、加快韩医药产业发展、突破韩医药研发核心技术等。

韩国传统知识（Korean Traditional Knowledge Portal，KTKP）的保护由韩国知识产权局和乡村振兴厅共同负责承担。2004 年，韩国知识产权局建立传统知识产权库，该库的初步数据资料的整理和采集由乡村振兴厅牵头负责，并将上述数据提供给韩国国家知识产权局，采用中英文语言版本公布，对社会公众免费开放。该数据库收集了传统医药、食品、农业及非物质文化等相关论文，其中传统医药是最为重要和数据量信息最多的部分。传统医药数据库主要包含药物（药材名称、拉丁名、入药部位、主要功效、主治病症、性味归经、药材图片、炮制方法、使用禁忌、相关联方剂、相关化合物、IPC 分类号、出版信息等）、方剂（方剂名称、配方组成、制剂制法、功效剂量、主治病症、来源出处、关键词、IPC 分类号等）、病症（西医病名、相关药物、相关联方剂、

IPC 分类号等）三大部分，上述数据库的信息通过相关关键词和索引词进行技术标引，以方便专利审查员进行检索，提高专利审查效率。该数据库为韩国传统知识产权奠定基础，并促进相关产业的快速发展。

韩国建立的传统知识产权保护库是一个开放信息数据库，任何人无须注册即可登录。该数据库已被世界知识产权组织列为非专利文献清单，供国际专利检索使用，以检索现有技术文献，进而提升专利申请质量。韩国建立 KTKP 数据库，对传统知识进行系统整理、归类、挖掘、传承和保护有着重大意义。相比之下，中国并未建立较权威的、有关中医药的开放数据库，中国应尽早建立古代经典名方的数据库，并对经典名方进一步开展深入研究，将古方中的处方成分、配比、方解、临床案例、使用方法、炮制技术、制备技术、适应证和禁忌、处方来源出处、现代药理药学研究等，进行系统录入，采用专利 IPC 分类号进行技术标引，并实现主题、关键词等复合检索，将中国传统知识通过体系化数据库进行梳理，以方便后续科研技术人员检索使用。也可借鉴韩国将该传统知识保护库提供给世界知识产权组织，增加和扩大中医药传统文化知识在国际上的认知度。中国要将中医药知识产权保护上升到国家战略高度，加大对中医药科研人才培养体系，鼓励中国中医药生产企业和研发机构开展对中药物质基础成分、提取纯化工艺、质量控制标准、新剂型、药效学、药物代谢组学等研究，进行系统研究理清中药复方中的有效物质成分，用现代科技阐述中医药的治病机理，只有通过守正创新，让科技赋能中医药产业，才能使得我们的传统文化知识得到保护和发展。

9.2　美国中医药知识产权环境概述

9.2.1　中医药在美国的发展现状

在美国，传统中医药大多被称为草药或植物药。根据天然植物产品类别划分，美国草药市场分为植物药、植物功能食品、植物膳食补充剂和植物美容产品。然而政府与医学界一直对植物药较为排斥。究其原因，美国是一个以西医为主流医学的国家。绝大多数州立法规定只有西医可合法行医，其他各种疗法均属非法，不颁发行医执照。西医治疗常用的药物为化学药品，有明确的作用机制和靶点，很少有医生会给患者开具植物药的处方。

因此，植物药，甚至包括植物膳食补充剂从开始推广时，很难占有市场份额，随着美国医疗制度和法律政策发生变化，这一情况才逐渐改善。美国虽然拥有领先世界的医疗制度，但美国医疗制度有一个致命的缺陷，昂贵的医疗费用位居世界第一。根据美国 CMS 官网公布的数据，美国 2017 年的卫生总费用占 GDP 的 17.9%，2018 年的占比为 18.3%。昂贵的医疗费用使绝大多数普通工薪阶层望而却步，虽然政府提供的社会医疗保险能覆盖民众医疗开支的一部分，但主要针对的是老年群体和弱势群体，普通工薪阶层的医疗保险则由商业保险机构提供。商业医保中，由雇主提供的医疗保险是最主要部分。参保人缴纳不同的保费，享有不同的就医选择自由度。而收入水平处于中下游的普通工薪阶层难以通过购买高级商业保险来获得更多的就医选择，他们对替代疗法有着迫切的需求。

目前现有的替代疗法中，首选植物药。因为植物药不仅在有效性上可以一定程度上替代化学药物，安全性也比化学药物相对较高，这极大促进了包括植物药在内的传统治疗方法开始广泛盛行，再加上美国国会出台相关法律，将植物药列为营养补充剂，加速了美国市场对于植物药的认可。对于普通民众，使用植物药来治愈一些自限性疾病，如感冒、咳嗽，可以大大节省普通民众在医疗费用方面的支出，性价比较高。目前，绝大多数植物药可以在美国保健品商店、药房、超市和邮购商店中购买，但只能作为食品或营养补充剂出售。植物药作为新药上市批准的产品凤毛麟角。从市场销售情况来看，目前美国民众更偏好草药膳食补充剂的消费，根据美国植物学协会提供的数据，自 2004 年以来，草药膳食补充剂在美国的销售额逐年递增。2019 年，草药膳食补充剂在美国的销售持续强劲增长，总销售额比 2018 年增长 8.6%。2019 年，消费者在所有市场渠道购买草药膳食补充剂的支出约为 96.02 亿美元，比 2018 年的支出多出 25 亿美元以上。

9.2.2　美国知识产权法律体系

美国对知识产权保护的立法基础来源于《美国联邦宪法》。1787 年，美国颁布《美国联邦宪法》，其中第 8 条授予国会的立法权之一就是："为促进科学和实用技艺的进步，对作家和发明家的著作和发明，在一定期限内给予专利权的保障。"其中，植物药最常涉及的五个知识产权版块分别为版权、专利、商标、商业秘密和育种权。

1. 版权

1790 年，美国颁布《版权法》，当时的保护范围只限于书籍、地图和期刊。1909 年才扩大为所有作品。1976 年，美国制定了第三部《版权法》，即现行版权法。美国法律中的版权即我们通常说的著作权。

2. 专利

1790 年，美国颁布《专利法》，历经数次修订，2011 年，最新专利法修订案完成，由时任总统奥巴马在当年 9 月份签署公布。美国专利权模式由"最新发明人制"改为"最先发明人申请制"。与中国《专利法》规定的专利类型不同，美国《专利法》规定的类型包括发明专利、外观设计专利和植物专利 3 种类型，没有实用新型专利。美国发明专利要求发明创造必须具有某些功能和（或）实用价值，包括机械、产品、组成、方法。任何人发明或发现任何新的而有用的方法、机器、制品、物质的组合，或以上各项之任何新的而有用的改良均可以申请美国发明专利。外观设计专利要求必须具有新颖性及具有对产品非显而易见的装饰或美化作用，但并不要求一定具有实用性。对于植物专利，美国专利法规定，无论谁发明或发现无性繁殖任何独特的和新颖的植物品种，包括培育的变种、异种、胚种和新发现的秧苗，而非试管培植的植物或在未培育状况下的发现，均可取得植物专利。

3. 商标

1946 年，美国颁布《商标法》。1988 年，美国对商标法做了重大修改，允许申请人基于使用的意图而申请商标。商标的种类包括商品商标、服务商标、集体商标和证明商标。

美国在商标保护方面的一个重大特点是除联邦法外，还有州法，即各州也有各自的商标法。其法律保护的力度也因联邦法和州法的不同而有很大差异。一般来讲，未在美国专利商标局注册的商标，只受使用所在州的法律保护，一旦受到侵权也得不到法定赔偿。

4. 商业秘密

在美国，保护商业秘密的著名法律有 1939 年《侵权法重述》、1979 年

《统一商业秘密法》、1995 年《反不正当竞争法》以及 1996 年《反经济间谍法》等，其中《反经济间谍法》是专门适用于商业秘密刑事保护的法律。在美国对于商业秘密的保护属于州法的范畴，不存在联邦法意义上的商业秘密法。各州的商业秘密法均将 1939 年的《侵权法重述》和 1979 年的《统一商业秘密法》作为法律基础。

5. 育种权

1970 年，美国颁布《植物品种保护法》（Plant Variety Protection Act），保障以有性繁殖植物新品种的育种家权利，后来又相继出台植物专利法（Plant Patent Act）及实用专利法（Utility Patent for a Plant）进行补充完善。

上述五大类知识产权构成了美国对于中医药知识产权管理的基本框架，但是不能简单认为只有这五个方面。美国是一个联邦制的判例法国家，其法律体系非常复杂。有两个基本点应当特别注意：一是联邦法与州法的关系，各州的普通法一般由判例形成，而联邦法主要是制定法，辅之以普通法；二是制定法与判例的关系。

美国不仅在国内建立了较为完善的知识产权体系，还积极加入许多知识产权国际公约，包括《巴黎公约》《伯尔尼公约》《TRIPS 协议》《建立世界知识产权组织公约》等，以进一步巩固其作为技术大国的在国际的影响力。

9.2.3　美国与植物药相关的法律

随着健康理念的不断普及，天然药物在国际市场上越来越受到青睐。中国自古以来就有使用中医药治病的习惯，无论是民间还是官方，对于中医药的认可度普遍较高。美国民间虽然对于天然药物的使用是认可的，但美国官方对于天然药物的使用持审慎的态度。相比化学药物具有明确的分子结构，天然药物大多成分复杂且结构不清楚，难以用化学药物评价标准去评价天然药物。美国更习惯将"天然药物"称为"植物药"。虽然现代植物药概念是按照西方医药学概念提出的，但是植物药在美国上市是非常困难的。因为在西方医药学理论的影响下，美国 FDA 要求在美国上市的药品必须有明确的化学分子式、清晰的药理、可以准确定量的药物成分和效用；若是复方药，还必须清楚每一种化学成分的药效作用、化学成分之间的相互作用以及这样的作用会对该复方药的药效和毒性产生怎样的影响。但是，许多植物药达不到这样的要求，因为一种植物本身就是一个复杂的复合体，包含了多种天然有机成分，其功效可能不是其中某一种或者某几种有机成分起作用的结果，而是很多种有机成分共同作用的结果。离开这个作用环境，功效就不见得会很显著。这就是有些植物药难以通过检测方法鉴定有效成分的主要原因，也是美国一度不肯承认植物药属于药物的原因。

随着植物药在美国市场的份额逐渐增加，为了更好地监管植物药，规范植物药的研制、注册和上市，美国国会、美国食品药品监督管理局（Food and Drug Administration，FDA）相继出台了一系列法律法规。

1938 年，美国国会出台《食品、药品与化妆品法案》（FDCA），赋予 FDA 监管食品、药品及化妆品的权利。该法案要求新药在上市前必须向 FDA 证明药品的安全性。

1994 年，美国国会通过了《食品健康与教育法令》（Dietary Supplement Health and Education Act，DSHEA）。在这法令中明确地将包括中药在内的植物药列为营养补充剂（Dietary Supplement）。该法令规定营养补充剂不属于药品，也不属于食品添加剂。这是美国 FDA 对植物药态度发生变化的一个重要旗帜，为植物药的兴起提供了有力的立法保证。

2004 年 6 月，FDA 网上发布《植物药产品指南》（Guidance for industry：Botanical Drug Products）（以下简称《指南》），该指南放松了对植物药的限制，表明 FDA 承认植物制品的特殊性，认为有必要采取不同于合成药物、高纯度或化学结构改造药物的政策。目前根据《指南》，植物药产品进入美国市场的主要途径有两类：一是以营养补充剂的形式上市；二是以植物药作为药物上市。以药物上市的话，植物药既可以以 NDA（新药申请）上市，也可以通过 ANDA（简略新药申请）上市。

指南中 FDA《指南》中对植物药的定义为：含有植物材料中的成分，如植物、藻类、大型真菌或以上几种组成的复合成分，其剂型可以是溶液（如茶等）、粉末、片、胶囊、酊剂、皮肤局部制剂或者注射剂的医药产品。不包括发酵产品（如酵母、细菌或其他微生物的发酵产品）、高度纯化的物质或来源于植物但经化学修饰的物质、经重组 DNA 技术或克隆技术等基因修饰的植物材料、含有植物成分的变应原浸出物和疫苗等。

2016 年，FDA 更新了最新版的《植物药产品指南》，增加了用生物活性检测及多批次多剂量的临床试验来验证或保证质量控制的合理性等内容。

上述与植物药相关的法规一定程度上减轻了植物药通过 FDA 审批的难度，但与化学药品审批相比，植物药审批仍需要经历漫长而复杂的审查。

9.2.4　美国药品知识产权保护体系

在美国，植物药作为新药上市固然困难，但并不妨碍其申请专利，两者是分开的。药品专利申请由美国专利商标局（USPTO）负责受理，审查其新颖性和非显而易见性。为了使药品专利获得授权，申请人需要提供大量具体实施例与对比实验数据来证明药品的有益技术效果。一旦药品专利获得授权，既体现出企业在技术上的创新能力，又能为即将上市的产品提供有力的法律保障。

在美国，原研药同仿制药竞争异常激烈，政府在药品监管过程中也经历了平衡鼓励新药创新与促进仿制药尽快上市之间关系的摸索过程。1984 年，美国通过了著名的 Hatch-Waxman 法案，该法案包括 ANDA、药品专利链接制度、药品专利保护期补偿、Bolar 例外、数据保护等几个方面，从而对存在矛盾的创新药与仿制药的平衡关系进行了相对妥善的调和。药品专利链接制度从整体上可以分为 4 大块：橘皮书制度、专利声明制度、遏制期制度、首仿药市场独占期制度。

首先来看橘皮书制度。这一制度要求原研药企业在申请药品上市时提交专利信息，例如药物、药物形态、药物组成、药物使用等方面的专利。在原研药上市之后，FDA 会将相关专利信息登记在橘皮书中。橘皮书的信息提供了专利链接制度的基础。

仿制药提出申请时，就要针对橘皮书里面列出的每一个专利，做出专利声明。美国的专利声明可以划分为两大类，第一大类就是我们通常所谓的声明（Certification），第二大类也包括两个声明（Statement）。

通常 Certification 包括 4 小类：声明Ⅰ（PⅠ）：该新药在橘皮书中无相关专利登记信息；声明Ⅱ（PⅡ）：该新药在橘皮书中相关药物的专利已经过期；声明Ⅲ（PⅢ）：在橘皮书中相关药物的专利失效前，不要求 FDA 批准该仿制药；声明Ⅳ（PⅣ）：橘皮书中相关药物的专利是无效的，或者其制造、使用或销售所提交申请的药品不会侵犯专利药的专利，也就是我们通常所称的"专利挑战"。

再看那两个 Statement。第一个 Statement 也称为小 viii 项声明，针对的是药品使用方法专利。如果一个原研药有多个适应证，只有部分适应证是受专利保护的情况下，仿制药企业可以在其仿制药上市申请中将受到专利保护的适应证删除，即不寻求获得批准受专利保护的适应证，那这个仿制药就不会侵犯该使用方法专利，这个时候可以做出这样的声明。第二种 Statement 是没有专利的声明，可以声明说没有专利。

收到仿制药申请人的专利声明之后，FDA 会根据不同的声明做出相应的处理。如果提出的是第Ⅰ、Ⅱ段声明以及无专利的第 viii 项声明的情况下，FDA 会直接批准；如果提出的是第Ⅲ段声明，FDA 会在专利到期后批准；如果仿制药企业提出的是第Ⅳ段声明（专利挑战），则仿制药企业需要通知专利权人及原研药企业，专利权人在收到通知之后 45 天之内可以起诉，起诉的话就进入了一个非常重要的程序，即遏制期，这个时候 FDA 会中止审批长达 30 个月，但是不会停止接受审评，中止审批的目的是等待法院解决专利侵权纠纷。如果在 30 个月以内，法院判定专利权人胜诉，也就是仿制药侵犯专利权，那么仿制药不能直接获得审批，一般会要求仿制药申请人修改声明，即需要等到专利过期之后才能获得上市许可。如果专利挑战成功了，也就是仿制药企业胜诉，在判决做出后，FDA 会直接审批上市。如果等到了 30 个月，诉讼仍未解决，那么 FDA 也会批准仿制药上市。这就是整个链接制度的流程。

此外，还有一个非常重要的制度，即首仿药的市场独占期制度，指的是首个提交专利挑战的仿制药企业可以获得 180 天的市场独占期。

美国还规定了特殊的药品专利保护期补偿。根据该制度，原研药企业可以获得的专利保护延长期为临床试验时间的一半与 FDA 审批时间之和，以弥补药品临床试验和审批的时间损失。保护延长期最大期限为 5 年，药品上市时的所余专利保护期与专利延长期之和应在 14 年以内。

总之，美国药品专利链接制度，无论是建立还是改进完善，都是站在实际产业和制度实践的基础上，每一次修正都体现了各利益相关方的协调与平衡，都有其必然性和必要性。而这一制度之所以在美国产生保护原研药专利权同时促进仿制药上市的良好效果，也是因为其很好地适应了美国药品产业发展实际。

9.2.5　美国植物药获批情况

截至 2018 年 12 月，FDA 已批准上市的植物药仅有两个。2006 年 10 月，FDA 批准了第一款上市的植物药 Veregen，本品的主要组成来自绿茶萃取物，为局部外用的软膏，可用于局部治疗由人类乳头瘤病毒引起的生殖器疣。这是 FDA 根据 1962 年药品修正条例首个批准上市的植物药。直到 2012 年 12 月 31 日，FDA 才批准第二个植物药——巴豆提取物 Fulyzaq，该药可用于缓解 HIV/AIDS 患者接受抗反转录病毒（ART）疗法时出现的非感染性腹泻症状，是 FDA 批准的第一款口服植物药。从植物药上市数量来看，FDA 对于植物药的审批非常谨慎，这使得植物药进入美国市场十分困难。中国也曾有中医药企业意图将产品打入美国中草药市场，如天士力集团的复方丹参滴丸。复方丹参滴丸已在 FDA 审评道路上走了 20 余年，截至目前，复方丹参滴丸仍未获得 FDA 的上市批准。分析原因，FDA 对于复方丹参滴丸是按照化药新药的要求进行审评，要求提供详细完整的结构组成、生产信息、质量标准、检验报告、原辅料来源、稳定性数据、非临床试验和临床试验结果等信息。而复方丹参滴丸本身就含有三种组分：丹参、三七、冰片，这三种成分是如何发挥相互作用的，有效活性成分是什么，组分间相互作用的不良反应、毒性作用是什么，均需要按照化药的机理进行阐述。这对中药复方制剂来说是十分困难的，需要长期的试验数据累积和机理的研究，才有可能符合 FDA 提出的要求。

9.3　欧洲中医药知识产权环境概述

9.3.1　中医药在欧洲的发展现状

欧盟对中医药的认知，同美国一样，也是将传统中医药当成是草药或者植物药来看待。欧盟从整体上来看，对植物药持较为开放的态度，这一点与美国有所不同。普通民众有使用植物药治疗一些轻中度疾病的习惯，从市场销售数据也能反映出普通民众对于植物药的消费偏好。据著名的 Nutrition Business Journal 杂志统计，2000 年全球植物药销售总额为 185 亿美元，并保持平均每年 10%的增长速度。其中，欧洲为世界上最大的植物药市场，销售额占全世界的38%。2005 年，植物药销售额约占全球药品销售总额的30%，突破 260 亿美元。在 260 亿美元的市场份额中，欧洲市场占34.5%，接近 90 亿美元。

欧盟是医药原料的主要市场，占全球制药产量的36%。欧盟约有 2000 种植物用于医药目的；主要贸易市场是德国，主要的药用植物进口商、加工商和贸易商是法国和意大利。在东欧国家中，波兰、保加利亚、匈牙利和罗马尼亚是主要贸易市场。西班牙本身是药用和芳香植物的重要生产国，对植物药的需求日益增加。在葡萄牙和斯洛伐克，植物药生产正变得越来越重要。

欧盟绝大部分成员方（除葡萄牙外）都已将植物药列入药品的管理范畴，但迄今为止，欧盟在植物药的分类、定义、上市审批要求及销售渠道限制等方面仍没有实现统一的管理，各成员方之间存在很大的差异。相对而言，德国对于植物药的管理较为客观或宽松，生产、销售市场及对于植物药的接受程度均位居欧洲首位，能够成为中国植物药对欧出口的首选进入国。

在欧盟众多成员方之中，德国对于植物药的研发和生产水平居于世界领先地位，拥有众多实力强劲、研制植物药的医药公司，如著名的舒瓦贝医药公司（Schwabe GmbH&Co.）、马博士公司（Madaus AG）等。这些医药公司对于植物药原材料的质量控制、生产工艺早已位于世界前列。如按照 Schwabe 专利工艺生产的银杏叶提取物 EGb761 已成为国际标准。

德国药品管理及卫生机构对于"植物药"的定义为："不同于化学药品，包含从药用植物中提取的制剂的药品。"植物药在德国可以滴剂、药片、胶囊等形式出售，也可以传统的药茶的形式出售。以药品形式出售时，多为非处方药。在当今世界追求健康生活的观念下，德国人使用植物药的频率显著提高，因为他们认为植物药相对于化学药物，具有长期的使用历史，安全性较高，副作用较小，民众更放心使用。植物药品在德国药品市场上占据着相当大的份额，尤其是在非处方药品市场上的份额逐年上升。

根据德国 Allensbach 民意调查公司 2002 年进行的一项调查结果，73%的德国人有使用植物药治疗疾病的习惯，其中妇女占79%。人们使用植物药品主要用于治疗咳嗽、感冒、胃病、消化不良、晕车船、心血管病症、抗衰老、疲劳及用作补药等。从这项调查可以看出，德国民众重视通过自主使用植物药来保证自己的身体健康、饮食健康及增强对疾病的抵抗能力。

9.3.2　欧盟知识产权法律体系

欧盟知识产权体系较为复杂，欧盟大部分成员方都加入了国际公约和国际条约，如《保护工业产权巴黎公约》《保护文学艺术作品伯尔尼公约》《保护表演者、录音制品者与广播组织公约》及《与贸易有关的知识产权协定》等。但是，这些国际条约对于完善欧盟成员方内部的知识产权管理体制远远不够，作为补充，欧盟出台了一系列欧盟层面法律。除此之外，各成员方出于自身经济利益考量，制定了本国层面法律。其中，成员方法律以相关欧盟法及其在相关国际协定中的承诺为基础。欧盟知识产权法主要包括工业产权与著作权及相关权利两大类：第一类工业产权中主要涉及专利、商标、外观设计、地理标志等内容；第二类著作权及相关权利除了包括传统的著作权外，还包括计算机程序、数据库、表演者等。

1. 专利

在专利保护制度上，欧盟出台的法律有《欧洲专利公约》《伦敦协定》。

1973 年，欧洲 14 国在德国慕尼黑签订了《欧洲专利公约》（European Patent Convention，EPC），EPC 为欧洲专利局通过单一、统一的程序授予欧洲专利提供了法律框架。

2000 年，欧洲专利公约成员方共同协商制定《伦敦协定》，旨在简化现行欧洲专利申请须在 EPC 成员方间提交翻译文本的规定。欧洲专利的官方语言为中文、法语和德语，欧洲专利通过审查后，如申请语言为英语，需要将授权的权利要求翻译成另外 2 种官方语言，并且在授权公告后 3 个月内，按生效国国家专利法规定，办理生效手续。

2011 年 5 月，欧盟提出了新的知识产权保护战略，集中指向数字化时代的知识产权保护。专利方面，欧委会在新战略中提出建立单一专利（Unitary Patent）体系的立法建议。欧盟单一专利将在参与的欧盟成员方内具备统一效力，由欧洲专利局根据 EPC 的规定授予，并集中负责其管理事务。新专利体系将大大降低专利申请门槛和费用，极大鼓励创新。

欧洲专利只保护发明专利，有效期为自申请日起 20 年，不包括实用新型和外观设计。由欧洲专利局（European Patent Office，EPO）统一受理、检索、审查、授权，授权后可以在其 30 多个成员方生效获得专利保护，对于欧洲专利的维持、行使、保护，以及他人请求宣告欧洲专利无效，均由各指定国依照本国专利法进行。

2. 商标

欧盟商标法有两套体系，一套是欧盟层面的商标法统一体系，该体系于1994年依据《商标条例》建立。在该体系下，商标的申请、注册及保护都由欧盟所设定的统一的机构、统一的手续和程序来进行，极大地简化了商标保护的程序。另一套则是各成员方国内商标法的协调体系，欧盟于1988年出台了《各成员方商标法趋同化指令》，该体系对各成员方商标法中有关商标的基本构成、拒绝商标申请的理由、商标所有权人所享有的权利及对商标的使用等方面设定了最低标准，使各成员方法律在此基础上达成协调。

3. 地理标志

地理标志确保了产品品质与其产地的关联。欧盟在1992年通过了《农产品食品地理标志和原产地名称保护条例》（EEC 2081/92），并于2006年进行了修订。它的建立为食品及农产品（酒类除外）提供了注册体制，未经注册的地理标志不受保护。

4. 外观设计

欧盟2002年通过《欧盟理事会共同体外观设计保护条例》（Council Regulation（EC）No 6/2002 of 12 December 2001 on Community designs），该条例对于外观设计的实质条件进行了规定，在欧盟范围内建立了统一的外观设计体系。该条例第3条规定，外观设计是指由线条、轮廓、色彩、形状、质地、或产品本身的材料或其装饰物的特征形成的产品的全部或部分外观。

5. 著作权

1993年，欧盟通过《协调著作权和某些邻接权保护期的指令》，该指令对著作权给予作者死后70年的保护期，对表演者、音像制作者、电影制作者和广播机构给予50年保护期（从作品首次公开发行算起），对摄影作品给予作者死后70年的保护期。近年来，欧盟进一步完善了有关著作权、邻接权（包括表演者权）、出租权保护的相关法律。部分音像制品的保护在各成员方仍存在差异。

9.3.3　欧洲与植物药相关的法律

2001 年 11 月 6 日，欧共体欧洲议会和理事会出台 2001/83/EC 指令，该指令是欧盟人用药品的基本法令，用于监管药品生产、流通、使用环节，以保证公众用药健康和促进药品研发。该指令第 1 条款：欲获得药品市场准入的申请者，应提供技术细节和文件，它们应包括产品的理化、生物或微生物、药理、毒理和临床试验结果，从而得出其质量、安全性和有效性的证据。原则上来说，有关人用药品的法规同样适合草药，但该指令中尚未单独列出关于草药的专门章节。

2001 年 4 月，由 EMEA 委托英国药审局（MCA）起草的《传统药物产品法令（草案）》公布，规定在欧盟成员方境内使用超过 30 年的草药即可成为传统草药制品，获得市场准入许可，可按药品进行广告宣传。该草案的公布使得社会各界人士，尤其是植物药企业、组织看到了政府机构对于植物药市场的监管、思考及未来发展方向。

植物药既包括治疗疾病的草药，也包括起到营养补充效果的草药，如有助于人体肠道蠕动，补充必需维生素的植物产品。故 2002 年，欧盟委员会通过《食品补充剂法令》（Directive 2002/46/EC），根据该法令规定，食品补充剂是指补充正常膳食的食品、浓缩的营养素或其他具有营养或生理效应的物质。可以是单一成分或混合物，以胶囊、片剂、丸剂和其他相似的形式出现，也可以是一些液体或粉末，需分装在能够准确计量的容器中。使得植物药能以食品补充剂的形式上市销售。

20 世纪初，欧盟对于植物药的监管较为松散，对植物药的质量评价体系以及药物安全性和有效性的评价体系尚未建立完全。再加上欧盟成员方众多，不同成员方对于不同植物药的管理有可能存在不同。如银杏制剂在德国、法国作为药物；在英国、荷兰却作为营养补充剂。大蒜制剂在德国用于降低胆固醇，在药店可作为非处方药物销售，但在法国没有被列入传统药，在荷兰却作为营养补充剂。为规范欧洲传统植物药产品，确保传统药物在欧洲使用的安全性和有效性，欧洲议会和理事会在欧共体人用药品注册指令 2001/83/EC 的基础上，于 2004 年 4 月 30 日颁布实施了针对传统植物药品注册的法规，即 2004/24/EC 指令（《欧盟传统植物药品注册指令》）。2004/24/EC 指令对

2001/83/EC 指令中关于传统草药的安全性、质量和效果的有关条文进行了修改，并制定了一个简易注册程序，以便使一些传统植物药品得以申报。该法令将植物药产品（Herbal medicinal product）、植物药物质（Herbal substance）和植物药提取物（Herbal preparations）归属为植物药。虽然该法令针对植物药产品制定了简易注册程序，但传统植物药实施简易注册有一个非常高的准入门槛，即截至申请日已有 30 年临床使用史，其中包括 15 年在欧盟使用史。中国传统中医药在中国具有较长时间的使用传统，但在欧盟地区，许多复方制剂并未被使用过，这就导致传统中医药很难通过简易注册程序进入欧盟市场。因此，中国中医药若想进军欧盟市场，就必须按照法条要求，按照西药试验体系进行药理、病理、毒理、临床等一系列试验，以证实该药物符合欧洲药品质量管理规范的要求。

自 2004/24/EC 指令在欧盟成员方实施以来，欧盟各成员方逐步实行传统植物药品注册管理工作。德国于 2005 年批准了第 1 个注册申请，截至 2014 年年底，欧盟药物评审局（European Medicines Agency，EMA）累计受理欧盟成员方 2498 个申请，其中 1438 个获得批准，690 个处于评估阶段，188 个被主管当局拒绝，182 个由申请者主动撤回。获批植物药中，单方制剂为 889 个，占总数的 61.8%；复方制剂为 549 个，占总数的 38.2%。已批准产品以单方为主，治疗领域以感冒咳嗽等自我疗法疾病为主。在已批准的 549 个植物药复方制剂上市许可中，含有 2 种植物物质（或植物制品）的复方制剂上市许可共有 188 个，含有 3 种植物物质的上市许可有 149 个，含 10 种及以上植物物质的上市许可有 18 个。仅有 7 个上市许可的处方超过了 20 种植物物质，尚有 13 个产品上市许可的处方中含有维生素和矿物质。可见，植物复方制剂含有成分超过 3 种以上时，药品有效性和安全性论证难度加大，需要的试验数据量也会显著增加，各成分的质量控制也需要有严格的控制，因此，从审批难度、工业化生产、成本角度上考虑，研制超过 3 种以上的复方制剂进军市场并不是一个非常经济、快速的选择。相比之下，单方制剂由于组分较为单一，药品质量控制相对容易，药品有效性和安全性也能通过传统使用经验、临床评价等途径进行论证，审批难度较低。

2004/24/EC 指令的颁布和实施，为传统中药在欧盟作为药品进行注册提供了一个良好的契机，中国一旦有相关中医药产品在欧盟注册成功，将会对整个中医药产业在欧盟地区注册起到示范作用，其意义不只是开拓欧盟市场，更重要的是促进中药在全球其他国家和地区的市场销售，为进一步拓展国际市场产生积极作用，对于推动中医药国际化进程可谓意义重大。

9.3.4　欧洲药品知识产权保护体系

根据 1993 年 7 月 22 日 2309/93 EC 指令，欧洲委员会 1995 年 1 月建立了欧洲药品审评局（European Medicines Evaluation Agency，EMEA），总部设在伦敦。EMEA 负责欧盟药品的药品审查、批准上市工作，监督药品在欧盟范围内的安全性、有效性，同时也负责协调、检查、监督欧盟各国 GAP、GMP、GLP、GCP 的工作落实。

EMEA 包括一个管理董事会和四个评审委员会：人用药品委员会（Committees for Human Medicinal Products，CHMP）、兽用药品委员会（Committees for Veterinary Medicinal Products，CVMP）、罕见病药品委员会（Committees for Orphan Medicinal Products，COMP）和草药药品委员会（Committees for Herbal Medicinal Products，HMPC）。欧盟草药产品委员会（HMPC）专门负责对欧盟境内植物药进行统一管理，例如制定植物药的质量标准，对 WHO 和欧洲植物药治疗科学合作协会（ESCOP）出版的植物药专论进行全面评估，HMPC 还负责审批发放欧洲市场的草药销售许可证。HMPC 主要有以下三项职责：指定欧盟草药质量标准；指定草药专论；协调解决各成员方就传统草药注册提出的有关问题。

与美国不同，欧盟并没有实施专利链接制度。其实，世界上任何国家对于专利链接制度的考量，都是建立在药品专利链接制度是否能有效解决医药产业的发展问题基础上的。欧盟针对在药品注册过程中遇到的专利问题，主要实施以下制度：第一，药品试验数据保护制度，即药品试验数据保护期自药品通过审批之日起 10 年，其中，药品上市的前 8 年为数据独占期，在这期间与新药相关的仿制药申请都不予受理和批准，数据独占期满后，可以受理仿制药申请，但需新药数据保护期满后才能批准。第二，补充保护证书，为了补偿药品为通过上市许可批准程序所造成的药品有效专利期的损失，通过授予补充保护证书的方式给予特定药品专利期一定的延长。补充保护证书的有效期限为自基本专利期届满之日起最长 5 年，且药品通过批准后剩余的基本专利期加上补充保护证书的有效期不得超过 15 年。

欧洲专利局（European Patent Office，EPO）是欧洲专利组织的执行机构，其主要职能是负责各成员方申请人提交的欧洲专利申请的审批。中国专利制度与欧洲专利制度较为接近，例如书面原则、先申请原则、单一性原则、优先权原则。申请人如果选择在 EPO 申请专利，依照欧洲专利公约的规定，一项欧洲专利申请，可以指定多国获得保护。一项欧洲专利可以在任何一个或所有成员方中享有国家专利的同等效力。在这种情况下，可以简化在多国单独提交专利申请的手续，节约开支，方便申请人。像天士力集团在进入欧盟市场的时候，并未以进入多个欧盟成员方的方式进行专利申请，而是选择先申请欧洲专利。申请人在海外专利申请策略上，需要重视签订有多边协约的国际知识产权组织的作用。

9.3.5　欧洲植物药获批情况

从 EMA 对植物药审批情况来看，欧盟境内流通的植物药品数量显著高于美国，提示植物药在欧盟地区普遍接受程度较高。EMA 审批通过的植物药多为 3 种及 3 种成分以下的，3 种成分以上的植物药审批是较为严格的，例如含 10 种及以上植物质的上市许可只有 18 个。对于中草药复方制剂，组分越多，组分间的相互作用关系越难以评估，3 种成分以上的中草药复方制剂，按西药评价体系评估，难度无疑提高了许多，甚至无法通过西药评价体系来阐述药理作用。但对 3 种及 3 种成分以下的中草药制剂，组分上相对简单，若该中草药质量标准可控，并且具有较好的临床试验数据，审批相对容易通过。欧盟对于植物药的审批，可以参考德国的做法，德国对植物药无论是从研发还是认同上都处于欧盟前列，获批植物药数量也在欧盟境内较多。一部分原因是欧盟当时在拟定《欧盟传统植物药品注册指令》草案时，参考了德国药典对于中草药的质量控制。

9.4　本章小结

1）加强日韩、欧美知识产权制度和药政制度的了解，有利于我国中医药走向国际化：各国在专利审查制度等方面存在诸多不同，但对知识产权保护的思路大致相近。因此，在"一带一路"等国家战略推进过程中，中国企业要重视各国各地区专利制度与中国的差异，以及各国之间专利制度的差异，因地制宜、有针对性地制定目标区域的专利保护策略。此外，日韩、欧美国家（地区）对于植物药的审评态度是存在较大差异的，需要透彻分析上述国家的药政制度，在中国医药企业已有的技术储备基础上，通过研究国内外药品审评案例，加强国际化交流与合作，来更好地适应国外药品审评制度。

2）合理制定知识产权战略：在实施"走出去"战略时，需要结合企业的具体情况，不仅要加强海外专利布局，重视专利预警工作，构建企业内外双重专利保护体系，灵活运用专利诉讼策略，同时还要积极寻求专利保护的跨国合作。

3）特别针对欧美国家或地区：通过分析可以看出美国对于植物药作为药品上市的政策是比较严格的，鲜有植物药能通过 FDA 审批，绝大多数植物药以膳食补充剂在药店销售。而欧盟地区，尤其是德国，对植物药的管理较为客观，生产、销售市场及对于植物药的接受程度均位居欧洲首位。因此，后续国内企业在推动植物药进入国际市场时，可以优先选择欧盟当中对植物药接受程度较高的国家。知识产权保护方面，则不一定先要在指定欧盟国家申请专利保护，可以先通过欧洲专利局申请欧洲专利，再考虑进入具体国家。专利申请数量不在多而在精，专利保护的力度取决于核心产品的权利要求和整个技术的专利布局。在国际市场申请传统中医药专利，不能照搬中国传统理论来阐释复方制剂的机理、药效，而需要"入乡随俗"，采用西药的评价体系来确认传统中医药的有效性和安全性，并提供实验数据。优质的实验数据不但可以巩固专利的稳定性，还能证实专利所产生的有益技术效果，提高其授权率。若企业在申请核心配方专利方面受阻，可以尝试挖掘布局一些外围的专利，如制备方法、工艺、专用设备、新用途、检测组分的方法等，特别是已有组方的新用途专利，其保护范围几乎等同于产品专利，而制备方法、组分的检测方法等可以对其他竞争对手的仿制设置障碍。

参考文献

［1］中华人民共和国国家知识产权局．专利审查指南 2010（修订版）［M］．北京：知识产权出版社，2017.

［2］尹新天．新专利法详解［M］．北京：知识产权出版社，2001.

［3］钱宗玲，赵德三．医药专利指南［M］．北京：中国医药科技出版社，1994.

［4］胡修周，罗爱静．医药知识产权［M］．北京：高等教育出版社，2006.

［5］北京路浩知识产权代理有限公司，北京御路知识产权发展中心．企业专利工作实务［M］．2 版．北京：知识产权出版社，2010.

［6］张清奎．医药及生物技术领域知识产权战略实务［M］．北京：知识产权出版社，2008.

［7］张清奎．化学领域发明专利申请的文件撰写与审查［M］．2 版．北京：知识产权出版社，2004.

［8］幺厉，肖诗鹰，刘铜华．中药知识产权保护［M］．北京：中国医药科技出版社，2002.

［9］张涛．论中国医药工业产权保护的法律对策［C］//香港康健医药有限公司．2017 年博鳌医药论坛论文集．香港康健医药有限公司：香港新世纪文化出版社有限公司，2017：1.

［10］贾志琦，邵曰剑．有效利用专利文献提高企业技术创新能力［J］．山西科技，2008（1）：91 – 93.

［11］张清奎．专利申请与新药注册之异同［J］．中国发明与专利，2006（4）：87 – 89.

［12］国家知识产权局．《专利优先审查管理办法》解读［A/OL］．（2020 – 06 – 05）［2021 – 06 – 09］．https：//www. cnipa. gov. cn/art/2020/6/5/art_1564_93038. html.

［13］IPRdaily 中文网．医药企业的知识产权管理［EB/OL］．（2018 – 05 – 06）［2021 – 06 – 09］．http：//www. iprdaily. cn/news_18880. html.

[14] 张辉，刘桂英．立普妥同族专利构建策略探析［J］．中国药学杂志，2014，49（5）：437-440.

[15] 洪丽娟，刘瑞华，魏秀丽．浅谈医药生物领域专利申请中优先权制度的合理利用［J］．中国新药杂志，2018，27（12）：1329-1333.

[16] 冯剑明．如何利用分案申请制度对专利申请寻求更大的保护［J］．专利代理，2017（1）：67-70.

[17] 黄璐，余浩，张长春，等．药品研发过程中的知识产权制度及运用［J］．中国新药杂志，2019，28（1）：10-16.

[18] 黄璐，钱丽娜，张晓瑜，等．医药领域的专利保护与专利布局策略［J］．中国新药杂志，2017，26（2）：139-144.

[19] 傅琦．分案申请制度研究［J］．科技与法律，2015（6）：1170-1205.

[20] 7号网．商标的定义和分类［EB/OL］．（2016-12-26）［2021-06-09］．http：//www.qihaoip.com/news-20161226-4331.html.

[21] 陈红丽，范雅婷，李玉．论商标保护与实施品牌战略的关系［J］．商场现代化，2008（19）：31-32.

[22] 陈红丽．驰名商标保护与中国名牌战略［J］．中国流通经济，2005（12）：46-49.

[23] 国家食品药品监督管理局．药品说明书和标签管理规定：国家食品药品监督管理局令第24号［A/OL］．（2006-03-16）［2021-06-09］．http：//www.gov.cn/flfg/2006-03/16/content_228465.htm.

[24] 刘平，戚昌文．论驰名商标的特殊保护［J］．法商研究（中南政法学院学报），1995（6）：65-67.

[25] 白兔商标专网．白兔商标查询系统名称查询功能图示［EB/OL］．（2011-11-10）［2021-06-09］．http：//www.cha-tm.com/ruanjianyanshi/chaxun/default.asp.

[26] 汇桔网．汇桔网商标设计技巧与注意事项［EB/OL］．（2016-12-26）［2021-06-09］．https：//www.sohu.com/a/274051296_569595.

[27] 樊慧东．司法实践中如何看待"商标通过使用获得显著性"［EB/OL］．（2018-08-15）［2021-06-09］．https：//www.sohu.com/a/247283771_698899.

[28] 金源商标．文字商标设计优势［EB/OL］．（2018-10-24）［2021-06-09］．http：//www.cd518.cn/show.asp？id=228.

[29] 刘珊．商标显著性判断［D］．湘潭：湘潭大学，2013.

[30] 华律网．如何探明注册商标查询障碍［EB/OL］．（2020-01-02）［2021-06-09］．http：//www.66law.cn/laws/643838.aspx.

[31] 姚彦青. 商标检索方法研究与系统实现 [D]. 南京：南京航空航天大学，2010.

[32] 郭建广. 关于商标业务期限计算的有关规定 [N]. 中国工商报，2014-10-09 (007).

[33] 吴劲萍. 浅析中国注册商标的注销和撤销制度 [J]. 法制与社会，2009 (24)：40-41.

[34] 国家工商总局商标局. 商标申请指南 [EB/OL]. (2017-05-04) [2021-06-09]. http://sbj. cnipa. gov. cn/sbsqzn/.

[35] 超凡知识产权. 世界各国商标保护制度及申请实务 [M]. 北京：中国工商出版社，2016.

[36] 曹小娜，杨芳芳. 中国对外贸易企业的商标保护问题研究 [J]. 赤峰学院学报（自然科学版），2017，33 (14)：98-99.

[37] 倪新兴，田侃，刘清发. 经方成药营销中专利侵权与商标侵权刍议 [J]. 辽宁中医药大学学报，2014，16 (3)：108-110.

[38] 陈思彤，何欣，昝旺. 中国涉药产品商标侵权案例分析 [J]. 中国药业，2016，25 (20)：16-18.

[39] 刘期家. 商标侵权抗辩事由研究 [J]. 法制与经济，2014 (5)：42-44.

[40] 陈珊珊. 外观专利和著作权（版权）的区别 [EB/OL]. (2016-12-08) [2021-06-09]. http://www. 360doc. com/content/16/1208/19/9684831_613072148. shtml.

[41] 找法网. 著作权法的概念及其基本原则 [EB/OL]. (2011-05-20) [2021-06-09]. http://china. findlaw. cn/data/zzq_4151/6/29134. html.

[42] 徐运全. 公民法律基础知识 [M]. 呼和浩特：内蒙古人民出版社，2016.

[43] 刘莹莹. 从北大方正字体著作权侵权案看字体著作权保护 [EB/OL]. (2017-11-27) [2021-06-09]. http://www. lawking. com. cn/Index/show/catid/135/id/284. html.

[44] 西安电视剧版权交易中心. 图片著作权侵权问题，你遇到了吗？ [EB/OL]. (2017-08-04) [2021-06-09]. https://www. sohu. com/a/162301462_279374.

[45] 中华全国律师协会. 中华全国律师协会律师业务操作指引 [M]. 北京：北京大学出版社，2016.

[46] 张黎. 《中华全国律师协会律师办理商业秘密法律业务操作指引》释解（修订版） [M]. 北京：北京大学出版社，2017.

[47] 兰台律师事务所. 企业法律顾问实务操作全书 [M]. 2版. 北京：中国法制出版社，2018.

[48] 袁红梅，杨舒杰. 药品知识产权以案说法 [M]. 北京：人民卫生出版社，2015.

[49] 国家药品监督管理局. 中华人民共和国药品管理法实施条例：国务院令第360号 [A/OL]. (2016-06-01) [2021-06-09]. https://www. nmpa. gov. cn/xxgk/fgwj/flxzhfg/

20160601100401621. html.

［50］中华人民共和国国家卫生健康委员会. 药品生产质量管理规范（2010 年修订）：卫生部令第 79 号 ［A/OL］. （2011 - 02 - 12）［2021 - 06 - 09］. http：//www. nhc. gov. cn/wjw/bmgz/201102/e1783dd3c9684f0cb875d71170a96d17. shtml.

［51］张晓煜. 企业知识产权管理操作实务与图解 ［M］. 北京：法律出版社，2015.

［52］唐青林，黄卫红. 商业秘密百案评析与企业保密体系建设指南 ［M］. 北京：中国法制出版社，2014.

［53］周琳. 商业秘密预防性保护之比较研究 ［M］. 北京：中国社会科学出版社，2013.

［54］国家知识产权局，中国标准化研究院. 企业知识产权管理规范：GB/T 29490—2013 ［S］. 北京：中国标准出版社，2013.

［55］中国资产评估协会. 资产评估基础 ［M］. 北京：中国财政经济出版社，2019.

［56］中华人民共和国财政部. 财政部关于印发《资产评估基本准则》的通知：财资〔2017〕43 号 ［A/OL］. （2017 - 12 - 29）［2021 - 06 - 09］. http：//www. mof. gov. cn/gkml/caizhengwengao/2017wg/czwg9/201712/t20171229_2790434. htm.

［57］国家税务总局. 财政部、国家税务总局关于印发企业重组业务企业所得税处理若干问题的通知：财税〔2009〕59 号 ［A/OL］. （2009 - 4 - 30）［2021 - 06 - 09］. http：//www. chinatax. gov. cn/chinatax/n362/c25375/content. html.

［58］中国资产评估协会. 中评协关于印发《资产评估执业准则——无形资产》的通知：中评协〔2017〕37 号 ［A/OL］. （2017 - 9 - 13）［2021 - 06 - 09］. http：//www. cas. org. cn/docs/2017 - 09/20170913100516006245. pdf.

［59］中国资产评估协会. 中评协关于印发《资产评估执业准则——资产评估程序》的通知：中评协〔2018〕36 号 ［A/OL］. （2018 - 10 - 29）［2021 - 06 - 09］. http：//www. cas. org. cn/docs/2018 - 10/20181030170224610030. pdf.

［60］中国资产评估协会. 中评协关于印发《知识产权资产评估指南》的通知：中评协〔2017〕44 号 ［A/OL］. （2017 - 9 - 8）［2021 - 06 - 09］. http：//www. cas. org. cn/docs/2017 - 09/20170913095802738529. pdf.

［61］北京资产评估协会. 知识产权资产评估及案例分析 ［M］. 北京：经济科学出版社，2015.

［62］刘华俊. 知识产权价值评估研究：基于司法判决赔偿额的确定 ［M］. 北京：法律出版社，2017.

［63］刘璘琳. 企业知识产权评估方法与实践 ［M］. 北京：中国经济出版社，2018.

［64］史密斯，帕尔. 知识产权价值评估、开发与侵权赔偿 ［M］. 夏玮，周叔敏，杨蓬，

等译．北京：电子工业出版社，2012.

[65] 刘玉平，王奇超．专利资产评估参数确定研究［M］．北京：经济科学出版社，2015.

[66] 中国资产评估协会．中评协关于印发《专利资产指导意见》的通知：中评协〔2017〕
49 号［A/OL］．（2017–9–8）［2021–06–09］．http：//www. cas. org. cn/docs/2017–
09/20170913095153073076. pdf.

[67] 陈丹丹．专利资产测算方法与应用研究［D］．大连：东北财经大学，2015.

[68] 马耀文，马宁，吴伟．专利资产评估的要素［J］．科技信息，1999（5）：25–26.

[69] 岳贤平．国内外知识产权交易过程中专利资产评估研究述评［J］．中国科技论坛，
2010（8）：152–157，160.

[70] 于磊，王淑珍，胡建．基于企业管理的专利资产评估［J］．财会通讯，2009（11）：
51–52.

[71] 杨坤．专利资产评估国际比较研究［D］．保定：河北农业大学，2008.

[72] 潘剑，解静．专利资产评估中的法律因素分析［J］．电子知识产权，2015（5）：68–72.

[73] 中国资产评估协会．中评协关于印发《商标资产指导意见》的通知：中评协〔2017〕
49 号［A/OL］．（2017–9–8）［2021–06–09］．http：//www. cas. org. cn/docs/2017–
09/20170913095004411804. pdf.

[74] 毛文平．基于收益法的商标资产价值评估研究［D］．南昌：江西财经大学，2018.

[75] 邵一明，钱敏．浅析商标资产的价值［J］．价格月刊，1999（12）：29.

[76] 刘方圆．商标评估法律问题研究［D］．武汉：华中科技大学，2012.

[77] 中国资产评估协会．中评协关于印发《著作权资产评估意见》的通知：中评协
〔2017〕50 号［A/OL］．（2017–9–8）［2021–06–09］．http：//www. cas. org. cn/
docs/2017–09/20170913095059841920. pdf.

[78] 段桂鉴，王行鹏，刘计，等．版权价值导论［M］．北京：商务印书馆，2019.

[79] 袁煌，候瀚宇．版权价值评估对象及其价值影响因素探讨［J］．中国资产评估，2011
（8）：11–14.

[80] 宋戈．中国版权价值评估制度的建构［J］．改革与开放，2015（1）：63–65.

[81] 陈洁．网络文学版权价值研究［D］．济南：山东大学，2017.

[82] 约瑟夫·德雷克斯，纳里·李．药物创新、竞争与专利法［M］．马秋娟，杨倩，王
璟，等译．北京：知识产权出版社，2020.

[83] 拉里·M. 戈德斯坦．专利的真正价值——判定专利和专利组合的质量［M］．顾雯
雯，林委之，于行洲，等译．北京：知识产权出版社，2020.

[84] 孙劼，俞彤，卞呈祥．医药专利权价值评估方法探析［J］．中国管理信息化，2017，

20（11）：26－28.

［85］ 霍艳飞 . 我国医药专利价值评估影响因素研究［D］. 上海：中国医药工业研究总
院，2016.

［86］ 范晓波 . 论知识产权价值评估［J］. 理论探索，2006，35（5）：74－77.

［87］ 陈凤龙 . 中国医药专利权价值评估方法探析［J］. 智库时代，2017，1（1）：50－51.

［88］ 张清奎 . 医药及生物技术领域知识产权战略实务［M］. 北京：知识产权出版社，
2008.

［89］ 姜秋，王宁 . 基于模糊综合评价的知识产权价值评估［J］. 知识产权保护，2015，26
（6）：73－75.

［90］ 孙玉艳，张文德 . 基于组合预测模型的专利价值评估研究［J］. 情报探索，2010，23
（6）：73－76.

［91］ 国家知识产权局专利管理司，中国技术交易所 . 专利价值分析指标体系操作手册
［M］. 北京：知识产权出版社，2012.

［92］ 陈健，贾隽 . 专利价值的影响因素和评估体系研究综述［J］. 西安工业学院学报，
2013，33（7）：517－525.

［93］ 白光清，于立彪，马秋娟，等 . 医药高价值专利培育实务［M］. 北京：知识产权出
版社，2017.

［94］ 潘文婷 . 浅谈知识产权许可与转让［J］. 知识经济，2012，13（23）：42.

［95］ 杨萌 . 浅论知识产权转让的特征及价值［J］. 企业技术开发（下半月），2009，28
（1）：164.

［96］ 刘远山，余秀宝 . 知识产权许可与转让研究现状综论［J］. 郑州轻工业学院学报
（社会科学版），2013，14（3）：13－18.

［97］ 李蕾 . 知识产权使用许可概述［J］. 合作经济与科技，2011（7）：124－126.

［98］ 李军峰 . 中国知识产权质押融资发展现状及对策［J］. 改革与战略，2018，34（7）：
52－55.

［99］ 张彦 . 论中国医药企业的专利围网战略［J］. 上海医药，2009，30（5）：217－219.

［100］ 何文威 . 中国医药企业制定与实施药品专利战略的对策研究［D］. 沈阳：沈阳药科
大学，2007.

［101］ 朱伯科，邵蓉 . 专利战略在中国医药企业技术创新中的运用［J］. 中国医药技术经
济与管理，2007（8）：43－48.

［102］ 赵家华 . 企业商标战略与策略［J］. 中华商标，2012，18（1）：58－60.

［103］ 王生金 . 中小企业商标战略研究［J］. 河南商业高等专科学校学报，2007，20（3）：

38－40.

[104] 刘丽霞．中小企业商标发展战略研究［J］．经济师，2014，28（5）：13－15.

[105] 刘兰茹，闫冠韫，姜绍伟．中国药品知识产权保护的几种形式比较［J］．中国医药指南，2006，3（5）：52－55.

[106] 肖诗鹰，刘铜华．中药知识产权保护［M］．2版．北京：中国医药科技出版社，2008.

[107] 沈晶．企业知识产权风险管控对策研究［J］．科技传播，2016，8（17）：143＋183.

[108] 张蕾．浅谈企业专利侵权纠纷应对策略［J］．中国发明与专利，2018，15（1）：45－48.

[109] 刘映春，孙那．企业知识产权风险控制与防范体系研究［J］．企业研究，2012（7）：63－65.

[110] 周胜生，高可，饶刚，等．专利运营之道［M］．北京：知识产权出版社，2016.

[111] 刘海波，吕旭宁，张亚峰．专利运营论［M］．北京：知识产权出版社，2017.

[112] 中国知识产权报．申长雨在2021年全国知识产权局局长会议上的工作报告（摘编）［EB/OL］．（2021－01－22）［2021－06－09］．https：//www. cnipa. gov. cn/art/2021/1/22/art_312_156337. html.

[113] 国家知识产权局．国家知识产权局2021年第一季度例行新闻发布会［EB/OL］．（2021－01－22）［2021－06－09］．https：//www. cnipa. gov. cn/col/col2521/index. html.

[114] 孙立冰，孙传良．医药类高校高质量专利创造与专利运营研究［J］．中国管理信息化，2019，22（16）：213－214.

[115] 中国知识产权报．中国引导产业知识产权联盟规范发展［EB/OL］．（2021－01－20）［2021－06－09］．https：//www. cnipa. gov. cn/art/2021/1/20/art_53_156284. html.

[116] 南方新闻网．2020年广州市生物医药产业高价值专利培育转化项目暨知识产权质押融资宣介会成功举行［EB/OL］．（2020－06－24）［2021－06－09］．https：//baijiahao. baidu. com/s？id＝1670375202167354800&wfr＝spider&for＝pc.

[117] 中国知识产权网．面对市场竞争产业知识产权联盟究竟能为企业做些什么？［EB/OL］．（2016－12－22）［2021－06－09］．http：//www. cnipr. com/xy/swzs/zcyy/201707/ t20170721_218575. html.

[118] 丁腾，李耿，张红，等．日本汉方药产业发展现状分析及思考［J］．中国现代中药，2018，20（7）：786－787.

[119] 冯新刚，范立君，李承花，等．中药经典方的海外专利注册情况分析及保护建议

［J］. 国际中医中药杂志，2019，41（10）：1040－1041.

［120］桑华军，于宁，于静. 日本汉方制剂的特点分析及中药新药研究的思考［J］. 中国保健营养，2020，30（5）：133－134.

［121］薛斐然，周贝. 日本汉方制剂对中国经典名方注册监管的启示［J］. 世界科学技术－中医药现代化，2017，19（4）：587－588.

［122］陈雪梅，蔡秋杰，张华敏. 日本汉方药概况及其对中国中医古代经典名方制剂研发的启示［J］. 中国中医药图书情报杂志，2018，42（2）：1－4.

［123］薛斐然，刘炳林，周贝. 日本汉方制剂说明书与中国中成药说明书对比浅析［J］. 中国现代中药，2017，19（6）：877－878.

［124］要寒冰. 中国中医药专利保护研究：以青蒿素专利保护为例［D］. 石家庄：河北经贸大学，2020.

［125］周阳. 中国中医药产业国际化的知识产权法保护分析［D］. 天津：天津财经大学，2018.

［126］薛姣，李黎，齐洁. 日本企业围绕小柴胡复方的专利布局研究［J］. 广东化工，2017，44（16）：162－163.

［127］翁丽红，林丹红. 传统医药企业知识产权战略分析：以日本津村株式会社为例［J］. 福建中医药大学学报，2013，23（4）：66－69.

［128］张帆，卫学莉，姜晶波，等. 传统中医药知识产权的法律保护现状分析研究［J］. 中国卫生法制，2016，24（2）：6.

［129］张熙鸣. 中医药知识产权的国际保护［D］. 上海：上海社会科学院，2007.

［130］郭丁奇. 中医药知识产权保护研究［D］. 株洲：湖南工业大学，2018.

［131］朴敏哲. 韩医韩药［J］. 长春中医药大学学报，2008，24（2）：236.

［132］任虎，刘美君. 韩国韩医药育成法律制度研究［J］. 华东理工大学学报（社会科学版），2015，5（2）：52－57.

［133］司婷，赵敏. 国外传统医药立法对中国中医药法制的启示［J］. 医学与法学，2016，8（6）：78－79.

［134］贾世敬，柳长华，孙嘉，等. 韩国传统知识门户（KTKP）分析与中医药对策［J］. 世界中医药，2017，12（4）：925－927.

［135］窦金辉. 美国《植物药指南》和植物药发展简介［J］. 世界科学技术－中医药现代化，2017，19（6）：936－940.

［136］贠强，邢文超. 天士力公司国际化战略与海外专利布局分析［J］. 世界科学技术－中医药现代化，2015，17（1）：35－43.

［137］施旭光，陈建南，赖小平. 对在美国申请植物药制剂专利的分析及对中药方剂研究的思考［J］. 中国中医药信息杂志，2004，11（12）：1038 - 1040.

［138］杨颜芳，张贵君，王晶娟. 植物药欧盟及美国上市可行性途径及法规分析［C］//中国商品学会. 第四届中国中药商品学术大会暨中药鉴定学科教学改革与教材建设研讨会论文集. 中国商品学会：中国商品学会，2015：6.

［139］中华人民共和国商务部. 德国植物药市场介绍［EB/OL］.（2003 - 12 - 10）［2021 - 06 - 09］. http：//de. mofcom. gov. cn/article/ztdy/200312/20031200161085. shtml.

［140］曾文革，张宁宁. 欧盟法［M］. 北京：对外经济贸易大学出版社，2015.

［141］韦之. 知识产权论［M］. 北京：知识产权出版社，2002.

［142］兰台律师事务所. 世界专利申请实务［M］. 北京：中国法制出版社，2014.